Beiträge zur Graphischen Datenverarbeitung

Herausgeber:
Zentrum für Graphische Datenverarbeitung e. V., Darmstadt (ZGDV)

W. Hübner G. Lux-Mülders M. Muth

THESEUS

Die Benutzungsoberfläche
der UNIBASE-Softwareentwicklungsumgebung

Mit 28 Abbildungen

Springer-Verlag
Berlin Heidelberg New York
London Paris Tokyo

Wolfgang Hübner
Gregor Lux-Mülders
Matthias Muth

Zentrum für Graphische Datenverarbeitung e. V.
Bleichstraße 10–12, D-6100 Darmstadt

ISBN-13: 978-3-540-17538-4 e-ISBN-13: 978-3-642-71896-0
DOI: 10.1007/978-3-642-71896-0

CIP-Kurztitelaufnahme der Deutschen Bibliothek
Hübner, Wolfgang: THESEUS: d. Benutzungsoberfläche d. UNIBASE-Softwareentwicklungsumgebung/W. Hübner; G. Lux-Mülders; M. Muth. – Berlin; Heidelberg; New York; London; Paris; Tokyo: Springer, 1987
(Beiträge zur Graphischen Datenverarbeitung)
ISBN-13: 978-3-540-17538-4

NE: Lux-Mülders, Gregor; Muth, Matthias:

2145/3140-543210

Vorwort

Dieses Buch erscheint in einer Reihe von Publikationen, in denen unter der Schirmherrschaft des Zentrums für Graphische Datenverarbeitung e.V. (ZGDV) Ergebnisse aus dem Bereich der Graphischen Datenverarbeitung einer breiten Öffentlichkeit zugänglich gemacht werden sollen.

In diesem Band wird THESEUS[1] vorgestellt, ein System zur Programmierung graphischer Benutzungsoberflächen im Softwareentwicklungsbereich.

Es wurde im Rahmen des Verbundprojektes UNIBASE[2] entwickelt, das mit Mitteln des Bundesministers für Forschung und Technologie unter dem Förderkennzeichen "ITS 8303" gefördert wird. Kooperationspartner in diesem Verbundprojekt sind die industriellen Unternehmen ACTIS, ADV/ORGA, die Industrieanlagenbetriebsgesellschaft (IABG) und mbp Software and Systems sowie die wissenschaftlichen Institutionen Forschungszentrum Informatik an der Universität Karlsruhe (FZI), die Gesellschaft für Mathematik und Datenverarbeitung (GMD), die TU Berlin und das Zentrum für Graphische Datenverarbeitung an der TH Darmstadt (ZGDV).

Gegenstand des Projektes ist die Realisierung einer integrierten, flexiblen und offenen Softwareentwicklungsumgebung, die aus aufeinander abgestimmten Hilfsmitteln zur durchgängigen Unterstützung der Aktivitäten von Entwicklern und Managern im Software-Gestaltungsprozeß besteht. Ein gemeinsames Datenbanksystem und eine einheitliche Benutzungsoberfläche bieten die entscheidenden Voraussetzungen für die Integration von sowohl heute existierenden als auch zukünftigen Werkzeugen in UNIBASE.

THESEUS hat zum einen die Aufgabe, eine allen integrierten Werkzeugen gemeinsame Ein-/Ausgabe-Funktionalität anzubieten und so die Heterogenität der unterliegenden Werkzeuge zum Benutzer hin zu verbergen. Zum anderen sollen dem Werkzeugprogrammierer moderne Konzepte aus dem Bereich Benutzerschnittstelle geboten werden (Mehrfenstertechnik, Graphik). Zusätzlich soll er bei der Programmierung seiner speziellen Benutzerschnittstelle von gerätenahen Details befreit werden. Diesen Anforderungen wird derzeit kein gängiges Dialogsystem auf dem Markt gerecht.

THESEUS ist in den Jahren 1985 und 1986 vom Zentrum für Graphische Datenverarbeitung (ZGDV) entwickelt worden. Das vorliegende Dokument ist das Ergebnis dieser Arbeit, in der neuere Forschungsergebnisse und bewährte Methoden des Gebietes Benutzungsoberfläche mit den Anforderungen in der Softwareentwicklung zusammengeführt wurden. Die erste Implementierung von THESEUS ist abgeschlos-

[1] **The S**oftware **E**ngineering **Us**er Interface

[2] Softwareentwicklungsumgebung auf UNIX-Basis zur Erstellung von Anwendungssoftware. UNIX ist ein geschütztes Warenzeichen von Bell Laboratories

sen und in das Projekt UNIBASE eingebracht worden. Aufgrund einer umfangreichen Erprobungs- und Evaluierungsphase im Rahmen der Werkzeugentwicklung sind Modifikationen und Erweiterungen nicht auszuschließen.

Die Autoren bedanken sich bei allen Teilnehmern der Arbeitsgruppe Benutzungsoberfläche des Projekts UNIBASE, die durch ihre Anregungen und kritischen Diskussionsbeiträge eine wertvolle Hilfe bei der Entwicklung des Systems geleistet haben. Herrn H. R. Weber sei für seine Mitarbeit in den ersten Entwicklungsphasen gedankt. Unser besonderer Dank gilt Herrn Dr. P. Bono für die fachliche Beratung und Herrn Dr. Jürgen Schönhut für die organisatorische Unterstützung sowie allen Kollegen und Studenten, ohne deren Hilfe das Zustandekommen der Implementierung nicht möglich gewesen wäre. Schließlich danken wir Herrn Prof. Dr. Encarnacao, dessen Engagement und Unterstützung insbesondere in kritischen Situationen entscheidend zum Erfolg des Projektes beigetragen haben. Die Verantwortung für den Inhalt sowie sämtliche Fehler und Mißinterpretationen liegen jedoch ausschließlich bei den Autoren. Die Leser des Buches seien aufgefordert, sich mit Anregungen und Kritik an die Autoren zu wenden. Die Kontaktadresse lautet:

Zentrum für Graphische Datenverarbeitung e.V., Projekt UNIBASE
Bleichstr. 10-12, 6100 Darmstadt
Tel.: 06151 / 1000-11

Informationen zum Gesamtprojekt UNIBASE vermittelt die Projektleitung:

Dr. Michael Timm
Gesellschaft für Mathematik und Datenverarbeitung mbH,
Institut für Systemtechnik
Postfach 1240, Schloß Birlinghoven, 5205 St. Augustin 1
Tel.: 02241 / 14-2440/41

Darmstadt, Januar 1987 W. Hübner G. Lux-Mülders M. Muth

Inhalt

1. Einleitung

Der technologische Fortschritt in der Software-Produktion schlägt sich nieder in der Entwicklung von **Softwareentwicklungsumgebungen**, die sämtliche Phasen der Software-Erstellung durch den Einsatz aufeinander abgestimmter, rechnergestützter Werkzeuge unterstützen.

Die Einsatzfähigkeit einer Softwareentwicklungsumgebung und die Akzeptanz (durch in der Regel erfahrene Benutzer) hängt stark von der Gestaltung der Mensch-Maschine-Schnittstelle ab. Die Benutzungsoberfläche muß daher geprägt sein durch schnelle, flexible und benutzerfreundliche Interaktionstechniken.

Die Integration verschiedener Werkzeuge für unterschiedliche Aufgaben verlangt darüber hinaus, die Benutzerschnittstelle zu vereinheitlichen, damit auch in verschiedenen Werkzeugumgebungen mit der gleichen Funktionalität gearbeitet werden kann. Dies gilt insbesondere in einer offenen Softwareentwicklungsumgebung wie **UNIBASE** /UNI-85/, die die Einbettung neuer Werkzeuge erlauben soll. Eine Vereinheitlichung der Benutzerschnittstelle ist nur zu erreichen, indem die ein-/ausgaberelevanten Teile aus den Softwareentwicklungswerkzeugen herausgelöst und in einem eigenen System, der **Benutzungsoberfläche** verwaltet werden.

Zu diesem Zweck wurde **THESEUS**[1] entwickelt, ein System zur Verwaltung und Steuerung der Kommunikation mit dem Benutzer. THESEUS unterstützt moderne Interaktionstechniken wie

- **Multi-Windowing** zum parallelen Arbeiten in verschiedenen Umgebungen,
- Einsatz von **Graphik** anstelle der ausschließlichen Verwendung von Text zur komprimierten und visualisierten Informationsdarstellung,
- komfortable Mechanismen wie **Menüs**, **Ikonen** etc. zur schnellen und benutzerfreundlichen Eingabe,
- **objektorientierte Ausgabemöglichkeiten** auf einer benutzernahen Ebene,
- **ereignisgesteuerte Eingabeverarbeitung**, um benutzergeführte Dialogtechniken zu realisieren.

Die Programmierschnittstelle von THESEUS, d.h. die Schnittstelle zwischen THESEUS und den Werkzeugen, bewegt sich auf einem hohen, abstrakten Niveau, damit die Werkzeuge weitgehend entbunden sind von Aufgaben der Ein-/Ausgabe-Verwaltung und wenig Einfluß auf das Layout der Benutzerschnittstelle nehmen können. Nur so ist eine Einheitlichkeit zu erreichen.

In den folgenden Kapiteln werden die Konzepte und Schnittstellen von THESEUS vorgestellt. Ausgehend von einer kurzen Beschreibung der Eigenschaften und Mängel

[1] **The Software Engineering User** Interface

existierender Benutzungsoberflächen (Kapitel 2) werden die Anforderungen zukünftiger rechnergestützter Softwareentwicklungswerkzeuge in Kapitel 3 zusammengestellt. Kapitel 4 erläutert die Konzepte, die zur vorliegenden Spezifikation von THESEUS führten. Die folgenden Kapitel beschreiben die Schnittstelle selbst mit ihren Hauptbestandteilen Kontrollfunktionen (Kapitel 5), Windowverwaltung (Kapitel 6), Ausgabe (Kapitel 7), Eingabe (Kapitel 8) und einem abschließenden Anwendungsbeispiel (Kapitel 9). Zur Anbindung bereits existierender Werkzeuge bietet THESEUS die Schnittstelle des normierten, graphischen Standards **GKS** /ISO-85a/ an. Kapitel 10 erläutert die Einbettung von GKS in ein Multi-Window-System wie THESEUS.

Die Teile mit vorwiegend konzeptionellem Inhalt wurden weitgehend auf einer logischen Ebene abgehandelt, während Datenstrukturen und Funktionen in der Sprache C /KeRi-83/ dargestellt sind. Daher kann diese Beschreibung auch als Referenzmanual für die Verwendung des Systems dienen.

Eine Implementierung von THESEUS wurde auf IBM PC/AT in der Sprache C vorgenommen und basiert auf dem Graphical Environment Manager (GEM) /GEM-84/. Bei Bezugnahme auf spezielle Eigenschaften dieser Implementierung, die nicht unbedingt auch für andere Realisierungen charakteristisch sein müssen, wird deshalb von THESEUS/PC gesprochen. Dieser Fall tritt insbesondere bei Beschreibungen der Benutzerschnittstelle auf, wo THESEUS schon vom Konzept her die Möglichkeit zur Gestaltung unterschiedlicher Oberflächen unterstützt.

2. Benutzungsoberflächen im Softwareentwicklungsbereich

Im folgenden werden die Eigenschaften heutiger Benutzungsoberflächen von Softwareentwicklungsumgebungen kurz charakterisiert. Das Kapitel untersucht die beiden grundsätzlichen Aspekte von Benutzungsoberflächen und ist daher entsprechend unterteilt. Zuerst wird auf die Schnittstelle zum Endbenutzer am Gerät, hier kurz **Benutzer** genannt, eingegangen, während im darauf folgenden Teil die Realisierung in Verbindung mit den Anwendungsprogrammen (Werkzeuge), kurz **Anwendung** genannt, betrachtet wird (siehe Abb. 2.1).

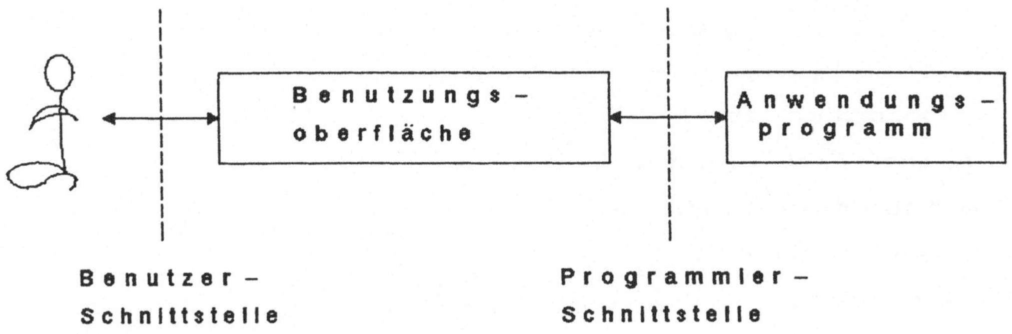

Abb.: 2.1: Schnittstellen der Benutzungsoberfläche

2.1. Die Schnittstelle zum Benutzer

Hier stellt sich die Frage nach den für den Benutzer direkt erfahrbaren Auswirkungen von Werkzeugen am Gerät. Es lassen sich zwei grundsätzliche Kommunikationsrichtungen unterscheiden:

a) Vom System zum Benutzer (Ausgabe):
   Was sieht der Benutzer am Bildschirm, Plotter oder Drucker?

b) Vom Benutzer zum System (Eingabe):
   Was kann der Benutzer tun?

Die Ausgabe stellt vor allem die Frage nach den auszugebenden *Objekten*. Dabei muß scharf unterschieden werden zwischen den **logischen** Objekten des Anwendungsmodells und den **physikalischen** Objekten, d.h. den graphischen und alphanumerischen Repräsentationen auf dem Ausgabemedium.

Beispiele für logische Objekte im Softwareentwicklungsprozeß sind:

- Netze, Teilnetze und Bäume
- Textuelle Beschreibungen
- Schichtenmodelle
- Programmoduln
- Zwischen- und Zielsprachen-Programme
- Werkzeuge und Dateien
- Unstrukturierte Texte
- Formulare
- Projekt- und Arbeitspläne,
- Statistiken

Beispiele für übliche Repräsentationen solcher Objekte sind:

- Graphische Darstellungen von Netzen und Bäumen mit Hilfe geometrischer Symbole wie Rechteck, Kreis und Text
- Graphische Symbole mit spezieller Semantik
- Nassi-Shneiderman-Diagramme
- Statistik-Diagramme
- Blockdiagramme
- Pretty-Print-Texte

Zum Teil sind diese Repräsentationen strukturiert und setzen sich aus einfacheren Symbolen zusammen. Insofern stehen auch nicht alle genannten Repräsentationen auf ein und derselben logischen Ebene. Darüber hinaus sind an dieser Stelle nur grundsätzliche Typen von Repräsentationen aufgeführt. Es ist nichts über die durch Attributierung mögliche Variierung der Darstellungen gesagt, z.B. verschiedene Texttypen oder Linienarten.

Die Eingabe kann von der Semantik her gesehen als Menge derjenigen Operationen gelten, die sich auf die oben aufgeführten Objekte beziehen.
Beispiele aus der Softwareentwicklung:

- Bearbeitung von Netzen:
  - generieren, ändern, verschieben, löschen von Netzelementen und Teilnetzen
  - plotten, speichern und einlesen von kompletten Netzen oder Teilnetzen
- Erstellung von Auswertungen und Statistiken
- Verwaltungstätigkeiten wie Benutzer und Projekte einrichten
- Dokumente bearbeiten
- Ausgabe von Hilfsmeldungen über eine HELP-Funktion anstoßen
- Rückgängigmachen von Operationen mit Hilfe einer UNDO-Funktion
- Verwendung von Batch-orientierten Werkzeugen (Syntaxprüfer, Vorübersetzer, Übersetzer usw.).

Diese Operationen auf den Objekten werden technisch realisiert über Aktionen auf deren Repräsentationen. Beispiele aus der Softwareentwicklung:

- Aufruf von Kommandos oder Sequenzen von Kommandos über eine Job-Control-Language
- Ausfüllen von Masken
- Bedienung von alphanumerischen Texteditoren: Eingabe von alphanumerischem Text
- Bedienung von graphischen Netzeditoren: Symbole erfassen, ändern, löschen und drucken
- Auswählen von Kommandos über Menüs mit Hilfe einer Maus
- Aufruf von Operationen über Funktionstasten

2.2. Die technische Realisierung

Bei der Untersuchung der internen Struktur und Realisierung von Oberflächen im Softwareentwicklungsbereich ist insbesondere die Verbindung zu den übrigen Anwendungskomponenten von Bedeutung.

Sehr häufig erfolgt keine systematische Trennung von Ein-/Ausgabe-abhängigen und -unabhängigen Teilen der Software, d.h. E/A-Abhängigkeit ist kein Kriterium für die Modularisierung. Beispielsweise kann es sein, daß wesentliche Teile eines Systems auf ein bestimmtes Format und eine bestimmte Reihenfolge der Dateneingabe zugeschnitten sind. Beide Teile sind untrennbar miteinander verbunden und selbst kleine Äderungen am Dialog ziehen große Änderungen in den restlichen Systemteilen nach sich.

Dasselbe Bild bietet sich häufig bei der Änderungsfreundlichkeit des Bildschirm-Layouts. Oft sind sogar Fehlermeldungen und Dialogtexte hart codiert und nicht editierbar ohne daß danach neu übersetzt werden muß.

Manchmal sind Dialoge sehr stark für bestimmte Betriebssysteme oder Geräte zugeschnitten. Ein Wechsel der Hardware ist dann oft sehr teuer.

In den meisten Systemen liegt das Level der Ein-/Ausgabe-Funktionen sehr niedrig. Die Ebene, auf der solche Anwendungen häufig aufsetzen, ist zeichenorientierte Ein-/Ausgabe über eine VT100-Schnittstelle. Unter UNIX gibt es auf dem alphanumerischen Bereich dazu noch verhältnismäßig komfortable Standardschnittstellen wie TERMCAP oder Curses /PCS-84/, welche die Anwendung von den größten Hardware-Abhängigkeiten befreit. Schon seltener sind Pakete zur selbständigen Generierung und Editierung alphanumerischer Dokumente wie Maskensysteme (z.B. /MMS-86a/ und /MMS-86b/). Deren Funktionalität bewegt sich auf dem Niveau von Operationen wie Read_Mask/Write_Mask. Auf dem Graphiksektor sieht es noch schlechter aus. Selbst der Graphikstandard GKS /ISO-85a/wird derzeit zur Programmierung komfortabler Benutzungsoberflächen noch selten eingesetzt. Die mittlerweile gängigen Window-Management-Systeme wie GEM /GEM-84/, MS Windows /MSW-85/ oder Top-View /TOP-84/ bieten an der Benutzungsschnittstelle recht eindrucksvolle Möglichkeiten, die sich nicht nur auf die Verwaltung von Windows beschränken, jedoch liegt die Programmierschnittstelle auf so niedrigem Niveau, daß die Kontrolle und Verwaltung der Benutzungsoberfläche in die Anwendung verlagert wird.

3. Anforderungen an THESEUS

3.1. Die Schnittstelle zum Benutzer

Die generellste und wichtigste Funktion jeder Benutzungsoberfläche ist die der **Präsentation** von Anwendungs-Werkzeugen nach außen hin zum Benutzer. Ihre Aufgabe ist es also,

a) werkzeugspezifische Information aus bestimmten Gesichtspunkten heraus darzustellen, ohne neue anwendungsspezifische Semantik hinzuzufügen (statische Repräsentation)

und

b) die Führung des Dialoges mit dem Benutzer, indem sie aus den unter software-ergonomischen Gesichtspunkten konzipierten Interaktionssequenzen die für die Anwendung relevanten Teile herausfiltert und auf eine für die Anwendung verständliche Ebene umsetzt (Dynamik).

Der Benutzungsoberfläche kommt also gewissermaßen eine Abbildungsfunktion zu. Dies hört sich im ersten Moment einfach an, ist es aber angesichts der Verschiedenheit der in der Softwareentwicklung eingesetzten Methoden und Werkzeuge ganz und gar nicht.

Die Präsentation der Anwendungswerkzeuge nach außen umfaßt im einzelnen die folgenden Hauptaufgaben:

- Darstellung von Anwendungsobjekten in geeigneter, der Objektsemantik angemessenen Form (z.B. graphisch)
- Anforderung von Daten
- Steuerung des Dialogablaufes (z.B. über Menüs oder Icons)
- Weitergabe von Hinweisen und Warnungen der Anwendung zum Benutzer
- Selbständige Erzeugung und Ausgabe eigener Meldungen (Quittungen, Fehler etc)

Dabei ist Wert zu legen auf Benutzerfreundlichkeit, die Darstellungen sollen übersichtlich sein. Der Zustand des Bildschirms soll den internen Zustand des Systems widerspiegeln. Die Bedienung soll weitgehend selbsterklärend sein. Dies setzt oft die Darstellung mehrerer Kontexte gleichzeitig voraus, was für konventionelle Systeme ungewöhnlich ist.

Ein Schlagwort für diese Eigenschaften ist der Begriff der *Ergonomie*, den man auch mit *Benutzerfreundlichkeit* übersetzen kann. Er wird in der Fachliteratur unterschiedlich verwendet und natürlich auch weiterentwickelt, da im Laufe der Zeit praktische Erfahrungen gesammelt und ausgewertet werden. Beispielsweise ist die

Begeisterung für die Verwendung von Icons, die früher uneingeschränkt als Credo benutzerfreundlicher Systeme galten, einer kritischeren Auffassung gewichen (siehe /Myer-84/, S.17 und /HaMo-82/). Es gilt also vor einer kritiklosen Übernahme solcher Konzepte ihre Verwendbarkeit im Einzelfall zu untersuchen, wenn die Anforderungen genauer eingrenzbar sind.

Was die allgemeinen Aspekte der Ergonomie betreffen, so gibt die DIN-Norm 66234 Teil 8 (/DIN-84/) einen allgemeinen Rahmen vor, der sich auch auf den Bereich Softwareentwicklung anwenden läßt:

- Aufgabenangemessenheit

  "Ein Dialog ist ***aufgabenangemessen***, wenn er die Erledigung der eigentlichen Arbeitsaufgabe des Benutzers unterstützt, ohne ihn durch Eigenschaften des Systems zusätzlich zu belasten."

  Hierzu gehört auch eine gewisse Bedienungsminimalität, d.h. die Vermeidung unnötiger und häufig verwirrender Redundanzen bei der Auswahl und Eingabe von Kommandos, sowie der Eingabe von Parametern und Daten. Zur Erfüllung dieser Forderung kann eine Benutzungsoberfläche entscheidend beitragen, indem sie Redundanzen und interne irrelevante Systemzustände ausfiltert.

- Selbsterklärungsfähigkeit

  "Ein Dialog ist ***selbsterklärungsfähig***, wenn er unmittelbar verständlich ist, oder wenn während des Dialogs dem Benutzer auf Verlangen Einsatzzweck, sowie Einsatzweise des Dialogs erläutert werden können. Soweit der Dialog nicht unmittelbar verständlich ist, sollen dem Benutzer auf Verlangen auch der Leistungsumfang der Arbeitsmittel und die Voraussetzungen für die Anwendung erklärt werden können."

  Hier kann die Benutzungsoberfläche allerdings nur bis zu einem gewissen Level Unterstützung bieten. Wenn die Semantik der Anwendung schwer zu durchschauen oder das Modell inkonsistent ist, hilft auch die beste Oberfläche nicht viel.

  Unbedingt wichtig ist es, den aktuellen Zustand des Systems übersichtlich zu präsentieren, d.h. der Benutzer sollte möglichst "auf einen Blick" erkennen, in welcher Umgebung er sich gerade befindet. Weiterhin ist anzustreben, die Modellierung graphischer Objekte auch mit graphischen Mitteln interaktiv durchzuführen. Allgemein gilt, daß die Repräsentation von Objekten ihrer Struktur und Art entsprechen sollte und Charakteristika zu verdeutlichen sind (**What you see is what you get**).

- Steuerbarkeit

  "Ein Dialog ist ***steuerbar***, wenn der Benutzer die Geschwindigkeit des Ablaufs, sowie die Auswahl und Reihenfolge von Arbeitsmitteln oder Art und Umfang von Ausgaben beeinflussen kann."

  Für den Softwareentwicklungsbereich ist eine Dialogführung vorzusehen, die dem Benutzer bei Bedarf **hilft**, ihn aber nicht **einengt**. System- und Programmentwickler sollen durch einen großen Freiheitsgrad ihren individuellen Arbeitsstil entwickeln und beibehalten können, um ihre Kreativität zu entfalten und auszuschöpfen. Dazu kann die Benutzungsoberfläche durch die Art der Kontrollhierarchie, zu der sie den Anwendungsprogrammierer zwingt, beitragen.

- Verläßlichkeit

  "Ein Dialog ist ***verläßlich***, wenn das Dialogverhalten des Systems den Erwartungen des Benutzers entspricht, die er aus Erfahrungen mit Arbeitsabläufen mitbringt, und die er sich während der Benutzung des Systems bildet. Uneinheitliches Dialogverhalten zwingt den Benutzer zu starker Anpassung an wechselhafte Durchführungsbedingungen seiner Arbeit und kann unnötige Belastungen mit sich bringen."

  Da für den Softwareentwicklungsbereich die Zusammenfassung heterogener Werkzeuge typisch ist, kommt hier der Benutzungsoberfläche eine große Bedeutung zu. Die Heterogenität der internen Struktur sollte nicht nach außen hin sichtbar sein, d.h. sich nicht in der Bedienung des Systems niederschlagen. Gleiche Operationen sollten durch gleiche Aktionen oder Aktionsfolgen auch in verschiedenen Kontexten ermöglicht werden.

- Fehlertoleranz und Fehlertransparenz

  "Ein Dialog ist ***fehlertolerant***, wenn trotz fehlerhafter Eingabedaten das beabsichtigte Arbeitsergebnis erreicht wird. Ein Dialog ist ***fehlertransparent***, wenn dem Benutzer der Fehler zum Zwecke der Behebung verständlich gemacht wird."

  Soweit sich die Fehler nicht auf stark anwendungssensitive Bereiche beziehen, kann eine gute Benutzungsoberfläche dieser Anforderung weitgehend gerecht werden. Beispielsweise kann sie Bedienungsfehler beim Verschieben von Windows selbständig behandeln. Dagegen stellt die benutzerfreundliche Behandlung von anwendungsabhängigen Eingabefehlern auch eine Anforderung und letztlich einen Eingriff in die Werkzeuge dar.

Aus diesen eher allgemeinen Anforderungen lassen sich für THESEUS konkretere ableiten:

Gleichzeitige Bearbeitung mehrerer Kontexte

Diese Forderung wurde schon genannt. Sie führt zwangsläufig zum Multi-Windowing, wobei jedes Window jeweils einen Kontext verwalten sollte. Der Benutzer sollte jederzeit die Möglichkeit zum Kontextwechsel besitzen. Er sollte Windows verschieben, ihre Größe verändern und sie schließen können, wann immer er will.

Bekannte Arbeitsumgebung

Der Benutzer soll mit gewohnten Begriffen und Symbolen arbeiten können (Konzept der Schreibtischoberfläche).

Einfache Bedienbarkeit

THESEUS soll selbständig eine weitgehende Selbsterklärungsfähigkeit der Bedienung des Systems garantieren.

Graphische Darstellung von Objekten und Sachverhalten

Eine der wichtigsten Aufgaben von THESEUS ist es, die in den Anwendungs-Werkzeugen erzeugten und verwendeten Objekte nach außen zum Benutzer hin zu präsentieren. Viele dieser Objekte sind graphischer Natur und sollen dementsprechend graphisch dargestellt werden, wie z.B. Netze. Die Benutzungsoberfläche muß solche Darstellung und Manipulation in geeigneter Weise erlauben.

Weiterhin wird die Möglichkeit für Ausschnittbildung von Objektdarstellungen benötigt, z.B. das Zeichnen von Teilnetzen.

Die Mischung von Text und Graphik ist zu gewährleisten, da die meisten graphischen Objekte textuelle Beschriftungen zu ihrem Verständnis benötigen.

Zur Realisierung der Forderungen nach Benutzerfreundlichkeit wurde die Verwendung von Icons angeregt. Es sind zwei verschiedene Arten von Icons zu unterscheiden (nach /Myer-84/):

- Icons zur bildlichen Symboldarstellung von Objekten, Kommandos, etc.
- Icons zur Repräsentation von Prozessen, bzw. Rechneraktivität allgemein

Ihre Anwendbarkeit ist jeweils innerhalb des zu realisierenden Kontextes zu entscheiden.

<u>Komfortable alphanumerische Benutzerschnittstelle</u>.

Die Bandbreite entsprechender Anwendungen reicht auf diesem Gebiet von der Ausgabe einfacher HELP-Texte oder Meldungen bis hin zu komfortablen strukturorientierten Werkzeugen, wie z.B. einem Editor zur interaktiven Erstellung syntaktisch korrekter COBOL-Programme.

3.2. Technische Anforderungen

Die hier aufgeführten Anforderungen sind realisierungstechnischer Natur.

Programmierbarkeit auf anwendungsspezifischem Niveau

Der Anwendungsprogrammierer sollte bei der Formulierung seiner Benutzerschnittstelle eine weitgehende Unterstützung durch die Benutzungsoberfläche haben. Dazu muß die Programmierschnittstelle von THESEUS sich auf einfache Weise auf seine anwendungsspezifische Semantik abbilden lassen, d.h. auf die des Softwareentwicklungsbereiches. Zudem sollte die Programmierung von irrelevanten Details abstrahieren.

Anpaßbarkeit

THESEUS muß die Möglichkeit zur einfachen Anpassung an wechselnde Benutzerwünsche bieten. die Benutzungsoberfläche muß die technischen Voraussetzungen erfüllen, die es ermöglichen, häufige und schnelle Änderungen vorzunehmen. Insbesondere sollte der Programmierer frühzeitig die ersten Ergebnisse sehen können. (Prototyping-Eigenschaften).

Abfangen von Fehlern

Eine gewisse Menge von Eingabefehlern sollte schon innerhalb der Benutzungsoberfläche feststellbar sein und abgefangen werden können, ohne daß die Werkzeuge jedesmal damit belastet wären. Dies trifft insbesondere auf Bedienungsfehler zu.

Graphik-Standard-Schnittstelle

Zur Ermöglichung der Einbettung von Paketen, die direkt mit dem Graphischen Kernsystem GKS arbeiten, sollte THESEUS eine entsprechende Schnittstelle vorsehen, die mit dem THESEUS-Konzept verträglich ist.

Datenaustausch Benutzungsoberfläche <-> Anwendung

Zwischen THESEUS und Werkzeugen findet ein ständiger Datenaustausch statt. Die Menge der dabei physisch verschobenen Daten sollte aus naheliegenden Gründen "minimal" sein.

Gleichzeitig besteht die Forderung nach strikter Trennung zwischen den Datenstrukturen im Anwendungsprogramm und Benutzungsoberfläche, um später eventuell eine Trennung auch physikalisch durchführen zu können, z.B. mit der Benutzungsoberfläche auf einem kleinen Workstation-Rechner. Dann sollten natürlich keine Bilddaten über die Leitung zwischen Workstation und Host geschickt werden.

Erweiterbarkeit

THESEUS sollte so ausgelegt sein, daß eine Erweiterbarkeit bezüglich neuer Darstellungs- und Interaktionsformen möglich ist.

4. THESEUS-Systemkonzept

4.1. Trennung der Benutzungsoberfläche von der Anwendung

Folgende Gründe lassen eine separate Entwicklung der Benutzerschnittstelle sinnvoll erscheinen:

- Unterschiedliche Entwurfsziele

  Die Anforderungen an die Benutzerschnittstelle, wie sie vom Benutzer aus sichtbar ist, unterscheiden sich stark von den Anforderungen an das Applikationsprogramm selbst. Die Effektivität der Benutzerschnittstelle ist nach anderen Kriterien zu messen als die der Anwendungsprogramme. Daher sollte eine Trennung schon in den frühen Phasen der Systementwicklung vorgenommen werden, wie dies im Falle von THESEUS geschah.

- Einbeziehung softwareergonomischer Aspekte

  Es steht außer Zweifel, daß software-ergonomischen Eigenschaften entscheidende Bedeutung für die Qualität von Benutzungsoberflächen zukommt. Solche Aspekte können nur dann in größeren Maße einfließen, wenn die Problemteile zur Ein-/Ausgabe soweit wie möglich separiert werden.

- Unterschiedliche Entwickler

  Die Schnittstelle zum Benutzer sollte von Personen modelliert und spezifiziert werden, die vertraut sind mit softwareergonomischen Problemen. Dies kann nicht von den Anwendungs-Designern bzw. -Programmierern erwartet werden. Für die Interaktionsgestaltung sind erfahrene Dialog-Experten gefordert.

- Konsistenz der Benutzerschnittstelle

  Die Einheitlichkeit der Präsentation der Systeminformation und der Dialogführung in unterschiedlichen Umgebungen muß gewährleistet sein. Der Benutzer muß mit dem gleichen Kommando immer das gleiche bewirken bzw. identische Ziele immer auf die gleiche Art erreichen. Diese Anforderung ist zwar trivial, aber höchst selten durchgehalten worden.

- Eigene Beschreibungsmittel

Zur Realisierung von Dialogsystemen müssen eine Reihe von Tools geschaffen werden, die auf die in diesem Bereich auftretenden speziellen Erfordernisse zugeschnitten sind. Hierzu zählen insbesondere Dialogspezifikationsmittel /Gre-85/, Dialogmodulgeneratoren /BuBa-86/, Dialogzellen /BKt-82/, Icon-, Menü- und Layout-Editoren /ODR-85/ sowie solche Werkzeuge, die den Entwurf der Benutzerschnittstelle unterstützen. Erweitert man eine Benutzungsoberfläche um solche Entwicklungswerkzeuge, so spricht man von einem *User Interface Management System (UIMS)* /GII-83/, /Ols-84/, /Pfa-85/, das aus einem Laufzeitsystem und einer Sammlung von Präprozessoren besteht.

- Iterative Entwicklung

Die meisten Softwareentwicklungsmethoden der strukturierten Programmierung gehen von einer klaren, festen und abgeschlossenen Spezifikation aus. Diese wird dann in einem direkten und geradlinigen (meist top-down-) Verfahren implementiert. Dies ist für die Realisierung von Maschine-Maschine-Schnittstellen sehr sinnvoll. Beim Entwurf von Benutzerschnittstellen dagegen ist es üblich, daß sich die Spezifikation im Entwicklungsverlauf ändert. Die entsprechenden Anforderungen sind nämlich keineswegs in einem frühen Stadium der Systementwicklung "abstrakt" zu antizipieren, wie viele Erfahrungen aus der Praxis lehren. Es erscheint daher nicht ratsam, sämtliche Details dieser Schnittstelle in die Projektspezifikation aufzunehmen, sondern in einem iterativen Prozeß die Kommandos und deren Form herauszuarbeiten /DrNo-85/, indem die Mensch-Maschine-Schnittstelle schrittweise an die Bedürfnisse des Benutzers angepaßt wird. Die Spezifikation erfolgt dann z.B. durch Akzeptanztests, wie sie Shneiderman /Shn-82/ vorschlägt: "*Nach 75 Trainingsminuten sollen 40 charakteristische Benutzer in der Lage sein, 80% der Benchmark-Tests in 35 Minuten mit weniger als 12 Fehlern zu bewältigen.*" Der Prozeß ist gekennzeichnet durch häufige Evaluierungs- und Redesign-Phasen, bis das Schnittstellen-Verhalten aus Benutzersicht akzeptabel ist. Diese iterative Vorgehensweise impliziert eine saubere Trennung zwischen Benutzungsoberfläche und Anwendung.

- Modifizierbarkeit / Wartbarkeit

Wenn die Definition der Benutzerschnittstelle in den Programm-Code der Anwendung eingebettet ist, wird die Änderung der Schnittstelle sehr aufwendig. Der Dialogautor ist gezwungen, seine Modifikationen im Anwendungsprogramm vorzunehmen. Dies ist nicht wünschenswert.

- Reduzierung des Entwicklungsaufwandes

  Die Tätigkeiten des Benutzers werden klassifiziert und können dann einheitlich behandelt werden. Dadurch werden nicht nur Konsistenzprobleme gelöst. Die Ein-/Ausgabekomponente wird auf Basisfunktionen reduziert, die nach Anforderung konfiguriert werden. Der Entwicklungsaufwand wird reduziert, insbesondere weil mehrere Anwendungen (Werkzeuge) bedient werden können.

- Unterstützung unterschiedlicher Anwendungsprogramme

  Wenn die prinzipiellen Anforderungen und der Schnittstellentyp des Interaktionsmoduls geklärt sind, lassen sich neue Anwendungen leichter adaptieren. In diesem Fall sind nur die zusätzlich erforderlichen Funktionen an der Schnittstelle Benutzungsoberfläche - Anwendung und deren Umsetzung auf die Benutzerschnittstelle einzurichten. Dadurch lassen sich Softwareentwicklungswerkzeuge austauschen, ohne große Eingriffe in die Werkzeuge und die Benutzungsoberfläche vorzunehmen.

- Entwicklung mehrerer 'benutzeradaptierbarer' Benutzungsoberflächen

  Durch die Trennung der Benutzungsoberfläche von der Anwendung wird es möglich, mehrere Benutzersichten auf eine Anwendung zu definieren. Diese Notwendigkeit kann sich aus unterschiedlichen Benutzerfähigkeiten, persönlichen Benutzereigenheiten oder aus unterschiedlichen Hardware-Konfigurationen ergeben.

Aus diesen Gründen ergibt sich zwingend die Konsequenz der Trennung zwischen Benutzungsoberfläche und Anwendungsprogramm.

4.2. Die Schnittstelle zum Benutzer

Die speziellen Erfordernisse dieser Schnittstelle sind es, welche die separate Entwicklung einer Benutzungsoberfläche überhaupt erst erforderlich machen. Nachdem die Anforderungen an THESEUS im Kapitel 3 genannt wurden, sollen im folgenden die konzeptionellen Grundlagen im Vordergrund stehen.

Aufgrund der Eignung zur Modellierung unterschiedlicher Benutzerschnittstellen müssen die Konzepte von THESEUS an dieser Stelle eher als Bausteine aufgefaßt werden, aus denen dann die endgültige Ausprägung einer speziellen Benutzerschnittstelle im Laufe des schon erwähnten iterativen Prozesses kombiniert wird.

THESEUS basiert auf der grundsätzlichen Philosophie, dem Benutzer einen hohen Freiheitsgrad bei der Gestaltung des Dialoges zu ermöglichen. Er soll bei der Auswahl seiner Aktionen und deren Reihenfolge möglichst nicht durch das System eingeengt werden. Interaktive Programme sollten soweit als möglich **benutzergesteuert** sein. Während die Dialoge konventioneller Anwendungen häufig die internen Algorithmen und Verarbeitungsabfolgen widerspiegeln, erzwingt THESEUS allein schon durch seine Konzeption die Entwicklung benutzergesteuerter Interaktionen.

Es ist zu beobachten, daß sich Zeitpunkt und Reihenfolge der Benutzeraktionen nach Kriterien optimaler, interner Programmabläufe richtet. Dadurch wird der Benutzer zum Hilfsmittel des Programmes degradiert. Die Ursache ist in erster Linie darin zu suchen, daß zunächst die Datenverarbeitung und anschließend die Datenein-/ausgabe konzipiert wird.

Benutzergesteuerte Dialogprogramme hingegen bestehen aus einem Satz von für den Dialog maßgeschneiderten Funktionen. Die internen Verarbeitungsschritte richten sich nach diesen Interaktionsbausteinen und sind entsprechend atomisiert. Damit soll sichergestellt werden, daß die Programme zu Hilfsmitteln des Benutzers werden, völlig unter seiner Kontrolle stehen und von ihm gesteuert werden.

Durch die Architektur von THESEUS wird sichergestellt, daß zunächst die Dialoge entworfen werden, nach denen sich die Verarbeitungskomponenten orientieren müssen.

Im folgenden wird daher zunächst auf die Benutzerfunktionalität, die THESEUS anbietet, eingegangen und anschließend die Schnittstelle von THESEUS zum Anwendungsprogramm behandelt. Die Zusammenstellung der Benutzerfunktionen wird auf einer *semantischen* Ebene verstanden. Die technische Realisierung ist davon unabhängig und kann für die Ausführung einer Funktion durchaus mehrere Schritte (z.B. Tastendrucke) vorsehen.

- Die Darstellung von und das Wechseln zwischen verschiedenen Kontexten geschieht über ein Multiple-Window-Konzept /Hop-85/, /Goo-85/. Jedes Window stellt dabei einen Kontext dar, der nicht zwingend unabhängig von anderen Kontexten sein muß.

- Die Ausprägung solcher Windows auf dem Bildschirm geschieht meist über rechteckige Bereiche, die sich entweder die Bildschirmfläche aufteilen (*Tiling*) oder sich gegenseitig verdecken (*Overlapping*) /BlRo-86/, /CSI-85/. THESEUS/PC verwendet überlappende Windows, wobei die Windows nach dem Prinzip der *Desktop-Oberfläche* (/Smi-82/, Wil-84/) wie die Papiere auf einem Schreibtisch übereinander plaziert sind.

- Bezüglich der Eingabefunktionen wie Tastatur oder Positionseingabe muß es ein "zuhörendes" Window geben, den sogenannten *Listener*. Das Auswählen des Listeners durch den Benutzer kann auf verschiedene Art und Weise erfolgen, THESEUS/PC erlaubt die Steuerung mit Hilfe einer Maus.

- Der Benutzer hat Operationen zum *Vergrößern/Verkleinern*, *Verschieben* und *Schließen* von Windows. Das Öffnen geschieht implizit durch das Starten eines Kontextes (Programmes).

- *Scrolling* und *Panning* ermöglichen dem Benutzer das Blättern und Bewegen in Darstellungsbereichen, von denen meist nur ein gewisser Teil im Window aktuell sichtbar ist. Scrolling wird meist im alphanumerischen Bereich angewendet, während Panning eher für Graphik sinnvoll ist.

- THESEUS ermöglicht die Darstellung anwendungstypischer graphischer und textueller Objekte aus dem Softwareentwicklungsbereich sowie die Darstellung strukturierter alphanumerischer Texte. Funktionen zum Generieren und Löschen von Objekten sowie zur Änderung von Position und Darstellung sind ebenso wie Texteingabe beinhaltet.

- Zum Aufruf von Funktionen, zur Entscheidungsverzweigung und zur Auswahl von Alternativen wird in THESEUS die ***Menütechnik*** verwendet. Die Ausprägung in einer Implementierung kann sowohl über Menüleisten am Bildschirm geschehen, als auch über eine Job-Control-Language aufgrund von alphanumerischer Eingabe.

- *Icons* sind graphische Symbole, die zur ***objekt-orientierten*** Darstellung von Sachverhalten dienen /CoHu-86/. In THESEUS werden sie zur Repräsentation von Objekttypen und Benutzeroperationen verwendet.

- Die Programmierung nach dem Prinzip der ***Direkten Manipulation*** nach Shneiderman /Shn-83/ wird von THESEUS unterstützt. THESEUS bietet das Verschieben von Icons, Windows oder Anwendungsobjekten in den Windows für den Benutzer an (Dragging).

- THESEUS ist unabhängig von gerätespezifischen Ein-/Ausgabemöglichkeiten. Die E/A-Techniken, die THESEUS anbietet, sind auf einem abstrakten Niveau angesiedelt. Erst während der iterativen Implementierungszyklen werden die optimalen Abbildungen auf die Geräteeigenschaften vorgenommen.

4.3. Die Schnittstelle Benutzungsoberfläche - Anwendungsprogramme

Die Schnittstelle Benutzer - Benutzungsoberfläche wird in der Literatur intensiv diskutiert (z.B. /Ris-84/, /CHI-85/, /CHI-86/). Dagegen wird die Schnittstelle zur Anwendung eher vernachlässigt, obwohl ihr eine entscheidende Rolle zukommt. Erst in jüngster Zeit wurde in einer Reihe von Systemen eine systematische Trennung zwischen Anwendung und Benutzungsoberfläche durchgeführt und so eine interne Schnittstelle definiert (siehe /HSL-85/ und /SRH-85/ /Pfa-85/). Die Anforderungen, Probleme und Lösungsmöglichkeiten sind nicht genau genug geklärt, so daß diese Schnittstelle häufig unsauber und verwaschen wird.

Die folgenden Fragen sind für die Entwurfsentscheidungen von Bedeutung:

(1) Welche Kontroll-Architektur ist zwischen Benutzungsoberfläche und Anwendung geeignet?

(2) Auf welchem Abstraktionsniveau soll die interne Schnittstelle liegen?

4.3.1. Die Kontrollarchitektur

Zunächst ist zu unterscheiden, bei welchem der beiden kommunizierenden Teile die Kontrolle darüber ausgeübt wird, welche Funktionen des anderen Teils beansprucht werden. In der Literatur werden einige Alternativen aufgezeigt (/GII-83/, /End-84/, /HSL-85/).

(1) **Interne Kontrolle**

Hier besitzt das Anwendungsprogramm die alleinige Kontrolle über die Benutzungsoberfläche (Abb. 4.1). Die Benutzungsoberfläche steht als Paket von Unterprogrammen zur Verfügung, die an geeigneter Stelle von der Anwendung aufgerufen werden. Die Aufgaben zur Ein-/Ausgabe sind soweit atomisiert wie es für die Anwendung erforderlich ist. Die Kommunikation mit dem Benutzer erfolgt durch geeignete Funktionsaufrufe.

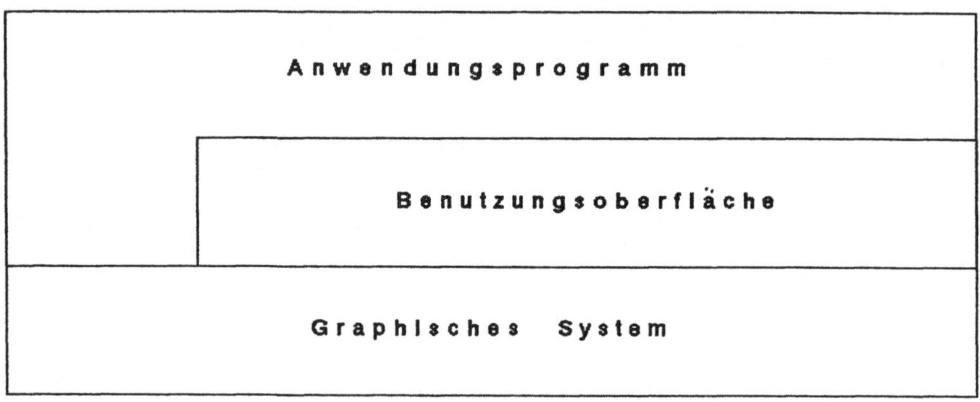

Abb. 4.1: Interne Kontrolle

Vorteile sind:

- einfache Realisierung
- optimale Anpassung an das Anwendungsprogramm
- entspricht der Vorgehensweise bei Systementwicklungen
- bekannt von graphischen Systemen

Nachteile:

- keine saubere Aufgabentrennung zwischen E/A-abhängigen und E/A-unabhängigen Teilen im Programm
- bei Änderungen an der Benutzerschnittstelle werden Eingriffe im Anwendungsprogramm notwendig
- software-ergonomische Aspekte können nur schwer einfließen
- Einheitlichkeit und Konsistenz der Benutzerschnittstelle hängt ausschließlich von der Programmierdisziplin ab
- sehr lokale Dialoge

(2) **Externe Kontrolle**

Hier ist die Anwendung unterteilt in Unterprogramme, die von der Benutzungsoberfläche aufgerufen werden. Dies geschieht, wenn aufgrund von Benutzerinteraktionen eine anwendungsspezifische Verarbeitung notwendig ist.

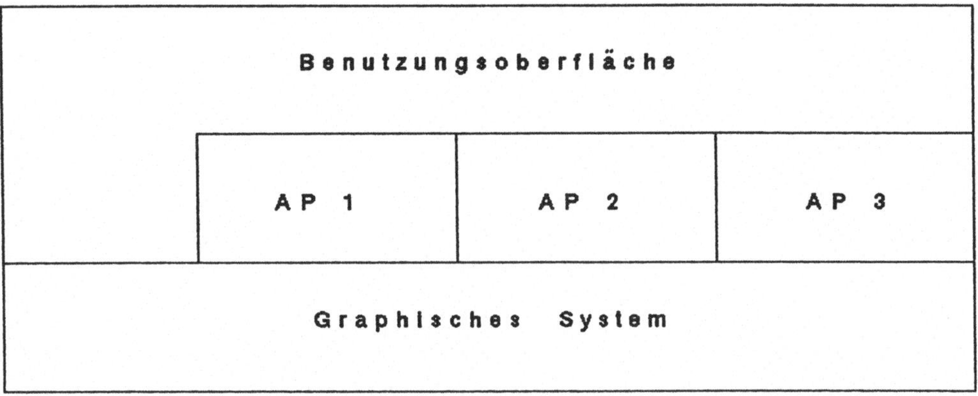

Abb. 4.2: Externe Kontrolle

Vorteile:

- saubere Separierbarkeit der Benutzerfunktionen
- benutzerspezifische Schnittstelle
- Einheitlichkeit
- anwendungsunabhängige Modifizierbarkeit der Benutzerschnittstelle
- Spezifikationsmittel vorhanden

Nachteile:

- Anwendungsprogramme müssen atomisierbar sein
- Dynamik/Interaktionsfolge liegt außerhalb der Anwendung
- Verteilung der Semantik
- Komplexität der Schnittstellenbeschreibung
- mögliche Redundanzen in den verschiedenen Unterprogrammen
- Ausgabeaufforderungen der Anwendung

Diese beiden Möglichkeiten stellen die beiden extremen Alternativen dar. THESEUS beinhaltet einen Kompromiß zwischen diesen Kontrollarchitekturen. Die Anwendung hat die Möglichkeit der Ausgabe und Dialogsteuerung über eine funktionale Schnittstelle, wie dies für interne Kontrolle üblich ist. Beim Auftreten von Eingabeereignissen wird jedoch die Anwendung von THESEUS aufgerufen und muß entsprechende Funktionen zur Verfügung stellen, was typisch für externe Kontrolle ist. Dieser Ansatz ist neuartig und versucht die Nachteile der beiden Extreme weitgehend zu vermeiden und die Vorteile zu verbinden.

4.3.2. Das Abstraktionsniveau der Schnittstelle

Die Anwendung kommuniziert mit der Benutzungsoberfläche auf einer bestimmten logischen Ebene. Hier gilt es zu unterscheiden zwischen der **Mächtigkeit** der Schnittstelle, d.h. welche Fähigkeiten in ein Kommando gepackt werden und der **Logik der Schnittstelle**, die auf Bildschirmebene oder aber auf Anwendungsebene festgelegt werden kann.

Die Untersuchung der Mächtigkeit der Schnittstelle kann nicht ohne den Hintergrund der speziellen Anwendung erfolgen und ist allgemein nicht zu untersuchen. Zudem lassen gewisse Schnittstellentypen nicht jede Mächtigkeit zu.

Die Konsequenzen aus der Logik- Ebene dagegen lassen sich bereits jetzt nennen /HSL-85/.

(1) Die Kommunikation zwischen Anwendungsprogramm und Benutzungsoberfläche erfolgt auf der **Ebene der Benutzungsoberfläche**. Dem Anwendungsprogramm sind die Ereignisse am Bildschirm bekannt, d.h. die Benutzersicht wird auf die Applikation übertragen. Somit ist die interne Schnittstelle ein Abbild der Benutzerschnittstelle, jedoch mit anderen Kommandomächtigkeiten.

Beispiele:

- gib ein Zeichen Z an Position (x,y) des Bildschirmes aus
- picke Rechteck N
- stelle Kreis dar an Position (x,y) des Bildschirmes
- Menü- Auswahl

Die Beispiele besitzen die gleiche Logik-Ebene, jedoch unterschiedliche Abstraktionsebenen.

(2) Die Logik der Schnittstelle liegt auf der **Anwendungsebene**, d.h. es werden Objekte und Informationen ausgetauscht, die die Applikation dem Benutzer mitteilen will (Ausgabe) bzw. von ihm bekommt (Eingabe). Dem Anwendungsprogramm ist die Kontrolle des Bildschirms entzogen. Die Benutzeraktionen zum Bereitstellen der Information sind dem Anwendungsprogramm nicht bekannt, sondern nur die endgültige Information.

- gib Unix-Filedirectories aus
  Der Anwendung ist es egal, ob die Directories als Baum oder textuell ausgegeben werden.
- erfrage Folgeaktion
- gib Datei aus

Beide Alternativen sind Extrempositionen, dazwischen gibt es einige Kompromisse. In den meisten bekannten Systemen spiegelt die Schnittstelle zum Anwendungsprogramm die Sicht des Benutzers auf die Benutzungsoberfläche wider. Aus folgenden Gründen erscheint es jedoch sinnvoll, das Abstraktionsniveau höher anzusiedeln:

- Zur Bildschirmsteuerung sind viele Details und Attribute notwendig, die die eigentliche Anwendung nicht betreffen.

- Eine Information läßt sich auf verschiedene Arten repräsentieren. Die verschiedenen Alternativen können benutzer- oder geräteabhängig ausgewählt werden.

- Wenn mehrere Anwendungsprogramme miteinander kommunizieren, besitzen sie eine einheitliche Beschreibungsebene. Liegen die Objekte und Informationen in formatierter und attributierter Form vor, werden jeweils Umsetzungen notwendig.

Es erscheint problematisch, das Abstraktionsniveau der Schnittstelle Anwendungsprogramm - Benutzungsoberfläche für alle Aktionen an der Benutzerschnittstelle einheitlich festzulegen.

THESEUS stellt deshalb verschiedene Abstraktionsstufen zur Verfügung. Ausgabeseitig werden speziellere graphische Objekte aus dem Bereich der Softwareentwicklung angeboten und auf Weltkoordinaten abgebildet. Von Bildschirmkoordinaten wird völlig abstrahiert. Darüberhinaus kann komfortable alphanumerische Ausgabe erfolgen, die ebenfalls nicht mehr auf Bildschirmkoordinaten basiert. Eingabeseitig stellt THESEUS abstrakte Eingabeklassen zur Verfügung, die völlig geräteunabhängig sind. Auch deren Prompt/Echo-Ausprägung am Bildschirm wird erst für eine bestimmte

THESEUS-Implementierung festgelegt. Jede Ein-/Ausgabe bezieht sich zudem auf ***virtuelle Bildschirme***, nämlich Windows.

Allerdings "kennt" die Benutzungsoberfläche keine abstrakten Anwendungsobjekte und ist daher nicht abhängig von bestimmten Anwendungen, bzw. deren Objekten.

Zusätzlich dazu wird mit der GKS-Funktionalität eine allgemeinere, auf niedrigerem Abstraktionsniveau befindliche Schnittstelle angeboten /ISO-85a/. Diese Alternative kann von Programmen gewählt werden, die mit den übrigen Funktionen der Benutzungsoberfläche nicht auskommen bzw. von bereits existierende Programme mit in GKS implementierten Funktionen.

4.4. Dialogablaufsteuerung

Bei komplexen Softwaresystemen ist es oftmals erwünscht, die Strukturierung des Dialogablaufs in irgendeiner Form festzulegen, um (evtl. später) die einzelnen Dialogschritte oder die Verarbeitung der Daten zwischen diesen Schritten genauer zu spezifizieren. Dies ist insbesondere dann notwendig, wenn Kontroll-Architekturen gewählt werden, bei denen die Dynamiksteuerung vollständig (externe Kontrolle) bzw. teilweise (wie in THESEUS) aus der Anwendung separiert werden. Ein weiterer Grund für die Ausgrenzung der Dialogablaufes ist die Unterstützung des "Rapid Prototypings": Das Sichtbarmachen des Dialogs für den Anwender, bevor die eigentliche Verarbeitung schon im Detail ausgeprägt ist.

Es gibt mehrere Methoden, die Trennung von Dialogstruktur und Verarbeitungsteilen zu ermöglichen:

- Eine Methode besteht darin, beim Entwurf des Anwendungsprogramms im "top-down"-Verfahren vorzugehen, dabei auf den höchsten Vergröberungsebenen bereits die Dialogabläufe festzulegen und die Verarbeitung erst bei weiteren Verfeinerungen festzulegen. "Rapid Prototyping" kann hier durch das Einsetzen von sogenannten Dummy-Prozeduren erzielt werden, die lediglich eine Mitteilung über die Tatsache ihres Aufrufs liefern, sonst jedoch noch keinerlei Funktionalität besitzen.

  Wenn man mehrere unterschiedliche Dialogabläufe zulassen will, müssen für jeden Dialogschritt die zulässigen folgenden Dialogeinheiten festgelegt und überprüft werden. Dies kann zur Laufzeit geschehen, indem die zur Dialogablaufsteuerung verantwortliche Instanz (dies sollte nicht die Anwendung selbst sein) erfährt, welche der Dialogeinheiten im folgenden zulässig sind. Der Dialogablauf wird in der Regel von anwendungsspezifischer Semantik beeinflußt, so daß die Dialogablaufsteuerung mit der Anwendung kommunizieren muß, um die notwendigen Informationen zu erhalten. Es hat sich gezeigt, daß im Bereich der Dialogstrukturierung sehr wenige Kontrollstrukturen ausreichen, um die Ablaufdynamik zu steuern.

Während in der ersten Methode die Dialogablaufsteuerung erst zur Laufzeit erfährt, welche weiteren Dialogschritte erlaubt sind, können sie auch schon in einer Vorlaufphase beschrieben werden, weil die Dialogabläufe in der Regel schon zu einem frühen Zeitpunkt festliegen. Zur Spezifikation solcher Dialogabläufe eignen sich in erster Linie Zustands-Übergangs-Diagramme, kontextfreie Grammatiken oder event-gesteuerte Beschreibungen /Gre-85/. Aus einer Beschreibung des gewünschten Dialogablaufs kann der Programmrahmen für das Anwendungsprogramm durch *Generierung* erstellt werden. Anschließend an diese Rahmengenerierung wird der Rahmen mit semantischem Inhalt ausgefüllt. Auf diese Weise wird erreicht, daß die Strukturierung des Dialogs in sich konsistent ist. Beispielsweise kann die Zuordnung von Menüpunkten zu Verzweigungsoperationen durch den Generator sichergestellt werden.

Als Erweiterung dieses Generierungskonzepts könnte die benötigte verarbeitungsspezifische semantische Information dem Generator als Annotationen mitgegeben und somit das komplette Anwendungssystem durch Generierung aus einer annotierten Beschreibung gewonnen werden. Hierbei wird zwar die Trennung zwischen Dialogablauf und Anwendungsteilen, die eigentlich beabsichtigt war, wieder aufgehoben. Man hat jedoch die Möglichkeit, den Dialogablauf separat zu spezifizieren.

Ein grundsätzliches Problem, das generell auftritt, wenn man versucht, die Dynamiksteuerung des Anwendungsprogramms von verarbeitungsspezifischen Teilen zu trennen, besteht darin, daß die Entscheidungen, die für die Verzweigung im dynamischen Ablauf notwendig sind, nicht nur vom Benutzer (im Sinne eines benutzergesteuerten Ablaufs), sondern auch von der Anwendung selbst getroffen werden können. Es muß also den Verarbeitungsknoten möglich sein, auf den weiteren Ablauf des Geschehens Einfluß zu nehmen, z.B. wenn bestimmte Datenkonstellationen bestimmte Verarbeitungsmöglichkeiten dem Benutzer verschließen oder generell, wenn die Weiterarbeit von Benutzereingaben *und* Entscheidungen des Programmsystems abhängt. Es wäre hier also ein Mechanismus erforderlich, der den Verarbeitungsteilen ermöglicht, auf den weiteren dynamischen Ablauf des Systems Einfluß zu nehmen.

THESEUS beschränkt sich auf eine Dynamiksteuerung zur Laufzeit und gibt durch seine Kontroll-Architektur ein bestimmtes (*eventgesteuertes*) Dynamikkonzept vor. Jedes logische Event, das eine Dialogeinheit darstellt und aus mehreren physikalischen Eingabeereignissen zusammengesetzt ist, führt zum Aufruf einer Applikationsfunktion. THESEUS bietet Dialogsteuerungsfunktionen, mit denen neue Dialogeinheiten erzeugt, gelöscht, aktiviert und gesperrt werden können. Dialogeinheiten können gruppiert und als Gruppe angesprochen werden. Damit lassen sich sehr flexible Dialogabläufe beschreiben. THESEUS nimmt die Überprüfung der Zulässigkeit der Dialogschritte vor.

Ein Anwendungsprogramm verwendet die THESEUS-Schnittstelle jedoch unabhängig davon, ob die innerhalb des Anwendungsprogramms definierte Dynamik nun fest einprogrammiert, durch Generierung erzeugt oder zur Laufzeit bestimmt wird.

Werkzeuge zur Dialogablaufbeschreibung in einer Vorlaufphase und Generierung der Dialogeinheiten gehören nicht mehr zu den Aufgaben einer Benutzungsoberfläche. Derartige Aufgaben sind oberhalb der Programmierschnittstelle zur Benutzungsoberfläche anzusiedeln. THESEUS bietet jedoch Basisfunktionen an, die die Realisierung solcher Präprozessoren und Dialogkontrollwerkzeuge ermöglicht.

4.5. Die Systemarchitektur von THESEUS

THESEUS stellt die Verbindung zwischen Benutzer und Anwendungsprogramm her. Seine Aufgaben bestehen in erster Linie aus

- Transformation der abstrakten Funktionen zur Kommunikation mit dem Benutzer auf Gerätefunktionen
- Transformation der Benutzeraktionen auf Funktionen zur anwendungsspezifischen Verarbeitung
- Verarbeitung der anwendungsunabhängigen Benutzeraktionen

Da die THESEUS-Programmierschnittstelle auf einer hohen, anwendungsnahen Ebene liegt, sind die oben beschriebenen Transformationen in mehrere Schritte untergliedert. Dies spiegelt sich in der Systemarchitektur von THESEUS wieder (Abb. 4.3).

THESEUS ist aufgeteilt in drei Schichten. Das Basis-Ein-/Ausgabesystem dient zur Umsetzung der gerätespezifischen Funktionen und Hardware-Eigenschaften auf ein geräteunabhängies Niveau, sodaß die darüberliegenden Schichten von den speziellen Fähigkeiten des angeschlossen Gerätes abstrahieren. Diese Basisschicht kann z.B. von CGI (Computer Graphics Interface) /ISO-85b/, einem Vorschlag zur Normierung der Geräteschnittstelle, abgedeckt werden.

Der darüberliegende Window-Manager hat zur Aufgabe, eventuell überlappende Bildschirmbereiche zu verwalten und zu verändern (öffnen, schließen, vergrößern, verkleinern etc.). Er bildet ausgabeseitig Primitive in Window-Koordinaten auf das Bildschirmkoordinatensystem ab und transformiert physikalische Eingaben auf Events einer Eingabeklasse. Weiterhin ist er für die Behandlung von Ausgaben auf momentan verdeckte Bereiche und die Restaurierung von Windows verantwortlich. Für diese Aufgabe können existierende Window-Manager eingesetzt werden, jedoch decken die bekannten derartigen Systeme nicht die gesamte hier geforderte Funktionalität ab.

Die darüberliegende Schicht schließlich kommuniziert mit der Anwendung. Sie ist in drei Komponenten aufgeteilt. Der Baustein *Präsentationsverwaltung* ist für die Darstellung aller Informationen auf dem Bildschirm verantwortlich. Die Ausgabe graphischer und alphanumerischer Daten, sämtliche Window-Verwaltungsfunktionen der Anwendung und alle Kontrollfunktionen werden von dieser Komponente gesteuert. Die Präsentationsverwaltung selbst wird über eine funktionale Schnittstelle von der Anwendung kontrolliert.

Die Bausteine *Dialogverwaltung* und *Dialogsteuerung* steuern die Benutzeraktionen. Die Dialogverwaltung bildet Benutzereingaben auf logische Eingaben ab. Handelt es sich um Aktionen, die eine anwendungsspezifische Verarbeitung erfordern, wird die Anwendung informiert. Wenn THESEUS selbst die Benutzeraktionen abarbeiten kann,

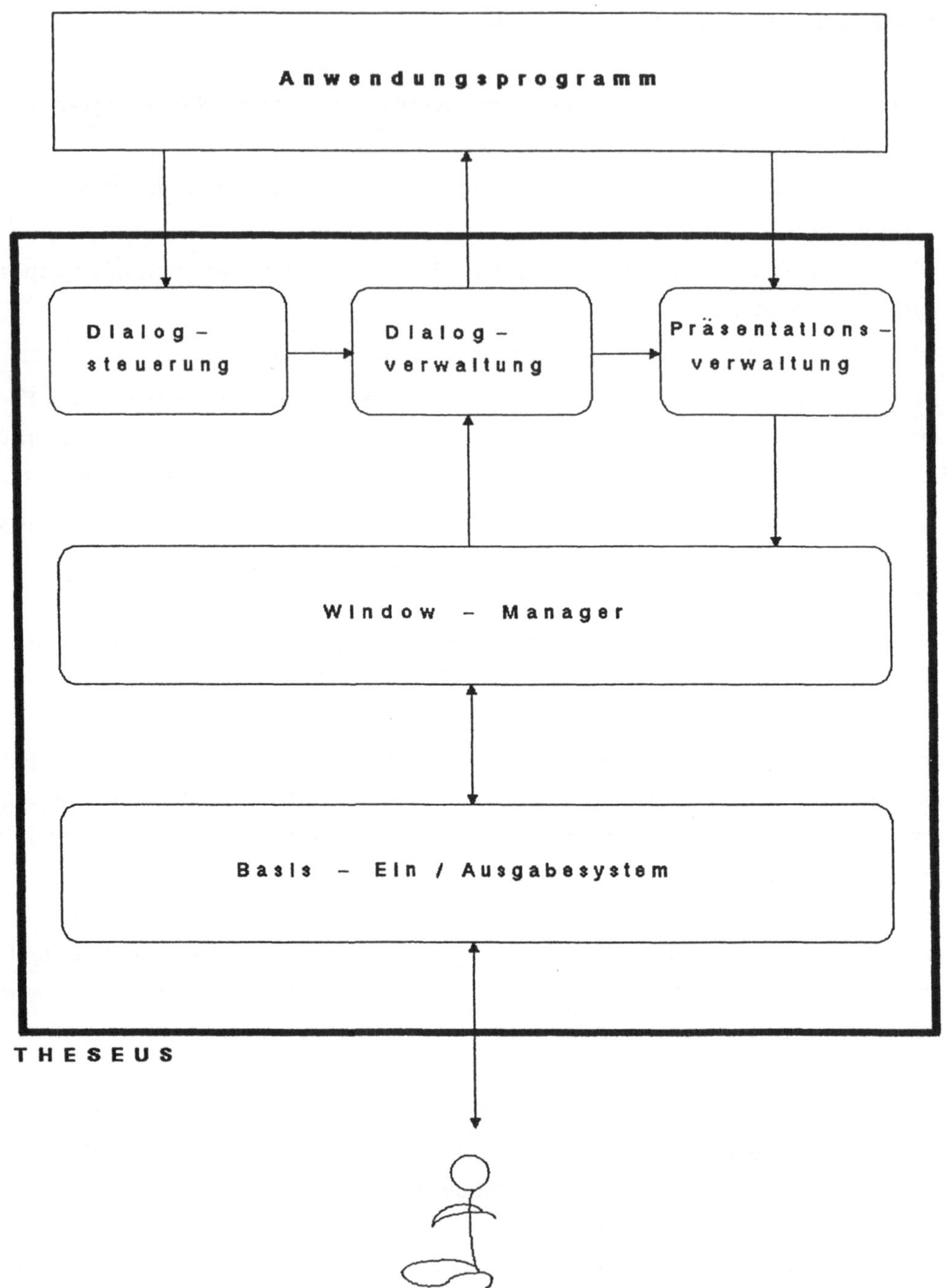

Abb. 4.3: Systemarchitektur von THESEUS

werden Aufträge an die Präsentationsverwaltung vergeben. So werden z.B. alle window-bezogenen Benutzeroperationen wie ***move*, *size*, *scroll*** etc. umgesetzt in Ausgabe-Aufträge an die Präsentationskomponente, die sämtliche Informationen über die auf dem Bildschirm existierenden Windows, deren Inhalte und die nicht sichtbaren Teile besitzt. Wenn die Anwendung THESEUS mitgeteilt hat, daß sie ebenfalls von einem bestimmten Benutzerereignis informiert werden will, ruft die Dialogverwaltung zusätzlich eine definierte Anwendungsfunktion auf.

Der Dialogablauf wird von der Komponente Dialogsteuerung definiert. Da der Dialogablauf von der Anwendung festgelegt werden muß, existieren geeignete Funktionen, mit denen Dialogeinheiten definiert werden können. Dies geschieht durch Kreierung sogenannter ***Eingabe-Mengen***, die z.B. Menüs, Icons etc. repräsentieren. Die Anwendung kannn solche Eingabe-Mengen erzeugen, löschen, aktivieren, sperren, gruppieren usw. Dadurch wird definiert, welche Benutzeraktionen im folgenden zulässig sind.

Aufgrund der Informationen, die die Dialogsteuerung bereitstellt, kann die Dialogverwaltung die Benutzeraktionen vorbereiten, kontrollieren, ablehnen oder akzeptieren und gegebenenfalls andere Komponenten wie Anwendung oder Präsentationskomponente involvieren.

Diese oben beschriebene und in Abb. 4.3 dargestellte Systemarchitektur stellt die **logische** Sicht auf das Gesamtsystem dar, wie sie für den Systementwickler wichtig ist. Sowohl der Benutzer als auch der Anwendungsprogrammierer besitzen nur eine begrenzte Sicht auf THESEUS, da sie nur die für sie relevante Schnittstelle betrachten müssen. Die Sicht des Benutzers setzt sich zusammen aus der Darstellung auf dem Bildschirm und den Eingabeaufforderungen. Für den Benutzer ist nicht von Interesse, welche Teile von THESEUS und welche von der Anwendung verarbeitet werden.

Der Anwendungsprogrammierer ist ebenfalls nicht an den internen THESEUS-Komponenten interessiert. Die Sicht des Anwendungsprogrammierers beschränkt sich auf die Funktionalität, mit deren Hilfe er die Kommunikation mit dem Benutzer steuert. Diese Funktionen und ihre zugrundeliegenden Konzepte werden in den folgenden Kapiteln detailliert vorgestellt. Die Gruppierung der Funktionen entspricht der spezifischen Sicht des Anwendungsprogrammierers (Abb. 4.4).

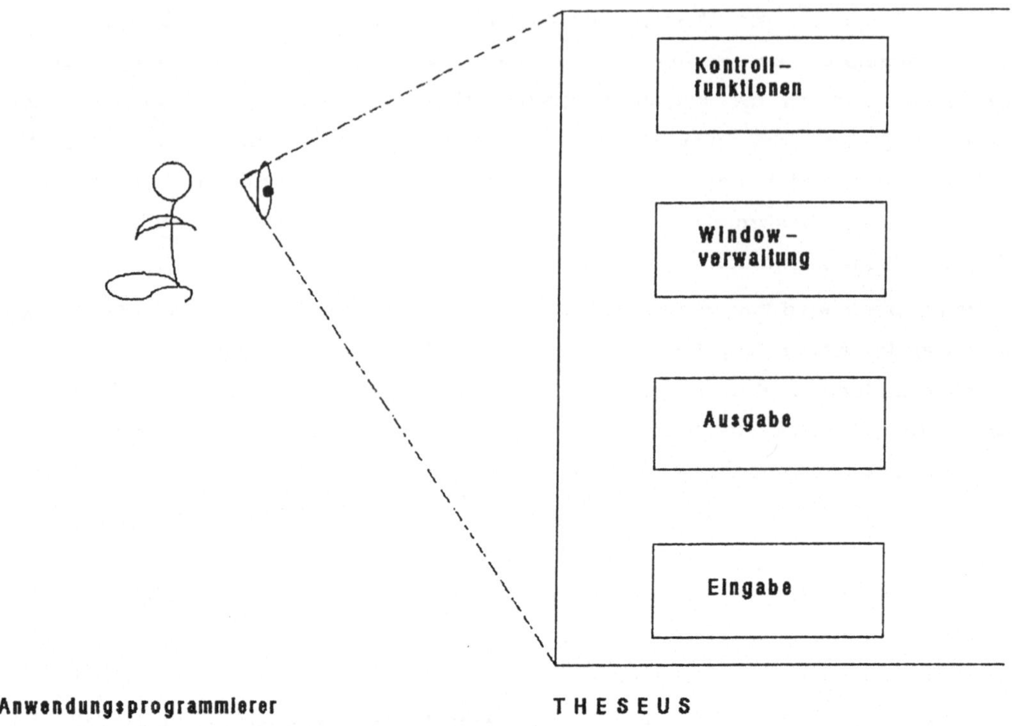

Abb. 4.4: THESEUS aus Sicht des Anwendungsprogrammierers

Es werden zunächst die Kontrollfunktionen im Kapitel 5 beschrieben. Anschließend erfolgt die Beschreibung der Anwendungsfunktionen zur Verwaltung von Windows (Kapitel 6) sowie zur graphischen und alphanumerischen Ausgabe (Kapitel 7). Schließlich wird in Kapitel 8 das Eingabe-Modell vorgestellt, so daß der Anwender anschließend zur Programmierung seiner Dialoge in der Lage ist.

5. Steuerungsfunktionen

Um die Arbeit mit THESEUS zu beginnen, ruft das Anwendungsprogramm eine Initialisierungsfunktion auf, die die internen Datenstrukturen von THESEUS setzt und initialisiert.

Die Verbindung zu THESEUS wird durch Aufruf einer Beendigungsfunktion abgeschlossen. Durch diese Funktion werden u.a. alle verbleibenden Windows geschlossen und die durch THESEUS belegten Speicherbereiche freigegeben.

Alle THESEUS-Funktionen folgen einem einheitlichen Fehlerkonzept, das demjenigen des UNIX-Betriebssystems entspricht: Durch die Anweisung

#include <ui.h>

importiert die Anwendung eine Fehlervariable

extern int ui_errno;

sowie symbolische Definitionen für die Werte, die diese Variable annehmen kann.

Tritt in einer THESEUS-Funktion ein Fehler auf, so liefert sie als Rückgabewert die Konstante *UI_ERR* zurück, die ebenfalls in <ui.h> definiert ist. Welcher Art der aufgetretene Fehler ist, kann dann aus dem Inhalt von *ui_errno* geschlossen werden.

Zu beachten ist, daß *ui_errno* bei fehlerfreiem Beenden einer THESEUS-Funktion undefiniert ist, also tatsächlich nur beim Auftreten eines Ergebnisses *UI_ERR* ausgewertet werden sollte.

5.1. Spezifikation der Kontrollfunktionen

NAME

ui_init - Initialize THESEUS

SYNOPSIS

int *ui_init (buffer)*

int *buffer*[];

EFFECT

Es werden die internen Datenstrukturen, die THESEUS benötigt, eingerichtet und initialisiert.

Das Integer-Feld ***buffer*** wird in dieser Version nicht ausgewertet, es kann der Pointerwert NULL übergeben werden.

RETURN VALUES

Die Funktion liefert einen nicht-negativen Wert zurück, wenn THESEUS richtig initialisiert wurde.

Bei einem Fehler wird UI_ERR zurückgeliefert. Die externe Variable *ui_errno* enthält dann die Fehler-Kodierung.

NAME

ui_exit - Exit from THESEUS

SYNOPSIS

int *ui_exit ()*

EFFECT

Die Funktion beendet die Verbindung zu THESEUS. Zugehörige Datenstrukturen werden freigegeben. Eventuell noch nicht geschlossene Windows werden gelöscht.

RETURN VALUES

Bei erfolgreicher Beendigung wird der Wert Null übergeben.

Bei Fehler wird als Ergebnis UI_ERR geliefert, die externe Variable *ui_errno* enthält dann die Fehler-Kodierung.

6. Window-Verwaltung

6.1. Das Modell der Window-Verwaltung von THESEUS

Die Benutzung der Window-Technik, wie sie im Bereich der intelligenten Workstations und immer mehr auch bei Personal-Computern Verbreitung findet, dient eigentlich nur einem Zweck: sie ermöglicht dem Benutzer, in mehreren Arbeitskontexten gleichzeitig zu arbeiten, und dies in der Weise, wie es seinen Vorstellungen am besten gerecht wird. Der Benutzer wird frei von dem Zwang der selektiven Informationsdarstellung, wie er sie in konventionellen interaktiven Sytemen von seinem Hilfsmittel "Computer" aufgezwängt bekommt.

Das Schlagwort "Window-Manager" steht jedoch nicht nur für die Verwaltung von *Windows*, abgegrenzten Bereichen auf dem Bildschirm, in denen ausschließlich bestimmte, in sich zusammengehörige Informationen dargestellt und manipuliert werden, sondern weiterhin für eine ganze Reihe von Interaktionstechniken, die etwa gleichzeitig mit dem Window-Begriff entstanden und den Umgang mit den Daten innerhalb der Windows vereinfachen. Besonders Techniken wie *Pop-Up-* oder *Pull-Down*-Menüs zur Auswahl von Funktionen, *Icons*, kleinen Bildsymbolen, die stellvertretend für bestimmte Objekte oder Funktionen angezeigt und manipuliert werden oder *Scrollbars*, Schiebebalken zur kontinuierlichen Verschieben von Darstellungskoordinaten oder anderen reellwertigen Eingaben sind charakteristisch für moderne, interaktive Software-Systeme. Bei den meisten Systemen können Windows sich gegenseitig auf dem Bildschirm überdecken, woraus das bekannte Aussehen der "Schreibtischoberfläche auf dem Rechner" (*desktop*) resultiert. Hochauflösende Graphikbildschirme und am Arbeitsplatz verfügbare Rechnerleistung gehören hierbei zur Voraussetzung für den sinnvollen und effizienten Einsatz solcher Systeme.

Die THESEUS-Window-Verwaltung verbirgt die beim Einsatz von Windows entstehenden Verwaltungsprobleme vor dem Anwendungsprogramm. Die Anwendung erhält "virtuelle Bildschirme" zur Verfügung gestellt, die sich möglichst wie physikalisch tatsächlich vorhandene Geräte verhalten. Deren tatsächliche Lage und Größe sowie ihr Aussehen ist für das Anwendungsprogramm normalerweise ohne Bedeutung.

Die durch die Überlagerung von Windows entstehenden Verwaltungsprobleme werden vollständig innerhalb THESEUS gelöst. Es sind sogar THESEUS-Implementierungen denkbar, die dem Konzept des *window tiling*, also der Bildschirmaufteilung in nicht überlappende Windows folgen, ohne daß dies an der Programmierschnittstelle Auswirkungen hätte.

THESEUS kann zunächst in Ein-Prozeß-Systemen eingesetzt werden, um dem Anwendungsprogramm die logische Aufteilung und Strukturierung seiner Informationsdarstellung zu vereinfachen und es dabei von Layout-Problemen zu entlasten.

In Mehr-Prozeß-Systemen kann THESEUS seine Dienste mehreren Anwendungsprogrammen gleichzeitig zur Verfügung stellen.

Insgesamt hat THESEUS vor allem drei Aufgaben zu bewältigen:

- Bereitstellen und Verwaltung von "virtuellen Bildschirmflächen" (*Windows*), die möglicherweise nur zum Teil sichtbar sind,
- Durchführen lokaler Interaktionen wie Verschieben, Vergrößern etc.,
- Verteilen der Eingabeereignisse von Tastatur und Positionierer in Window-Kontexte und evtl. Weiterleiten an einen von mehreren angeschlossenen Anwendungsprozesse.

In Abb. 6.1 ist diese Sammel- und Verteiler-Funktion für eine THESEUS-Implementierung in einer Mehr-Prozeß-Umgebung dargestellt.

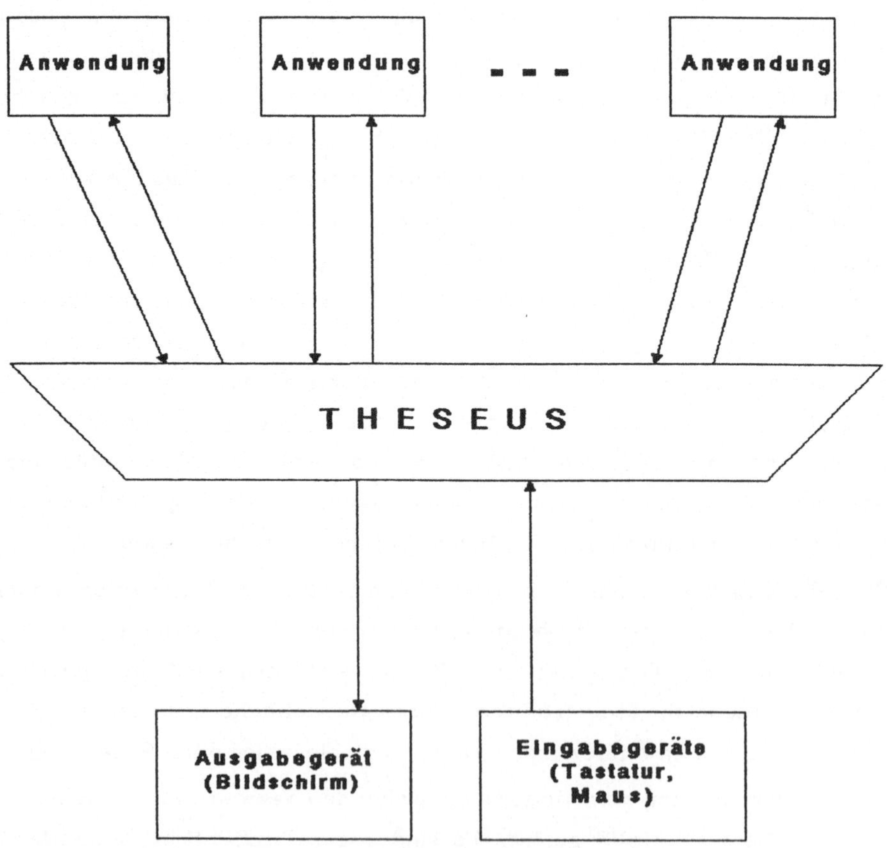

Abb. 6.1: THESEUS als Verteiler im Mehrprozeß-System

Die Vorteile des Einsatzes des THESEUS-Window-Systems sind:

- Erleichterung der Darstellung durch klare Strukturierung
- Geringerer Aufwand für den Benutzer, sich bestimmte Informationen zu beschaffen, ohne sich aus seinem Arbeitskontext zu lösen
- Bessere Ausnutzung der Rechner-Resourcen und Verringerung von Wartezeiten der Benutzer durch die Möglichkeit, bei länger rechnenden Prozessen an anderen Aufgaben weiterzuarbeiten
- Erleichterte Bedienung durch verbesserte Interaktionstechniken

6.2. Die Benutzerschnittstelle der Window-Verwaltung

Die THESEUS-Window-Verwaltung definiert bestimmte Benutzeroperationen für Windows. Es handelt sich hierbei zunächst um abstrakte Funktionen, die eine gewisse Auswirkung auf bestimmte Window-Parameter haben.

Wie diese Operationen sich tatsächlich auf dem Bildschirm darstellen und vom Benutzer ausgelöst werden, hängt weitgehend von den Design-Entscheidungen der speziellen THESEUS-Implementierung ab. Es ist also möglich, daß in verschiedenen Implementierungen Windows ein anderes Aussehen haben oder daß die Auslösung von Window-Operationen mittels anderer Mechanismen erfolgt als später für die Implementierung THESEUS/PC gezeigt wird.

Aus Benutzersicht stehen in THESEUS (zunächst allgemein und abstrakt) folgende Funktionen zur Manipulation von Windows zur Verfügung:

- Öffnen eines neuen Windows / Starten eines Anwendungsprozesses (*Open*)
- Schließen eines Windows / Beenden eines Anwendungsprozesses (*Close*)
- Verschieben eines Windows auf dem Bildschirm (*Move*)
- Größenänderung eines Windows (*Size*)
- Verschieben des sichtbaren Ausschnitts aus dem Darstellungsbereich (*Scroll*)

Zu jedem Zeitpunkt zeichnet sich genau eines der auf dem Bildschirm sichtbaren Windows dadurch aus, daß Tastatureingaben des Benutzers an dieses Window gerichtet sind (bzw. an den Anwendungsprozeß dieses Windows). Dieses Window wird als ***Listener-Window*** bezeichnet, und es existiert konzeptionell eine weitere Benutzerfunktion

- Auswahl des Listener-Windows

die außer dem Empfänger der Tastatureingabe eventuell auch den Kontext anderer Eingabearten (z.B. Menü-Auswahl) umschaltet.

Im THESEUS-System werden weiterhin standardisierte Benutzerfunktionen angeboten, die von der Benutzungsoberfläche gesteuert, jedoch vom Anwendungsprogramm realisiert werden. Beispiele sind:

- Anforderung von Hilfe (*Help*)
- Rückgängigmachen von Aktionen (*Undo*)

Alle genannten Funktionen sollen mit möglichst wenig Interaktionsaufwand den vom Benutzer gewünschten Effekt erzielen.

Um anschaulich zu machen, wie der Benutzer diese Steuerungsfunktionen bedienen kann, soll am Beispiel der konkreten Implementierung THESEUS/PC zunächst das mögliche Aussehen von Windows beschrieben werden (siehe Abb. 6.2).

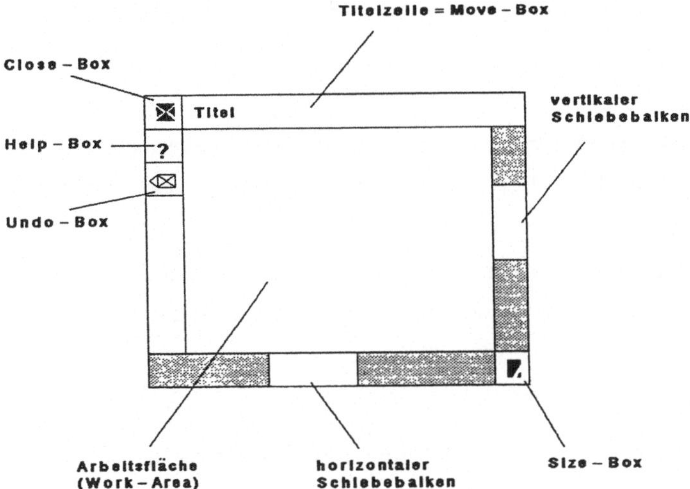

Abb. 6.2: Mögliches Aussehen eines Windows

Das Window besteht zunächst aus einer Ausgabefläche, in der das Anwendungsprogramm Informationen darstellt und in dem auch graphische Eingabe (z.B. Positionsauswahl, Objektauswahl) möglich ist.

Um die Ausgabefläche des Windows herum existiert ein Rahmen, in dem verschiedene Interaktions-Zonen festgelegt sind, mit denen der Benutzer Einfluß auf das Aussehen (Lage, Größe) oder den Zustand des Windows nehmen kann.

Diese Zonen sind hier zum Beispiel:

- Close-Box
- Move-Box (die Titelzeile)
- Size-Box
- Scroll-Bars
- Help-Box
- Undo-Box

Weitere Zonen, die spezielle Funktionalität besitzen, können zukünftig als Erweiterungen in das System eingebracht werden.

Um Funktionen in diesen Interaktionszonen auszulösen, wird das betreffende Window zunächst als Listener-Window angewählt. Dies geschieht in THESEUS/PC über das Positionieren der Maus in irgendeinen sichtbaren Teil des Windows und anschließendes Drücken der Maus-Taste (*Anklicken*), woraufhin durch eine Hervorhebung das Window als neues Listener-Window kenntlich gemacht wird.

Die möglichen Interaktionen mit Windows geschehen in THESEUS/PC auf die folgende Art und Weise:

- Öffnen eines Windows

  Das Eröffnen von Windows geschieht meistens durch das Starten eines Anwendungsprozesses, der die für die Arbeit notwendigen Windows über die Programmierschnittstelle eröffnet.

  In THESEUS/PC erfolgt das Starten eines Prozesses entweder aus der Betriebssystem-Kommandosprache heraus oder über die graphische Bedienoberfläche GEM-Desktop.

- Schließen eines Windows

  Ein Window wird benutzerseitig durch Anklicken der Close-Box im Rahmen des Windows geschlossen:

- Verschieben

  Ein Window wird verschoben, indem die Auslösetaste der Maus in der Move-Box des Windows gedrückt, die Maus im gedrückten Zustand bewegt und dann an der neuen Position die Taste losgelassen wird (*Dragging*). Zur Kontrolle der Aktion wird dabei die Umrandung des Windows mitverschoben, das Window wird erst nach Abschluß der Operation an die neue Position kopiert.

- Vergrößern/Verkleinern

  Diese Operation wird ausgeführt, indem die Size-Box in der rechten unteren Ecke des Windows angeklickt und bei gedrückter Taste verschoben wird. Es erfolgt ebenfalls ein Feedback der Aktion, indem die Umrandung in der neuen Größe dynamisch dargestellt wird.

- Verschieben des sichtbaren Ausschnitts

  In den Schiebebalken (*Scrollbars*) im Randbereich des Windows wird durch Hervorheben eines bestimmten Teils die Position und Ausdehnung des momentan sichtbaren Ausschnitts in Relation zur gesamten virtuellen Ausgabefläche gesetzt. Die Gesamtlänge der vertikalen bzw. horizontalen Scrollbars entspricht also der vertikalen bzw. horizontalen Ausdehnung der Gesamtfläche, in die die Anwendung ausgibt, während die Hervorhebung dem im Moment davon sichtbaren Anteil entspricht.

  Die Wahl eines anderen Bildausschnitts aus dem Gesamtdarstellungsbereich erfolgt durch Anklicken und Verschieben des hervorgehobenen Teils des Schiebebalken.

  Das Konzept der Ausschnittbildung von Windows ist in Abb. 6.3 illustriert.

– Anforderung von Hilfe

Durch Anklicken der Help-Box im Window-Rahmen wird eine anwendungsspezifische Hilfe-Funktion aufgerufen.

– Rückgängigmachen von Aktionen

Das Anklicken der Undo-Box bewirkt, daß die Anwendung die vorausgehende Aktion rückgängig macht. Wie dies durchgeführt wird und ob auch mehrere Aktionen nacheinander rückgängig gemacht werden können, liegt in der Verantwortung des Anwendungsprogramms.

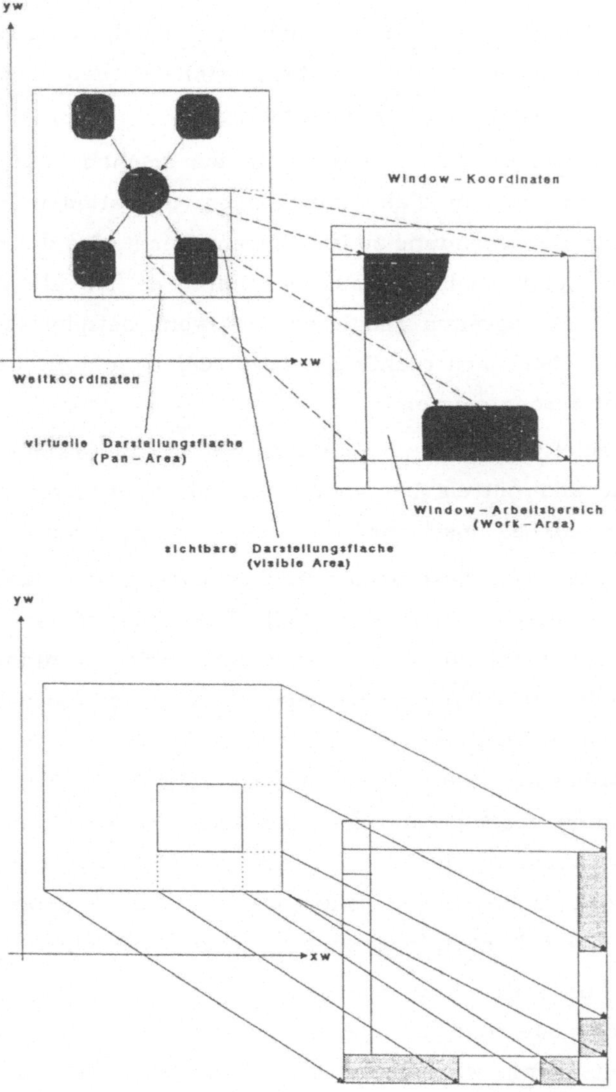

Abb. 6.3: Virtuelle Darstellungsfläche, Ausschnittbildung und Schiebebalken

6.3. Die Programmierschnittstelle zur Window-Verwaltung

6.3.1. Konzept der Schnittstelle

Die Funktionen, die die Anwendung zur Verwaltung der Windows im hier vorgestellten System benötigt, beschränken sich auf Funktionen zum Öffnen und Schließen von Windows sowie zum Setzen und Erfragen von Window-Parametern.

In gängigen Window-Manager-Systemen führen Benutzeraktionen wie *Vergrößere Window*, die eine Neu-Darstellung des Fensterinhaltes nach sich ziehen, zu einer Meldung an das Anwendungsprogramm, daß die Fensterinhalte neu ausgegeben werden müssen. Dies geschieht dann durch die Anwendung.

THESEUS dagegen verwaltet die Fensterinhalte bei solchen Benutzer-Operationen selbst. Die in einem solchen Fall notwendigen Operationen nimmt THESEUS selbständig vor, ohne die Anwendung zu involvieren. Damit wird diese von der Verwaltung der Benutzer-Schnittstelle entbunden, denn es ist überflüssig, daß das eigentliche Anwendungsprogramm reagieren muß, wenn beispielsweise der Benutzer ein Window von links oben nach rechts unten verschiebt und die darunterliegenden Teile neu gezeichnet werden müssen.

THESEUS unterscheidet verschiedene Arten von Windows: in Graphik-Windows werden Objekte dargestellt und mittels bestimmter Eingabemechanismen manipuliert, in Text-Windows werden alphanumerische Informationen ausgegeben und bearbeitet.

Konzeptionell verhalten sich diese beiden Window-Arten gleich: das Anwendungsprogramm sendet seine Ausgabe in eine virtuelle Darstellungsfläche, ohne dabei auf Probleme der Auflösung des Bildschirms oder der Größe des Windows eingehen zu müssen. Die virtuelle Darstellungsfläche liegt in einem Weltkoordinatensystem, das dem mathematischen Konzept eines euklidischen Raumes mit begrenzter Ausdehnung (Wortlänge) und Auflösung (Ganzzahlarithmetik) entspricht. Bei Graphik-Windows entspricht jeder Punkt des Weltkoordinatensystems einem Bildpunkt des virtuellen Bildes, das die Anwendung zeichnet. Diese virtuellen Bildpunkte entsprechen nicht unbedingt den physikalischen Bildschirmpunkten. In Text-Windows entspricht jeder Koordinatenpunkt einem Zeichen in einem sehr großen (virtuellen) Zeichenpuffer.

Von diesem Darstellungsbereich wird jedoch oft nur ein Teil im Window dargestellt, weil die Windowgröße oder die gewünschte Auflösung nicht mehr zulassen. Dieser sichtbare Ausschnitt kann, wie beschrieben, durch Benutzeroperationen mit den Schiebebalken innerhalb eines von der Anwendung spezifizierbaren Bereichs hin- und hergeschoben werden. Dieser Bereich dient praktisch als Begrenzung für die Panning-Operation im Window und wird daher auch als *Pan-Area* bezeichnet.

Näheres zur Transformation von Weltkoordinaten in Bildschirmkoordinaten wird für Graphik-Windows in Kap. 7.1.3, für Text-Windows in Kap. 7.2.3 erklärt.

Der Benutzer arbeitet mit den Windows, er verschiebt, vergrößert und verkleinert sie, er wählt einen Ausschnitt aus dem Darstellungsbereich. Für die Durchführung all dieser Operationen ist THESEUS verantwortlich und in der Lage, sie eigenständig durchzuführen, wodurch die Anwendungsprogrammierung sehr erleichtert wird.

Andererseits erreicht ein solches System erst dann seine größte Flexibilität und damit auch die beste Anpassung an die Erwartungen des Benutzers, wenn die Anwendung auf Veränderungen im Layout mit einer angepaßten, eventuell in ihrem Feinheitsgrad veränderten Darstellung reagieren kann.

Daher sieht THESEUS vor, daß sich die Anwendung beim Eintritt eines solchen Ereignisses von THESEUS benachrichtigen lassen kann. Dies geschieht, indem THESEUS eine Funktion der Anwendung aufruft, die ihm zuvor bekannt gemacht wurde. Diese Anwendungsfunktion kann die aktuellen Window-Informationen wie Größe, Position und Window-Attribute erfragen und flexibel reagieren. Damit hat die Anwendung die Möglichkeit, ihre Ausgabe optimal auf das aktuelle Window anpassen.

Das Anwendungsprogramm ist die einzige Instanz, die Fenster eröffnen und schließen kann. Beim Eröffnen werden Initialisierungswerte für Größe und Position auf dem Bildschirm zusammen mit Attributen für das Window übergeben.

Anders als z.B. das Verschieben eines Windows ist das Schließen und Löschen eines Windows jedoch keine THESEUS-lokale Operation, da die Kontrolle über die Existenz von Windows (Erzeugen und Löschen) beim Anwendungsprogramm liegt. Die Anwendung erfährt auch hier durch Aufruf einer Anwendungsfunktion von der Benutzeraktion (bei THESEUS/PC: Anklicken der Close-Box). Im Verlauf dieser aufgerufenen Anwendungsfunktion muß dann die THESEUS-Funktion zum Löschen des Windows explizit aufgerufen werden.

Es sei bemerkt, daß sich gute Benutzungsoberflächen dadurch auszeichnen, daß sämtliche sichtbaren Effekte an der Oberfläche ausschließlich durch den Benutzer ausgelöst werden. Er gewinnt Vertrauen zu seiner Arbeitsumgebung, wenn er das Gefühl bekommt, daß nur er die vollständige Kontrolle über seinen Arbeitsbereich hat und ihm kein Arbeitsmittel, z.B. ein Window, entzogen wird, ohne daß er es explizit veranlaßt hat.

Diese Philosophie einer benutzergesteuerten Oberfläche ist dadurch sichergestellt, daß Funktionen wie ***Verschiebe Window*** oder ***Vergrößere/Verkleinere Window*** an der Programmierschnittstelle zum Anwendungsprogramm überhaupt nicht angeboten werden, sodaß ausschließlich der Benutzer diese Aktionen ausführen kann. Die Funktion ***Close Window*** dürfte konsequenterweise auch nur als Benutzeraktion, nicht jedoch als Programmierfunktion der Anwendung zur Verfügung stehen. Hier ist jedoch ein Symmetrie-Gesichtspunkt zu betrachten: Die Anwendung ist diejenige Instanz, die Windows eröffnet, auch wenn sie dies nur als Folge einer Benutzeraktion – wie z. B. des Startens der Anwendung – tun sollte. Entsprechend muß die Anwendung auch die Kontrolle über das Schließen eines Windows besitzen. Daß eine Anwendung, die beim Eröffnen eines Fensters eine Close-Box in die Attributliste des Windows mit aufnimmt, dieses Fenster wieder schließen sollte, wenn diese Close-Box angeklickt wird, versteht sich von selbst. Andererseits kann das Schließen eines Fensters auch die Folge einer anderen Benutzereingabe (z.B. Menü-Auswahl oder Programmende) sein.

6.3.2. Die Datenstrukturen der Window-Verwaltung

Im folgenden werden die Datenstrukturen spezifiziert, mit denen das Anwendungsprogramm mit THESEUS kommuniziert. Sie können dem Anwendungsprogramm durch die Angabe

```
#include <ui.h>
```

bekanntgemacht werden.

Alle Koordinatenangaben in THESEUS werden über die folgenden Datenstrukturen angegeben:

```
typedef struct        /*  Ganzzahlige Positionsangabe  */
{
   int xi;
   int yi;
} I_pos;

typedef struct        /* Ganzzahlige Rechteckdefinition  */
{
   int xi;
   int yi;
   int wi;
   int hi;
} I_rect;

typedef   I_pos    Wd_pos;    /* Position in Weltkoordinaten          */
typedef   I_rect   Wd_rect;   /* Rechteck in Weltkoordinaten          */

typedef   I_pos    Wn_pos;    /* Position in Window-Koordinaten       */
typedef   I_rect   Wn_rect;   /* Rechteck in Window-Koordinaten       */

typedef   I_pos    Sc_pos;    /* Position in Bildschirmkoordinaten    */
typedef   I_rect   Sc_rect;   /* Rechteck in Bildschirmkoordinaten    */
```

Beim Eröffnen eines Windows vergibt THESEUS einen eindeutigen Bezeichner, den ***Window-Identifier***, vom Typ

```
typedef int Win_id;
```

Beim Eröffnen wird der gewünschte Window-Typ angegeben, der durch

```
typedef int Win_type;
#define   WIN_TEXT       0
#define   WIN_GRAPHICS   1
```

definiert ist. Die Konstante *WIN_TEXT* bezeichnet ein Text-Window, in dem nur alphanumerische Aus- und Eingabe durchgeführt wird. Ein Window vom Typ *WIN_GRAPHICS* steht für die Ausgabe und Manipulation von graphischen Objekten zur Verfügung.

Für die Darstellung des Windows auf dem Bildschirm kann die Anwendung wählen, ob sie die äußere Gesamtgröße des Windows inclusive dem Window-Rahmen angeben will oder ob es wichtiger ist, die genaue Größe des Arbeitsbereiches innerhalb des Rahmens zu spezifizieren. Wird die Gesamtgröße angegeben, so wird in einem Modus-Maskenwort ein Bit gesetzt, um THESEUS zum Einpassen des Rahmens und des Arbeitsbereiches in die vorgegebene Gesamtgröße zu veranlassen.
Die Typdefinition lautet:

```
typedef int Win_mode;
#define   WIN_SQUEEZE   1   /* Einpassen in äußere Größe */
```

Ist das Bit *WIN_SQUEEZE* **nicht** gesetzt, wird die gewünschte Größe des inneren Arbeitsbereiches spezifiziert und der Rahmen um diesen herum angelegt. Hiermit ist es der Anwendung möglich, die Transformation zwischen dem sichtbaren Ausschnitt der virtuellen Darstellungsfläche (im Weltkoordinatensystem) und dem auf dem Bildschirm sichtbaren Arbeitsbereich des Windows (in Bildschirmkoordinaten) exakt festzulegen. Insbesondere führt zum Beispiel die Wahl der gleichen Werte für die Ausdehnung des sichtbaren Welt-Ausschnitts und der Window-Arbeitsfläche zu einer Eins-Transformation, die bei graphischer Ausgabe zu Geschwindigkeitsvorteilen führen kann.

Das Anlegen von Interaktionszonen im Randbereich des Windows kann vom Anwendungsprogramm gesteuert werden. Für jede Zone wird ein entsprechendes Bit in einer Attributmaske gesetzt:

```
typedef int Win_attr;  /* Maske für Window-Attribute */
#define   WIN_TITLE       (0x0001)   /* Titelzeile              */
#define   WIN_CLOSEBOX    (0x0002)   /* Close-Box               */
#define   WIN_MOVEBOX     (0x0004)   /* Move-Box                */
#define   WIN_SIZEBOX     (0x0008)   /* Size-Box                */
#define   WIN_HELPBOX     (0x0010)   /* Help-Box                */
#define   WIN_UNDOBOX     (0x0020)   /* Undo-Box                */
#define   WIN_VSCROLL     (0x0040)   /* Vertikaler Schieber     */
#define   WIN_HSCROLL     (0x0080)   /* Horizontaler Schieber   */
```

Die Attributangaben haben folgende Wirkung:

WIN_TITLE /* Titelzeile */

Ist WIN_TITLE gesetzt, wird im oberen Rand des Windows ein Window-Titel oder -Name ausgegeben, der von der Anwendung angegeben wird.

WIN_CLOSEBOX /* Close-Box erzeugen */

Eine Ecke im Window-Rahmen wird als Close-Box definiert. Durch Anklicken dieser Box wird eine eventuell definierte Eventfunktion für das Ereignis WIN_EVCLOSE aufgerufen. Diese Funktion sollte dann das Window durch einen Aufruf von *Close Window* löschen.

WIN_MOVEBOX /* Move-Box erzeugen */

Es wird ein Bereich im Rahmen definiert, mit dem die Position des Windows auf dem Bildschirm geändert werden kann. Lage und Größe des sichtbaren Ausschnitts im Weltkoordinatensystem ändern sich dadurch nicht. THESEUS sorgt selbsttätig für die Darstellung des Windowinhalts an der neuen Position. Dennoch wird nach Abschluß dieser Operation eine eventuell definierte Eventfunktion für das Ereignis WIN_EVMOVE aufgerufen, um die Anwendung zu benachrichtigen.

WIN_SIZEBOX /* Size-Box erzeugen */

Es wird ein Bereich im Rahmen definiert, mit dem die Größe des Windows geändert werden kann.

Verändert der Benutzer damit die Größe des Windows, wird implizit die Größe des sichtbaren Ausschnitts in Weltkoordinaten des Windows mitgeändert. Der Skalierungsmaßstab ändert sich dadurch nicht. THESEUS sorgt selbsttätig für die Darstellung des neuen Ausschnitts. Nach Abschluß dieser Operation wird eine eventuell definierte Eventfunktion für das Ereignis WIN_EVSIZE aufgerufen.

WIN_HELPBOX /* Help-Box erzeugen */

Es wird ein Bereich im Rahmen definiert, mit dem Hilfe vom Anwendungsprogramm angefordert werden kann.

Klickt der Benutzer diese Help-Box an, wird die für das Ereignis WIN_EVHELP definierte Eventfunktion aufgerufen, die den Benutzer mit entsprechenden Hinweisen oder Hilfen versorgen sollte.

WIN_UNDOBOX /* Undo-Box erzeugen */

Es wird ein Bereich im Rahmen definiert, der es dem Benutzer ermöglichen soll, Aktionen des Anwendungsprogramms rückgängig zu machen.

Klickt der Benutzer diese Undo-Box an, wird die für das Ereignis WIN_EVUNDO definierte Eventfunktion aufgerufen. Hier sollte mindestens die letzte durchgeführte Benutzeraktion rückgängig gemacht werden können.

WIN_VSCROLL /* Vertikalen Schieber erzeugen */

WIN_HSCROLL /* Horizontalen Schieber erzeugen */

Es werden im Rahmen des Windows Schiebebalken definiert, die dem Benutzer anzeigen, welche Lage der momentane sichtbare Ausschnitt innerhalb der *Pan-Area* hat, und ihm die Möglichkeit bieten, durch Verschieben des hervorgehobenen Teils der Schiebebalken die Lage des sichtbaren Ausschnitts innerhalb des Darstellungsbereichs zu verändern.

THESEUS sorgt selbsttätig für die Darstellung des neuen Ausschnitts. Nach Abschluß dieser Operation wird eine eventuell definierte Eventfunktion für das Ereignis WIN_EVSCROLL aufgerufen.

Die Interaktion des Benutzers mit den Interaktionszonen wird von THESEUS durchgeführt, ohne daß das Anwendungsprogramm involviert wird.

Für das Bekanntmachen der nach Abschluß einer Operation aufgerufenen Event-Funktion der Anwendung wird der Typ eines Zeigers auf eine Funktion definiert:

```
typedef   (*Win_func)();   /* Zeiger auf Funktion */
```

Eine Event-Funktion muß wie folgt in der Anwendung definiert sein:

```
int ap_func ( window, event )
Win_id window;
Win_evnt event;
```

Diese Funktion führt die anwendungsspezifischen Reaktionen auf das Eintreten eines Window-Ereignisses aus. Sie erhält beim Aufruf durch THESEUS in *window* mitgeteilt, in welchem Window eine Benutzeraktion eingetreten ist. In *event* wird ein Code für die Art des aufgetretenen Benutzerereignisses übergeben:

```
typedef int Win_evnt;
#define  WIN_EVCLOSE   0  /* Close-Box wurde angeklickt               */
#define  WIN_EVMOVE    1  /* Window wurde verschoben                  */
#define  WIN_EVSIZE    2  /* Window-Größe wurde verändert             */
#define  WIN_EVHELP    3  /* Help-Box wurde angeklickt                */
#define  WIN_EVUNDO    4  /* Undo-Box wurde angeklickt                */
#define  WIN_EVSCROLL  5  /* sichtbarer Ausschnitt wurde verschoben   */
#define  WIN_NEVNTS    6  /* Anzahl; letzte Event-Nummer + 1          */
```

Die einzelnen Werte bedeuten folgendes:

WIN_EVCLOSE

Das Window *window* soll geschlossen werden. Die Anwendungsfunktion wird im allgemeinen die Funktion *Close Window* aufrufen, um das Window tatsächlich zu schließen.

WIN_EVMOVE

Der Benutzer hat die Position des Windows auf dem Bildschirm verändert. Die neue Position kann mit der Funktion *Inquire Window Parameters* erfragt werden.

WIN_EVSIZE

Der Benutzer hat die Größe des Windows auf dem Bildschirm verändert. Dadurch zeigt die Work-Area des Windows jetzt auch einen anderen sichtbaren Ausschnitt des Weltkoordinatensystems. Alle Daten können mit der Funktion *Inquire Window Parameters* erfragt werden.

WIN_EVHELP

Der Benutzer fordert Hilfe an. Die Anwendungsfunktion sollte kontextabhängige Hilfsinformation ausgeben bzw. die Einleitung eines Hilfe-Dialogs anstoßen.

WIN_EVUNDO

Der Benutzer möchte die letzte Aktion rückgängig machen. Die Anwendungsfunktion sollte dies, eventuell mit Hilfe eines History-Mechanismus, durchführen.

WIN_EVSCROLL

Der Benutzer hat durch Verschieben der Scrollbars die Position des sichtbaren Ausschnitts im Weltkoordinatensystem verändert. Die neue Lage kann mit der Funktion *Inquire Window Parameters* erfragt werden.

WIN_NEVNTS

Diese Konstante enthält die Anzahl der möglichen Ereignisse. Sie wird z.B. für die Dimensionierung eines Feldes von unktionszeigern oder für die Steuerung einer Schleife, die ein solches Feld bearbeitet, benutzt.

Die Datenstruktur vom Typ *Win_ds* dient dem Anwendungsprogramm beim Eröffnen eines Windows zur Angabe der notwendigen Parameter:

```
typedef struct
{
   Win_type    win_type;     /* Window-Typ                                    */
   Sc_rect     win_rect;     /* Pos. und Gesamtausdehnung (Screen-Koord.)     */
   Sc_rect     win_wrect;    /* Ausdehnung der Work-Area (Screen-Koord.)      */
   Wd_rect     win_vrect;    /* Sichtbarer Ausschnitt (Weltkoord.)            */
   Wd_rect     win_prect;    /* Darstellungsbereich / Pan-Area (Weltkoord.)   */
   Win_mode    win_mode;     /* Window - Modus                                */
   char        *win_title;   /* Titelzeile                                    */
   Win_attr    win_attr;     /* Window - Attribute                            */
   Win_func    win_efunc [ WIN_NEVNTS ];    /* Event-Funktionen (Zeiger)      */
} Win_ds;
```

Die Bedeutung der einzelnen Komponenten:

win_type

Durch Zuweisung einer der Konstanten *WIN_TEXT* oder *WIN_GRAPHICS* an diese Komponente wird beim Eröffnen eines Windows dessen Typ festgelegt.

win_rect

Diese Struktur enthält in *win_rect.xi* und *win_rect.yi* die Position der linken oberen Ecke des Windows auf dem Bildschirm relativ zum Ursprung der ausnutzbaren Fläche des Bildschirm. In THESEUS/PC ist diese Gesamtbildschirmfläche etwas kleiner als die physikalische Bildschirmgröße, weil der obere Rand des Bildschirms durch eine Menüzeile belegt wird. *Win_rect.wi* und *win_rect.hi* ist die Größe des Windows in Bildpunkten inclusive Window-Rahmen.

win_wrect

In *win_wrect.xi* und *win_wrect.yi* ist die Position, in *win_wrect.wi* und *win_wrect.hi* Breite und Höhe des Arbeitsbereichs (*Work-Area*) des Windows in Bildschirmkoordinaten enthalten. Dies ist die eigentliche Zeichenfläche des Windows ohne den Window-Rahmen.

win_vrect

Diese Komponente gibt die Lage und Position des sichtbaren Ausschnitts aus dem Weltkoordinatensystem an. Dieser sichtbare Ausschnitt wird in den Arbeitsbereich des Windows transformiert. Die durch die Angabe von *win_wrect* und *win_vrect* festgelegte Skalierung von Weltkoordinaten in Bildschirmkoordinaten bleibt bei späteren Änderungen der Windowgröße fest.

win_prect

Hier ist die Lage und Größe der *Pan-Area* angegeben, die die Grenzen im Weltkoordinatensystem darstellt, innerhalb derer der Benutzer mit Hilfe der Schiebebalken die Lage des sichtbaren Ausschnitts verändern kann. Dies bedeutet gleichzeitig, daß dieser Bereich für die Anwendung die Ausdehnung der virtuellen Darstellungsfläche ausgibt, innerhalb derer sinnvoll Ausgabe gemacht werden kann. Außerhalb dieses Bereichs ausgegebene Objekte können durch den Benutzer nicht sichtbar gemacht werden.

win_mode

Dieses Bitfeld enthält die Information darüber, wie bei der Darstellung des Windows auf dem Bildschirm die Größe bestimmt wird.

Ist der Ausdruck *win_mode & WIN_SQUEEZE == 0* wahr, so wird die in *win_wrect* angegebene Höhe und Breite des Arbeitsbereichs wie von der Anwendung spezifiziert übernommen und zur Gesamtgröße des Windows die Ausdehnung des Windowrahmens hinzuaddiert.

Gilt *win_mode & WIN_SQUEEZE != 0*, so bestimmt die in *win_rect* angegebene Ausdehnung die Gesamtgröße des Windows, die Arbeitsfläche berechnet sich abzüglich der für den Window-Rahmen benötigten Fläche.

Zu beachten ist, daß die Windowposition beim Eröffnen des Windows immer aus den in *win_rect* angegebenen Werten bestimmt wird, unabhängig davon, wie die Größenberechnung des Windows erfolgt.

*** win_title**

Dies ist ein Zeiger auf einen Text-String, der in der Kopfzeile des Window-Rahmens ausgegeben wird.

win_attr

Dieses Bitfeld gibt an, welche Attribute im Rahmen des Windows von THESEUS erzeugt und verwaltet werden. Die Werte *WIN_TITLE*, *WIN_CLOSEBOX*, *WIN_MOVEBOX*, *WIN_SIZEBOX*, *WIN_HELPBOX*, *WIN_UNDOBOX*, *WIN_VSCROLL*, *WIN_HSCROLL* können durch bitweise Oder-Verknüpfung kombiniert werden.

win_efunc [WIN_NEVNTS]

In diesem Feld wird für jedes der möglicherweise auftretenden Benutzerereignisse *WIN_EVCLOSE, WIN_EVMOVE, WIN_EVSIZE, WIN_EVHELP, WIN_EVUNDO, WIN_EVSCROLL* die Adresse einer Anwendungsfunktion abgelegt, die nach Eintritt des Ereignisses aufgerufen wird.

Soll zum Beispiel
ein Window mit der Datenstruktur ***new_window_ds***
neu angelegt werden, so wird nach Anklicken der Close-Box in diesem
Window
die Anwendungsfunktion ***ap_close (window, event)***
aufgerufen, wenn dies durch die Zuweisung

```
new_window_ds.win_efunc [ WIN_EVCLOSE ] = ap_close;
```

vor dem Eröffnen bekanntgemacht wurde.

6.4. Spezifikation der Window-Verwaltungs-Datenstrukturen

Die nachfolgend zusammengefaßten Deklarationen sind in der Include-Datei <ui.h> verfügbar:

```
typedef struct        /*  Ganzzahlige Positionsangabe  */
{
   int xi;
   int yi;
} I_pos;

typedef struct        /* Ganzzahlige Rechteckdefinition  */
{
   int xi;
   int yi;
   int wi;
   int hi;
} I_rect;

typedef   I_pos    Wd_pos;    /* Position in Weltkoordinaten          */
typedef   I_rect   Wd_rect;   /* Rechteck in Weltkoordinaten          */

typedef   I_pos    Wn_pos;    /* Position in Window-Koordinaten       */
typedef   I_rect   Wn_rect;   /* Rechteck in Window-Koordinaten       */

typedef   I_pos    Sc_pos;    /* Position in Bildschirmkoordinaten    */
typedef   I_rect   Sc_rect;   /* Rechteck in Bildschirmkoordinaten    */

typedef   int   Win_id;

typedef int Win_type;
#define   WIN_TEXT       0
#define   WIN_GRAPHICS   1

typedef int Win_mode;
#define   WIN_SQUEEZE   1   /* Einpassen in äußere Größe */
```

```
typedef int Win_attr;  /* Maske für Window-Attribute */
#define   WIN_TITLE       (0x0001)   /* Titelzeile              */
#define   WIN_CLOSEBOX    (0x0002)   /* Close-Box               */
#define   WIN_MOVEBOX     (0x0004)   /* Move-Box                */
#define   WIN_SIZEBOX     (0x0008)   /* Size-Box                */
#define   WIN_HELPBOX     (0x0010)   /* Help-Box                */
#define   WIN_UNDOBOX     (0x0020)   /* Undo-Box                */
#define   WIN_VSCROLL     (0x0040)   /* Vertikaler Schieber     */
#define   WIN_HSCROLL     (0x0080)   /* Horizontaler Schieber   */

typedef   (*Win_func)();   /* Zeiger auf Funktion */

typedef int Win_evnt;
#define   WIN_EVCLOSE    0   /* Close-Box wurde angeklickt                  */
#define   WIN_EVMOVE     1   /* Window wurde verschoben                     */
#define   WIN_EVSIZE     2   /* Window-Größe wurde verändert                */
#define   WIN_EVHELP     3   /* Help-Box wurde angeklickt                   */
#define   WIN_EVUNDO     4   /* Undo-Box wurde angeklickt                   */
#define   WIN_EVSCROLL   5   /* sichtbarer Ausschnitt wurde verschoben      */
#define   WIN_NEVNTS     6   /* Anzahl; letzte Event-Nummer + 1             */

typedef struct
{
   Win_type    win_type;    /* Window-Typ                                          */
   Sc_rect     win_rect;    /* Pos. und Gesamtausdehnung (Screen-Koord.)           */
   Sc_rect     win_wrect;   /* Ausdehnung der Work-Area (Screen-Koord.)            */
   Wd_rect     win_vrect;   /* Sichtbarer Ausschnitt (Weltkoord.)                  */
   Wd_rect     win_prect;   /* Darstellungsbereich / Pan-Area (Weltkoord.)         */
   Win_mode    win_mode;    /* Window - Modus                                      */
   char        *win_title;  /* Titelzeile                                          */
   Win_attr    win_attr;    /* Window - Attribute                                  */
   Win_func    win_efunc [ WIN_NEVNTS ];    /* Event-Funktionen (Zeiger)           */
} Win_ds;
```

6.5. Spezifikation der Window-Verwaltungsfunktionen

NAME

ui_wopn - Open Window

SYNOPSIS

Win_id *ui_wopn (win_buf)*
Win_ds **win_buf;*

EFFECT

Es werden die internen Datenstrukturen für ein neues Window erzeugt; das Window erscheint auf dem Bildschirm.

Die Datenstruktur, auf die *win_buf* zeigt, enthält die Initialisierungswerte für das Window:

Win_buf->win_type enthält den gewünschten Typ des Windows.

Falls *win_buf->win_mode & WIN_SQUEEZE == 0* ist, definiert *win_buf->win_rect* die Position der linken oberen Ecke des Windows auf der nutzbaren Fläche des Bildschirms sowie die Gesamtgröße inclusive des Window-Rahmens.

Ist *win_buf->win_mode & WIN_SQUEEZE != 0*, definiert ebenfalls *Win_buf->win_rect.xi* und *Win_buf->win_rect.yi* die Position des Windows, Gesamthöhe und -breite sind jedoch um den für den Rahmen benötigten Wert größer als die in *win_buf->win_wrect.wi* und *win_buf->win_wrect.hi* angegebene Ausdehnung des inneren Arbeitsbereichs des Windows.

Win_buf->win_vrect gibt an, welcher Ausschnitt des Weltkoordinatensystems in die Work-Area des Windows abgebildet wird.

Win_buf->win_prect gibt die Lage und Ausdehnung der vom Anwendungsprogramm benutzten virtuellen Ausgabefläche in Weltkoordinaten an, die die Grenzen der Verschiebung des sichtbaren Ausschnitts durch die Schiebebalken (*Pan-Area*) festlegen. Die *Pan-Area* wird eventuell intern so ausgedehnt, daß sie den sichtbaren Ausschnitt *win_buf->win_vrect* vollständig umfaßt.

Win_buf->w_title ist ein Zeiger auf eine Zeichenkette, die als Window-Titel im Window-Rahmen erscheint.

Die Window-Attribute, die den in *win_buf->win_attr* gesetzten Bits entsprechen, werden erzeugt.

Die Definition von Event-Funktionen der Anwendung geschieht durch Übergabe in *win_buf->win_efunc* [...]. Ein Zeigerwert NULL als Eintrag bedeutet, daß keine Anwendungsfunktion für den entsprechenden Event aufgerufen wird.

RETURN VALUES

Die Funktion *Open Window* liefert als Return-Value einen eindeutigen Window-Bezeichner zurück.

Bei Fehler wird UI_ERR zurückgeliefert. Die Variable *ui_errno* enthält dann einen der folgenden Werte:

UI_EMAXWIN

Die maximal von THESEUS verwaltete Anzahl von Windows ist erreicht, das Window konnte daher nicht geöffnet werden.

UI_EINTERN

Es ist ein THESEUS-interner Fehler aufgetreten.

NAME

ui_wcls - Close Window

SYNOPSIS

int *ui_wcls (window)*

Win_id *window;*

EFFECT

Die Funktion schließt das Window mit dem angegebenen Bezeichner und gibt die zugehörige Datenstruktur frei.

RETURN VALUES

Bei erfolgreicher Beendigung wird der Wert Null übergeben.

Bei Fehler wird als Ergebnis UI_ERR geliefert, die Variable ***ui_errno*** enthält dann einen der folgenden Werte:

UI_EWIN

Der Parameter *window* enthält keinen gültigen Window-Bezeichner.

UI_EINTERN

Es ist ein THESEUS-interner Fehler aufgetreten.

NAME

ui_winq - *Inquire Window Parameters*

SYNOPSIS

```
int       ui_winq ( window, win_buf )
Win_id    window;
Win_ds    *win_buf;
```

EFFECT

Es werden die aktuellen Parameter des Windows *window* erfragt. Die Daten werden in den Puffer geschrieben, auf den der Pointer *win_buf* zeigt.

RETURN VALUES

Bei erfolgreicher Beendigung wird der Wert Null übergeben.

Bei Fehler wird als Ergebnis UI_ERR geliefert, die Variable *ui_errno* enthält dann einen der folgenden Werte:

UI_EWIN

Der Parameter *window* enthält keinen gültigen Window-Bezeichner.

UI_EBUFFER

Der Parameter *win_buf* ist kein gültiger Zeiger auf einen Datenbereich.

UI_EINTERN

Es ist ein THESEUS-interner Fehler aufgetreten.

WARNINGS

Die Anwendung muß in *win_buf->win_title* einen Zeiger auf einen freien Datenbereich übergeben. In diesen Datenbereich wird der momentane Window-Titel kopiert. Enthält *win_buf->win_title* den Zeigerwert NULL, wird dieser Wert so belassen und der Window-Titel nicht zurückgeliefert.

NAME

ui_wsat, ui_wdat - Set and Delete Window Attributes

SYNOPSIS

```
Win_attr   ui_wsat ( window, attr )
Win_id     window;
Win_attr   attr;
Win_attr   ui_wdat ( window, attr )
Win_id     window;
Win_attr   attr;
```

EFFECT

Im Window ***window*** werden die in ***attr*** angegebenen Window-Attribute neu gesetzt oder gelöscht. Wie bei der Funktion ***ui_wopn*** (***Open Window***) beschrieben, ist ***attr*** ein Bitfeld, in dem einzelne Bits für bestimmte Attribute stehen.

Bei ***ui_wsat*** werden die den in ***win_attr*** gesetzten Bits entsprechenden Attribute dem Erscheinungsbild des Windows hinzugefügt, zusätzlich zu bereits vorhandenen Attributen.

Bei ***ui_wdat*** werden die den in ***win_attr*** gesetzten Bits entsprechenden Attribute dem Erscheinungsbild des Windows gelöscht.

Der Effekt an der Benutzungsoberfläche wird sofort ausgeführt.

RETURN VALUES

Es werden die vor dem Aufruf vorhandenen Attribute zurückgeliefert.

Bei Fehler ist das Ergebnis UI_ERR, die Variable ***ui_errno*** enthält dann einen der folgenden Werte:

UI_EWIN

Der Parameter ***window*** enthält keinen gültigen Window-Bezeichner.

UI_EATTR

In ***attr*** wurden Attribute angegeben, die in THESEUS nicht definiert sind.

UI_EINTERN

Es ist ein THESEUS-interner Fehler aufgetreten.

NAME

ui_wsef - *Set Window Event Function*

SYNOPSIS

Win_func *ui_wsef (window, event, ap_func)*
Win_id *window;*
Win_evnt *event;*
Win_func *ap_func;*

EFFECT

Im Window *window* wird dem Ereignis *event* die Anwendungsfunktion *ap_func* zugeordnet, die bei Eintreten des Ereignisses aufgerufen werden soll.

Ist *ap_func* der Zeigerwert NULL, wird ab diesem Zeitpunkt keine Anwendungsfunktion bei dem entsprechenden Ereignis aufgerufen.

RETURN VALUES

Es wird der Funktionszeiger zurückgeliefert, der vor dem Aufruf in Kraft war. Dies kann der NULL-Zeiger sein.

Bei Fehler wird UI_ERR als Zeigerwert (vom Typ *Win_func*) zurückgeliefert. Die Variable *ui_errno* enthält dann einen der folgenden Werte:

UI_EWIN

Der Parameter *window* enthält keinen gültigen Window-Bezeichner.

UI_EEVNT

Das in *event* angegebene Ereignis ist in THESEUS nicht definiert.

UI_EINTERN

Es ist ein THESEUS-interner Fehler aufgetreten.

NAME

ui_wstl - Set Window Title

SYNOPSIS

```
int       ui_wstl ( window, title )
Win_id    window;
char      *title;
```

EFFECT

Die Titelzeile im Window *window*, wird neu gesetzt. Die Länge des Titels wird dabei intern auf einen Maximalwert UI_STRING_LEN_MAX begrenzt.

Der Parameter *title* darf sowohl der Zeigerwert NULL als auch ein Zeiger auf einen leeren String sein. In beiden Fällen wird die Titelzeile leer gelassen.

RETURN VALUES

Bei erfolgreicher Beendigung wird der Wert Null übergeben.

Bei Fehler wird als Ergebnis UI_ERR geliefert, die Variable *ui_errno* enthält dann einen der folgenden Werte:

UI_EWIN

Der Parameter *window* enthält keinen gültigen Window-Bezeichner.

UI_EINTERN

Es ist ein THESEUS-interner Fehler aufgetreten.

NAME

ui_wspl - Set Window Pan Limit

SYNOPSIS

```
int      ui_wspl ( window, x, y, w, h )
Win_id   window;
int      x, y, w, h;
```

EFFECT

Die Pan-Area des Windows *window* wird auf die Position (*x*,*y*), die Breite *w* und Höhe *h* in Weltkoordinaten gesetzt. Damit verändert sich der Bereich im Weltkoordinatensystem, innerhalb dessen der sichtbare Ausschnitt durch den Benutzer mit Hilfe der Schiebebalken verschoben werden kann, sofern im Rahmen des Windows die Attribute WIN_HSCROLL und/oder WIN_VSCROLL gesetzt sind.

Die *Pan-Area* wird eventuell intern so ausgedehnt, daß sie den sichtbaren Ausschnitt *win_buf->win_vrect* vollständig umfaßt.

RETURN VALUES

Bei erfolgreicher Beendigung wird der Wert Null übergeben.

Bei Fehler wird als Ergebnis UI_ERR geliefert, die Variable *ui_errno* enthält dann einen der folgenden Werte:

UI_EWIN

Der Parameter *window* enthält keinen gültigen Window-Bezeichner.

UI_EINTERN

Es ist ein THESEUS-interner Fehler aufgetreten.

7. Ausgabe

Um den Erfordernissen einer modernen Benutzungsoberfläche gerecht zu werden, gilt es, sowohl dem Endbenutzer am Gerät als auch dem Anwendungsprogrammierer eine komfortable Schnittstelle anzubieten. Sinn und Zweck der Ausgabeschnittstelle von THESEUS ist es, insbesondere der Anwendung ein höheres Niveau als in anderen gängigen Schnittstellen (z.B. GKS, Curses oder GEM) bereitzustellen. Der Schritt von der anwendungsspezifischen Semantik hin zur Präsentation auf dem Ausgabegerät soll verkleinert werden.

Die Ausgabe von THESEUS teilt sich in zwei Bereiche auf: **graphische** und **alphanumerische** Ausgabe.

Bei der graphischen Ausgabe wird ein objektorientierter Ansatz verfolgt, wobei die Objekte in einem zweidimensionalen Bereich positioniert werden. Es gibt fest vorgegebene graphische Basisobjekte, die mehrstufig zu komplexen Objekten zusammengefaßt werden können. Dieses einfache Prinzip ermöglicht zusammen mit der dynamischen Attributierbarkeit der Objekte die verhältnismäßig einfache Definition anwendungsspezifischer graphischer Strukturen. Die Windows sind als Sichtfenster anzusehen, die dem Benutzer am Ausgabegerät Ausschnitte dieser "Objektwelt" präsentieren. Die Verwaltung und Präsentation der graphischen Objekte geschieht in THESEUS, dadurch wird die Anwendung von der eigentlichen Ausgabe am Bildschirm weitgehend entlastet und hat nur noch die Zuordnung zwischen seinen anwendungsspezifischen und den graphischen Objekten, sowie deren Positionierung in einem frei definierbaren zweidimensionalen Koordinatensystem, vorzunehmen. THESEUS verwaltet auch Benutzereingaben auf den graphischen Objekten (Objektauswahl und Dragging). Diese sind in Kapitel 8 beschrieben.

Die alphanumerische Ausgabe-Schnittstelle bezieht sich auf die Ausgabe alphanumerischer Texte mit Zeichen von fester Größe in einem Zeilen/Spalten-Raster. Sie dient zum einen als Basis für intelligente, windowfähige alphanumerische Editoren (z.B. für Struktureditoren), desweiteren zur formatierten Ausgabe (z.B. für Pretty-Print-Texte) und auch zur unformatierten Ausgabe (z.B. für Meldungen).

Die Texte werden von THESEUS in einem Puffer gespeichert und analog zu den graphischen Objekten selbständig verwaltet Das Koordinatensystem des Puffers, in das die Anwendung ihre Ausgaben adressiert, sind im Gegensatz zur Graphik Zeilen und Spalten. Dieses Konzept findet sich auch in anderen alphanumerischen Schnittstellen wie *Curses* /PCS-84/ oder *DC* /ADV-83/. Über die Fähigkeiten der erwähnten Schnittstellen hinaus bietet THESEUS die Unterstützung mehrerer Ausgabe-Windows, einen variabel großen Ausgabepuffer für jedes Window, dessen Größe sich nicht auf die eines Bildschirms bezieht, und der von THESEUS völlig selbständig verwaltet wird.

Wegen der konstanten Charactergröße ist ein festes Ausgaberaster von z.B. 24X80 Characters nicht möglich und die Pufferung eines nicht sichtbaren Teiles sinnvoll. Wie bei der graphischen Ausgabe stellt auch hier das Window den sichtbaren Bereich innerhalb dieses Puffers dar. THESEUS ermöglicht insbesondere das selbständige Verschieben dieses Bereiches durch den Benutzer (Scrolling) und handelt dies völlig lokal ab, ohne daß die Anwendung damit konfrontiert wird.

Es gibt eine Modus-Umschaltung zwischen graphischer und alphanumerischer Ausgabe auf der Ebene der Window-Schnittstelle. Das bedeutet, graphische Ausgaben dürfen nur in Graphik-Windows, alphanumerische Ausgaben nur in Alpha-Windows gesendet werden.

Zu bemerken ist, daß Textausgabe auch innerhalb der Graphik-Schnittstelle vorgesehen ist, wobei die Ausgabe einzelner Charakters mit mehr Freiheitsgraden bzgl. Positionierung und Attributierung erfolgen kann, als dies in der alphanumerischen Schnittstelle vorgesehen ist. Deshalb wird in diesem Zusammenhang zwischen alphanumerischem und graphischem Text unterschieden.

Schließlich muß noch auf die Ausgabe zur Vor- und Nachbereitung von Eingaben hingewiesen werden (Menüs, Icons, Mauscursor). Sie stellt im hier betrachteten Zusammenhang keine Ausgabe im eigentlichen Sinn dar, obwohl Texte und Linien verwendet werden. Als Eingabeaufforderung und -echo ist sie logisch mit der Eingabe verknüpft, wobei auch im Gegensatz zur normalen Ausgabe die Art und Form der Darstellung wenig durch die Anwendung beeinflußt werden kann. Diese Betrachtungsweise ist analog dem entsprechenden GKS-Ein-/Ausgabekonzept (siehe auch /ISO-85a/).

Geräte wie Drucker oder Plotter sind als Windows mit bestimmten Typeigenschaften zu betrachten (nur Ausgabe möglich). Dies entspricht den ähnlichen Konzepten unter UNIX (mehrere Arten von Files) und GKS (verschiedene Workstation-Types). Die Semantik der sie verwendenden Funktionen kann sich dann im Vergleich z.B. zu Bildschirm-Windows ändern.

7.1. Graphische Ausgabe

7.1.1. Modell der graphischen Ausgabe

Bei der Entwicklung der graphischen Ausgabe-Schnittstelle wurden neben konventionellen Konzepten aus dem Graphik-Bereich neuere objektorientierte Ideen und Konzepte eingearbeitet (siehe dazu /ISO-85a/ und /StGo-83/).

Das wichtigste Element der graphischen Ausgabe sind die ***graphischen Objekte***, mit denen die Anwendung ihre Bilder und Darstellungen aufbaut. Jedes Objekt ist genau einem Window zugeordnet und besitzt einen Namen, über den die Kommunikation zwischen Benutzungsoberfläche und Anwendung geschieht. Die Kontrolle der Generierung, Ausgabe und Darstellung von graphischen Objekten ist Aufgabe der Anwendung und erfolgt über die Zugriffsfunktionen von THESEUS. Ein graphisches Objekt besitzt während seiner Lebensdauer zwei Repräsentationen:

a) einen Eintrag in der ***graphischen Datenstruktur*** (GDS)

b) eine physikalische (visuelle) Repräsentation auf dem Ausgabegerät

Dabei steuern die Werte im GDS-Eintrag eines Objektes dessen Darstellung auf dem Gerät. Diese Abbildung nimmt THESEUS selbständig vor. Die Anwendung hat lediglich Zugriff auf die GDS.

Es wird die Philosophie gewählt, daß sich diese beiden Repräsentationen zu jedem Zeitpunkt entsprechen (Update as soon as possible). Eine Ausnahme von diesem Grundsatz ist die Möglichkeit, Ausgaben zu puffern und so die Umsetzung des GDS-Zustandes in den Bildschirmzustand zurückzuhalten. Dies dient dazu, unnötige Zwischenzustände auf dem Bildschirm zu vermeiden.

Es gibt zwei Haupttypen von Objekten: fest vorgegebene *Basisobjekte* und ***komplexe Objekte***.

Die Menge der Basistypen ist so gewählt, daß sich mit ihnen die im Software-Engineering-Bereich verwendete Graphik realisieren läßt, z.B. Polygon, Rechteck, Kreis, Text, feste Rastersymbole.

Komplexe Objekte können ihrerseits aus Basis-Objekten oder komplexen Objekten bestehen. Objekte können also hierarchisch strukturiert werden, wobei eine Hierarchie wiederum ein Objekt darstellt (rekursiver Objektbegriff). Dieses mächtige Konzept ermöglicht es, aus den einfachen Bausteinen, die die Basisobjekte darstellen, beliebige anwendungsspezifische Strukturen zu definieren, auf denen dann dieselben Operationen wie auf den einfacheren Objekten angewendet werden können.

Das Anwendungsprogramm kann Exemplare der verschiedenen Objekttypen zur Laufzeit erzeugen, bearbeiten und wieder löschen. Insbesondere um dynamisch generierte Strukturen nicht ständig neu aufbauen zu müssen, gibt es zudem die Möglichkeit, Objekte zu kopieren. Mit ihrer Hilfe kann z.B. dann ein komplexes Objekt beliebig dupliziert werden.

Die visuellen Repräsentationen der Objekte besitzen bestimmte optische Eigenschaften wie Geometrie, Größe, Linientyp, Farbe, u.ä. Manche dieser Eigenschaften sind für ein bestimmtes Objekt typgebunden (z.B. gewisse geometrische Eigenschaften), andere werden zu Beginn der Lebensdauer eines Objektes festgelegt (z.B. die Größe) und wiederum andere sind für die Anwendung dynamisch änderbar (z.B. Linientyp und Farbe). Die letzteren werden auch als ***graphische Attribute*** bezeichnet. Eine besondere Bemerkung muß hier der Attributierung komplexer Objekte gewidmet werden. Für sie ist das Konzept der ***Vererbung*** maßgebend. Dabei "entscheidet" jedes Sohnobjekt für jedes seiner graphischen Attribute, ob es den entsprechenden Attributwert von seinem Vaterobjekt übernimmt (erbt) oder nicht.

Die Objekte werden in einem zweidimensionalen Koordinatensystem plaziert. Dieses ist von der Anwendung frei definierbar und heißt ***Weltkoordinatensystem***. Die Anwendung hat die Kontrolle über die Positionierung der Objekte innerhalb dieses Koordinatensystems und kann diese Positionen dynamisch verändern. Jedes Weltkoordinatensystem ist genau einem Window zugeordnet und wird auf ein solches abgebildet (siehe Kapitel 6). Dabei kommt dem Window die Funktion eines Sichtfensters auf einen bestimmten Bereich dieses Koordinatensystems vor (***Visible Area***). Nur die innerhalb des Sichtfensters sich befindlichen Objekte erscheinen im Window auf dem Ausgabegerät, alle außerhalb befindlichen Objekte sind unsichtbar. Der Benutzer kann über entsprechende Windowfunktionen diesen sichtbaren Bereich verschieben (***Panning***) und die Anwendung hat die Möglichkeit, diesen, dem Benutzer zugänglichen Bereich, dynamisch zu begrenzen. Dieser maximal sichtbare Bereich heißt ***Pan Area***. Dem Benutzer können also bestimmte Teile der Objektwelt gesperrt werden. Während der Lebensdauer eines Windows bleibt die Skalierung des Weltkoordinatensystems gemäß den durch die Anwendung gesetzten Initialwerten erhalten, d.h. nachträgliche Veränderungen der Größe der Objektwelt oder gar Verzerrungen des Bildes sind nicht möglich.

7.1.2. Graphische Objekte

7.1.2.1. Konzept der graphischen Objekte

7.1.2.1.1. Allgemeines

Das wichtigste Element der graphischen Ausgabe sind die ***graphischen Objekte***, mit denen die Anwendung ihre Bilder und Darstellungen aufbaut. Ein solches Objekt ist durch folgende Eigenschaften definiert:

- Seine Lebensdauer wird explizit durch die Anwendung kontrolliert.
- Es besitzt während dieser Lebensdauer **genau einen** Eintrag in der ***graphischen Datenstruktur*** (GDS). Dieser Eintrag enthält sämtliche Informationen über das Objekt.
- Es besitzt zu einem bestimmten Zeitpunkt **höchstens eine** physikalische Repräsentation am Ausgabegerät.
- Es ist zu einem bestimmten Zeitpunkt **genau einem** Window zugeordnet.
- Es besitzt einen Namen (Identifier), der innerhalb des Windows eindeutig ist. Das Objekt ist damit durch das Tupel (Windowname , Objektname) innerhalb von THESEUS eindeutig bestimmt. Über dieses Tupel geschieht die das Objekt betreffende Kommunikation zwischen THESEUS und dem Anwendungsprogramm.
- Es besitzt **genau eine** Referenzposition. Diese definiert die **absolute** Position des Objektes im Koordinatensystem des Windows, dem das Objekt zugeordnet ist. Sie kann durch das Anwendungsprogramm mit ***Inquire Object Reference Position*** erfragt und durch ***Move Object*** dynamisch verändert werden.
- Der Inhalt der GDS des Objektes steuert die Eigenschaften der physikalischen Repräsentation des Objektes.
- Die Anwendung kontrolliert den Inhalt der GDS über die Zugriffsfunktionen von THESEUS. Die Abbildung zwischen GDS und physikalischer Repräsentation am Ausgabegerät nimmt THESEUS vor.
- Die GDS eines Objektes enthält
  - die Information über seinen Typ,
  - seine sämtlichen exemplargebundenen und dynamischen Eigenschaften,
  - die Referenzposition,
  - sowie bei komplexen Objekten die Namen der Sohnobjekte.

- Es gibt zwei Haupttypen von Objekten: *Basisobjekte* und *komplexe Objekte*.
- Das Anwendungsprogramm kann Exemplare solcher Typen zur Laufzeit
  - generieren mit:
    Create Base Object und
    Create Complex Object
  - löschen mit:
    Delete Object
  - alle Inhalte der GDS abfragen mit
    Inquire Object Reference Position
    Inquire Object Graphics Attributes
    Inquire Object Special Data
    Inquire Object Type
    Inquire Sub Objects of Complex Object und
    Inquire Current Graphics Attributes
  - bestimmte Inhalte der GDS ändern mit
    Set Object Graphics Attributes und
    Set Current Graphics Attributes
- Die Anwendung hat die Möglichkeit, mit Hilfe der Funktion *Copy Object* Objekte beliebigen Typs zu kopieren. Dabei wird ein neues Exemplar in der GDS kreiert, in die die Inhalte des zu kopierenden Objektes kopiert werden. Das neue Objekt erhält einen eigenen Namen.
- Die Namen der Objekte werden von THESEUS bei ihrer Generierung erzeugt und an die Anwendung zurückgeliefert.

7.1.2.1.2. Objekteigenschaften

Die Eigenschaften des Objektes lassen sich in drei Klassen einteilen, die sich bezüglich ihrer mehr oder weniger festen Bindung an das Objekt unterscheiden:

- **typgebundene** Eigenschaften: die meisten geometrischen Eigenschaften
- **exemplargebundene** Eigenschaften: Objektgröße und einige geometrische Eigenschaften
- jederzeit **dynamisch änderbare** Eigenschaften: dies sind genau die ***graphischen Attribute***

Diese verschiedenen Eigenschaften sollen anhand des Beispielobjektes *Rechteck* klar werden: Typgebunden ist die Grundform des Rechtecks: Zwei jeweils zueinander und zu den Koordinatenachsen parallele Seitenbegrenzungen. Exemplargebunden ist das Verhältnis zwischen Breite und Höhe, sowie die absoluten Größen dieser Parameter. Dynamisch veränderbar sind z.B. die Stärke der Begrenzung, oder das Füllmuster.

Typgebundene Eigenschaften können durch die Anwendung nicht beeinflußt werden. Sie sind für jeden Objekttyp statisch definiert (hart codiert). Exemplargebundene Eigenschaften werden bei der Generierung eines Objektes durch die Anwendung festgelegt und können für dieses Objekt danach nicht mehr geändert werden. Dynamische Eigenschaften eines Objektes sind jederzeit änderbar durch den Aufruf von *Set Object Graphics Attributes*.

Die graphischen Attribute der Objekte als deren dynamisch änderbare Eigenschaften lassen sich in verschiedene Klassen einteilen:

- *Linienattribute* beziehen sich auf die Darstellung von Linienzügen, die keine Flächen umschließen:
  Linientyp, Linienbreitefaktor und Linienfarbe
- *Flächenattribute* steuern die Ausfüllung von durch Linien umrandeten Flächen:
  Füllgebietsausfüllung, Füllgebietsausfüllungsindex und Füllgebietsfarbe
- *Kantenattribute* beschreiben diejenigen Linienzüge, welche geschlossene Flächen begrenzen:
  Kantensichtbarkeit, Kantentyp, Kantenbreitefaktor und Kantenfarbe
- *Textattribute* steuern die Darstellung des Graphik-Textes:
  Zeichenhöhe, Schreibwinkel, Textart, Zeichensatz und Textfarbe
- *Videoattribute* sind die zweiwertigen Attribute:
  Sichtbarkeit, Inversdarstellung und Hervorhebung

Für die einzelnen Basisobjekttypen wird jeweils eine Klasse insgesamt oder gar nicht ausgewertet, je nach den geometrischen Eigenschaften des Typs.

Bei der Generierung eines Basisobjektes wird für die initialen Werte der graphischen Attribute des Objektes der Inhalt der in THESEUS globalen ***aktuellen graphischen Attribute*** verwendet. Diese sind durch das Anwendungsprogramm mit der Funktion ***Set Current Graphics Attributes*** dynamisch änderbar.

7.1.2.1.3. Basisobjekte

Basisobjekte sind in verschiedene **Typen** unterteilt, die fest programmiert sind und die kleinsten Einheiten der THESEUS-Ausgabe darstellen. Es ist nützlich, neben der Einteilung der Basisobjekte in Typen noch zwischen verschiedene **Klassen** zu unterscheiden:

- *Linienobjekte* sind graphische Primitive, die nur aus einem Linienzug bestehen und optional durch Pfeile am Anfang und Ende gerichtet sein können:
  Polygon und Kreisbogen.
- *Flächenobjekte* besitzen eine flächige Geometrie und sind durch Kanten begrenzt:
  Rechteck, Dreieck, Kreis, Raute und beliebiges Füllgebiet.
- *Graphische Textobjekte* sind alphanumerische Zeichenfolgen, die mit vielen Freiheitsgraden darstellbar sind:
  hier gibt es nur den Typ Graphik-Text.
- *Rasterobjekte* sind Pixelsymbole mit fester physikalischer Größe:
  auch hier gibt es nur den einen Typ Rasterobjekt.

Im folgenden werden die einzelnen Basisobjekttypen beschrieben.

<u>Der Objekttyp *Polygon*</u>

Dieser Typ stellt einen aus mehreren geradlinigen Einzelstrecken bestehenden zusammenhängenden, aber nicht notwendigerweise geschlossenen Linienzug dar.

Er wird definiert durch die Anfangs- und Endpunkte dieser Einzelstrecken, wobei jeweils der Endpunkt einer Strecke den Anfangspunkt seines Nachfolgers darstellt. Der Anfangspunkt des Polygons ist gleichzeitig der Referenzpunkt und stellt somit einen **absoluten** Wert in Weltkoordinaten dar. Sämtliche weiteren Punkte des Polygons sind **relative** Punkte zu diesem Anfangspunkt.

Zusätzlich kann das Gesamtpolygon am Anfang und Ende jeweils einen Pfeil zur Angabe einer Richtung besitzen.

Sowohl die Relativpunkte des Polygons als auch die Richtungsangabe sind exemplargebundene Eigenschaften und können deshalb nach der Generierung des Objektes nicht mehr durch die Anwendung verändert werden.

Von den graphischen Attributen werden die Linien- und Videoattribute unterstützt.

Der Objekttyp *Kreisbogen (Circle Arc)*

Dieser Typ stellt den geschlossenen Linienzug eines Kreisbogens dar. Er wird durch drei Parameter definiert:

1. Anfangspunkt des Bogens auf der gedachten Kreisbegrenzung
2. Endpunkt des Bogens auf der gedachten Kreisbegrenzung **relativ** zum Anfangspunkt
3. Bogenhöhe als Abstand zwischen der Verbindungslinie der Begrenzungen und dem Scheitelpunkt des Bogens

Dabei wird der Bogen vom ersten zum zweiten Punkt im Uhrzeigersinn durchlaufen.

Der Anfangspunkt ist gleichzeitig der Referenzpunkt des Objektes und stellt somit eine absolute Position in Weltkoordinaten dar.

Die Abb. 7.1 veranschaulicht diese Definition.

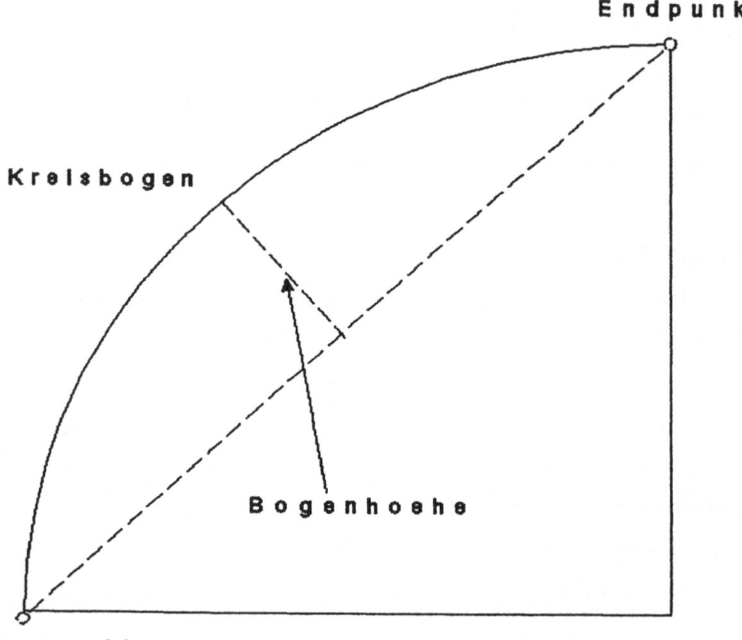

Abb. 7.1: Zur Definition des Kreisbogens

Zusätzlich kann ein Kreisbogen am Anfang und Ende jeweils einen Pfeil zur Angabe einer Richtung besitzen. Der relative Endpunkt, die Bogenhöhe und die Richtungen sind exemplargebundene Eigenschaften und können deshalb nach der Generierung des Objektes nicht mehr durch die Anwendung verändert werden.

Von den graphischen Attributen werden die Linien- und Videoattribute unterstützt.

Der Objekttyp *Rechteck (Rectangle)*

Ein Objekt vom Typ Rechteck wird durch seine Breite und Höhe definiert. Der Referenzpunkt ist dann der **linke obere** Punkt, auf den sich diese Größen beziehen. Er stellt damit eine absolute Position in Weltkoordinaten dar.

Breite und Höhe sind exemplargebundene Eigenschaften und können daher nach der Generierung eines Exemplars dieses Objekttyps nicht mehr durch die Anwendung verändert werden.

Von den graphischen Attributen werden die Flächen-, Kanten- und Videoattribute unterstützt.

Der Objekttyp *Dreieck (Triangle)*

Ein Objekt vom Typ Dreieck wird durch drei Punkte definiert. Der erste Punkt ist gleichzeitig der Referenzpunkt und stellt somit eine absolute Position in Weltkoordinaten dar. Die beiden anderen Punkte sind dazu **relative** Positionen und können als exemplargebundene Eigenschaften nach der Generierung eines Dreiecks nicht mehr durch die Anwendung verändert werden.

Von den graphischen Attributen werden die Flächen-, Kanten- und Videoattribute unterstützt.

Der Objekttyp *Kreis (Circle)*

Ein Objekt vom Typ Kreis wird durch Mittelpunkt und Radius definiert. Der Mittelpunkt ist gleichzeitig Referenzpunkt und stellt somit eine absolute Position in Weltkoordinaten dar. Der Radius kann als exemplargebundene Eigenschaft nach der Generierung eines Exemplars dieses Objekttyps nicht mehr durch die Anwendung verändert werden.

Von den graphischen Attributen werden die Flächen-, Kanten- und Videoattribute unterstützt.

Der Objekttyp *Raute (Diamond)*

Die Raute stellt ein **gleichseitiges Parallelogramm** dar, welches auf einem seiner Eckpunkte steht. Seine Ausdehnung kann somit durch Breite und Höhe bestimmt werden.

Ein Objekt vom Typ Raute ist folgendermaßen definiert: Der Referenzpunkt wird als der obere Punkt (Spitze der Raute) angesehen und stellt somit eine absolute Position in Weltkoordinaten dar (siehe Abb. 7.2). Breite und Höhe sind exemplargebundene Eigenschaften und können daher nach der Generierung eines Exemplars dieses Objekttyps nicht mehr durch die Anwendung verändert werden.

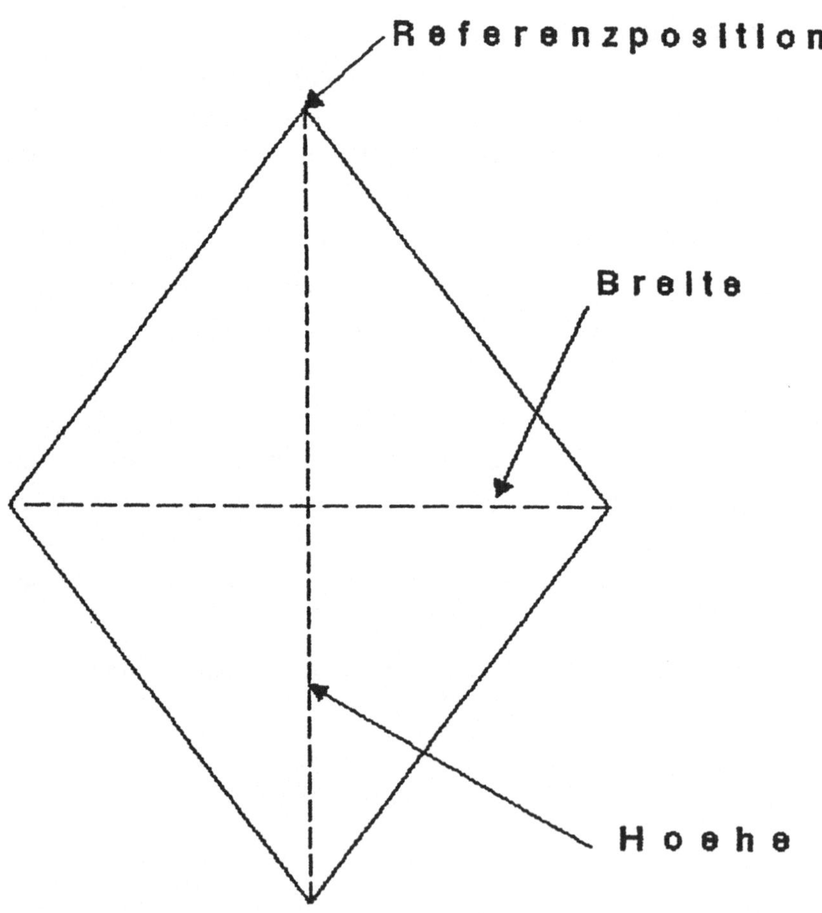

Abb. 7.2: Zur Definition der Raute

Von den graphischen Attributen werden die Flächen-, Kanten- und Videoattribute unterstützt.

Der Objekttyp *Füllgebiet (Fill Area)*

Dieser Typ stellt die durch einen zusammenhängenden und geschlossenen Linienzug begrenzte Fläche dar. Der Linienzug besteht aus mehreren geraden Einzelstrecken. Bei sich überlappenden Teilstrecken gelten die in GKS angewendeten Regeln für die Definition innerer und äußerer Bereiche.

Er wird definiert durch die Anfangs- und Endpunkte dieser Einzelstrecken, wobei jeweils der Endpunkt einer Strecke den Anfangspunkt seines Nachfolgers darstellt. Der Anfangspunkt des Polygons ist gleichzeitig der Referenzpunkt und stellt einen absoluten Wert in Weltkoordinaten dar. Sämtliche weiteren Punkte des Polygons sind **relative** Punkte zu diesem Anfangspunkt.

Die Relativpunkte des Füllgebiets sind exemplargebundene Eigenschaften und können deshalb nach der Generierung des Objektes nicht mehr durch die Anwendung verändert werden.

Von den graphischen Attributen werden die Flächen-, Kanten- und Videoattribute unterstützt.

Der Objekttyp *Graphik-Text (Graphics Text)*

Dieser Typ stellt eine alphanumerische Zeichenfolge dar. Er wird nur durch den Inhalt der Zeichenfolge definiert. Seine Darstellung kann allerdings durch die Auswertung der Textattribute stark variiert werden. Beispielsweise gehört bei Textobjekten die Größe, beschrieben durch die Zeichenhöhe, zu den dynamisch veränderbaren graphischen Attributen und nicht zu den exemplargebundenen Eigenschaften. Die Referenzposition wird in Abhängigkeit von den graphischen Attributen Graphik-Textausrichtung horizontal und vertikal errechnet. Die Abb 7.3 zeigt die Lage des Referenzpunktes für die Standardwerte *GH_LEFT* und *GV_BAS* .

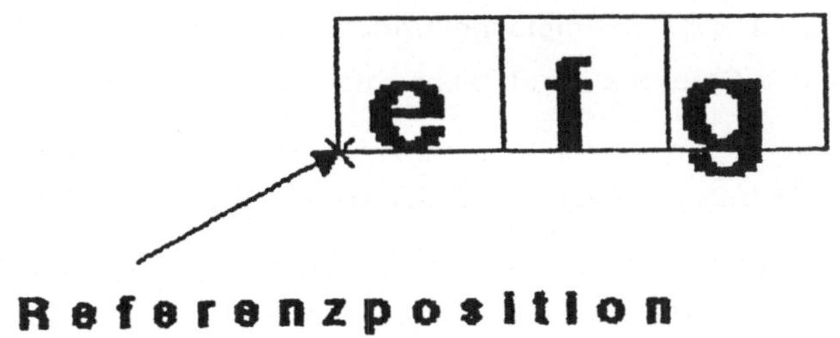

Abb. 7.3: Zur Definition des Graphik-Textes

Der Inhalt der Zeichenfolge kann als exemplargebundene Eigenschaft nach der Generierung eines graphischen Textobjektes nicht mehr durch die Anwendung verändert werden.

Von den graphischen Attributen werden die Text- und Videoattribute unterstützt.

Die voraussichtliche Ausdehnung einer Zeichenfolge in Weltkoordinaten kann mit Hilfe der Funktion *Inquire Graphics Text Extent* vor der Ausgabe des Textes erfragt werden, um eine komfortablere Textausgabe zu ermöglichen.

Der Objekttyp *Raster*

Dieser Typ stellt einen in der **physikalischen Größe** auf dem Ausgabegerät fest definierten rechteckigen Bereich dar. Dadurch wird die in **Weltkoordinaten** gemessene Größe eines Rasterobjektes dann zu einem variablen Parameter, der abhängig vom Wert der Transformation in das Window ist, dem das Rasterobjekt zugeordnet ist. Die Größe der Rasterobjekte ist also eine typgebundene Eigenschaft, d.h. sie kann im Gegensatz zu den restlichen Basistypen durch die Anwendung weder definiert, noch dynamisch geändert werden. Sie ist durch THESEUS vorgegeben und wird gerätespezifisch auf Pixelbasis verwaltet (Bitmaps). Ihr Wert sowohl in Raster- als auch in Weltkoordinaten kann jedoch von der Anwendung über die spezielle Funktion *Inquire Raster Size* erfragt werden. Dies kann vor der Ausgabe eines Rasterobjektes nützlich sein, um das Erscheinungsbild im Zusammenhang mit anderen Objekten ermessen zu können.

Ein Rasterobjekt wird definiert durch den Inhalt seiner einzelnen Pixels, die ein spezielles Symbol darstellen. Diese Symbole stellt THESEUS der Anwendung zur Verfügung. In der Kernversion sind folgende DV-Symbole vorgesehen: *Plattensymbol, Bandsymbol, Listensymbol, Bildschirmsymbol und Dateisymbol.*

Der Referenzpunkt ist der **linke obere** Punkt des rechteckigen Bereiches.

Der Inhalt des Rasters ist eine exemplargebundene Eigenschaft und kann deshalb nach der Generierung des Objektes nicht mehr durch die Anwendung verändert werden.

Von den graphischen Attributen werden die Videoattribute unterstützt.

Sinn und Zweck der Einführung dieser Objekte ist zum einen der, daß eine einfache Definition neuer anwendungsspezifischer Symbole mit Hilfe eines ICON-Editors über die Administrator-Schnittstelle geschehen könnte, zum anderen kann die Ausgabe dieser Objekte am Bildschirm sehr schnell erfolgen.

Von den Icons unterscheiden sich die Rasterobjekte im wesentlichen durch die Semantik. Icons repräsentieren Anwendungs**funktionen** und ihre Verwendung entspricht in etwa dem von Menüfunktionen oder Funktionstasten. Die graphischen Ausgabe-Objekte repräsentieren im Gegensatz dazu Anwendungs**objekte**.

7.1.2.1.4. Komplexe Objekte

Die Menge der Basisobjekte würde für realistische Anwendungen nicht ausreichen. Daher ermöglicht es THESEUS, aus den Basisobjekten strukturierte Objekte zusammenzusetzen. Dies geschieht zur Laufzeit mit Hilfe der Funktion *Create Complex Object*, wodurch mehrere schon existierende Objekte zu einem *komplexen Objekt* zusammengefaßt werden. Dabei können komplexe Objekte ihrerseits wieder zu komplexen Objekten verbunden werden.

Sie stellen nach ihrer Generierung praktisch neue Elementareinheiten dar, besitzen einen Objektnamen und können daher wie Basisobjekte behandelt werden.

Ein komplexes Objekte setzt sich also aus Basis-Objekten und/oder komplexen Objekten zusammen. Es ist logisch gesehen ein Baum, d.h. es muß folgenden Strukturregeln genügen:

1. Es darf Sohnobjekt von nur **höchstens einem** komplexen Objekt sein.
2. Es darf sich **nicht selbst** als Sohnobjekt enthalten.
3. Es darf nicht Sohnobjekt eines seiner direkten oder indirekten Sohnobjekte in dem Baum sein, den es definiert (**Zyklenfreiheit**).

Außerdem gilt, daß alle Sohnobjekte eines komplexen Objektes demselben Window angehören müssen wie das komplexe Objekt selbst. Diese Regel gilt insbesondere auch bei der Generierung eines komplexen Objektes: Es darf nicht aus Objekten verschiedener Windows zusammengesetzt werden.

Die GDS eines komplexen Objekts enthält zusätzlich zu den Einträgen, die jedes Basisobjekt besitzt, die Namen aller seiner Sohnobjekte. Diese können jederzeit mit *Inquire Sub Objects of Complex Object* abgefragt werden.

Die Sohnobjekte eines komplexen Objektes verlieren **nicht** ihre eigenen Existenz. Sie können nach wie vor unter ihrem Namen angesprochen und manipuliert werden.

Die Anwendung besitzt die Möglichkeit, Objekte dynamisch zu einem schon existierenden komplexen Objekt hinzuzufügen, falls nicht gegen die oben erwähnten Regeln verstoßen wird. Ebenso kann ein Sohnobjekt jederzeit wieder aus einem komplexen Objekt entfernt werden. Dies geschieht mit Hilfe der Funktionen *Add Object to Complex Object* und *Remove Object from Complex Object*.

Wird das Sohnobjekt eines komplexen Objektes aus diesem gelöst, dann gelten die in diesem Moment aktuellen Attributwerte dieses Objektes, d.h. falls ein Attribut vom Vaterobjekt vererbt wurde, wird der entsprechende Wert in die GDS des Objektes kopiert.

Wird ein komplexes Objekt kopiert, wird dieser Kopiervorgang rekursiv auf alle Sohnobjekte angewendet. In die GDS des neuen komplexen Objektes werden natürlich die Namen der neu generierten Söhne eingetragen.

Die graphischen Attribute der komplexen Objekte werden durch das *Prinzip der Vererbung* an die Unterobjekte weitergegeben. Jedes Sohnobjekt besitzt einen Vermerk, ob es die Attribute des Vaterobjektes erbt oder nicht. Im ersten Fall werden die Attributwerte des Vaterobjektes zur Ausgabe des Sohnobjektes verwendet, im letzteren Fall die individuellen Werte des Sohnes. Dieser Mechanismus ist rekursiv, d.h. er bezieht sich auch auf Sohnobjekte, die selbst wieder komplexe Objekte sind.

Die Abb. 7.4 stellt beispielhaft eine mögliche graphische Repräsentation eines Kanal-Instanzen-Netzes durch Basisobjekte und komplexe Objekte dar.

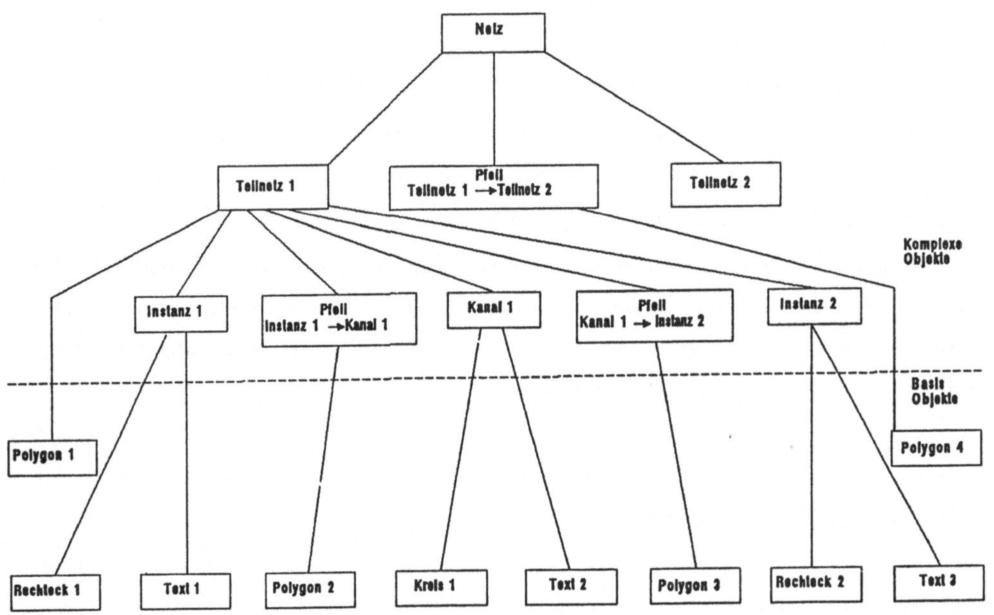

Abb. 7.4: Beispiel zu komplexen Objekten

Der Referenzpunkt des komplexen Objektes stellt einen **beliebigen** Punkt dar. Dieser wird vom Anwendungsprogramm gewählt und ist von der Geometrie des Objektes völlig unabhängig. Eventuelle Positionsänderungen des Objektes beziehen sich auf diesen Punkt. Die Sohnobjekte werden bei ihrer Einfügung in das Vaterobjekt **nicht relativ** zu dessen Referenzposition positioniert, sondern behalten ihre alten absoluten Referenzpositionen. Allerdings bewirkt die Änderung der Referenzposition eines komplexen Objektes (mit *Move Object*) implizit eine relative Verschiebung der Positionen der Sohnobjekte, hat jedoch keine Auswirkungen auf weitere Objekte.

Selbständige Positionsänderungen von Sohnobjekten sind möglich und beziehen sich auf den absoluten Ursprung des Koordinatensystems. Insbesondere haben sie keine Wirkung auf die Positionen des Vaters oder anderer Objekte.

7.1.2.2. Die Datenstrukturen der graphischen Objekte

7.1.2.2.1. Beschreibung der Basistypen und -konstanten

Aus technischen Gründen wie z.B.

- der einfachen Änderbarkeit der Objekttypen wegen
- um bezüglich der Basistypen aufwärtskompatibel zu sein
- um generische Funktionen anbieten zu können

wurden nur zwei strukturierte Typen im **programmiersprachlichen** Sinne definiert. Sie besitzen Einträge zur Beschreibung der Obermenge aller vorkommenden Arten von Objekteigenschaften. Zur Laufzeit werden dann für jeden Objekttyp dessen relevante Einträge spezifisch interpretiert. Wenn im folgenden also von Objekttypen gesprochen wird, so sind damit die schon oben erwähnten **logische Typen** gemeint.

Der Typ Spec_rec

Im Strukturtyp *Spec_rec* sind die **exemplarspezifischen** Eigenschaften jedes Objekttyps definiert. Diese Eigenschaften werden bei der Generierung des Objektes festgelegt und können für dieses Objekt danach nicht mehr geändert werden. Jeder Objekttyp benutzt einige Komponenten des Spec_rec, deren aktuell eingetragene Werte von THESEUS zur Laufzeit objekttypspezifisch interpretiert werden. Die Werte der übrigen Komponenten werden dann für diesen Objekttyp nicht interpretiert. Dieses Konzept entspricht dem des GKS Data Record.

Zum Verständnis der folgenden Definitionen ist die Kenntnis der globalen Definitionen für ganzzahlige Positionen in Weltkoordinaten *Wd_pos* aus Kapitel 6 notwendig. Im einzelnen enthält der Spec_rec folgende Komponenten:

```
typedef struct
{
  int      nb_points;    /* Anzahl Punkte               */
  Wd_pos   *point_vec;   /* Vektor aus Punkten          */
  int      nb_ints;      /* Anzahl Ganzzahl-Parameter   */
  int      *int_vec;     /* Vektor aus Ganzzahlen       */
  int      nb_strings;   /* Anzahl Zeichenfolgen        */
  char     *stri_vec;    /* Vektor aus Zeichenfolgen    */
}
Spec_rec;
```

nb_points

Der Eintrag gibt die Anzahl der Elemente des folgenden *point_vec* an.

***point_vec**

Der Vektor aus Punkten enthält die Punkte, aus denen sich das Objekt zusammensetzt (z.B. die Einzelpunkte eines Polygonzuges). Entsprechend den typspezifischen geometrischen Eigenschaften des Objektes werden die Einträge interpretiert.

nb_ints

Der Eintrag gibt die Anzahl der Elemente des folgenden *int_vec* an.

***int_vec**

Der Vektor aus Ganzzahlen enthält typspezifische geometrische oder sonstige Parameter des Objektes (z.B. den Radius eines Kreisobjektes). Entsprechend den typspezifischen Eigenschaften des Objektes werden die Einträge interpretiert.

nb_strings

Der Eintrag gibt die Anzahl der Elemente des folgenden *stri_vec* an.

***stri_vec**

Der Vektor aus alphanumerischen Zeichenfolgen enthält typspezifische Parameter (z.B. den String eines Textobjektes). Entsprechend den typspezifischen Eigenschaften des Objektes werden die Einträge interpretiert. Die einzelnen Strings werden mit dem '\ 0'-Zeichen abgeschlossen.

Der Typ Gatt_rec

Im Strukturtyp *Gatt_rec* sind die **graphischen Attribute** definiert. Diese können als dynamische Eigenschaften für jedes Objekt sowie für die aktuellen graphischen Attribute jederzeit geändert werden. Jeder Objekttyp benutzt einige Komponenten des Gatt_rec, deren aktuell eingetragene Werte vom THESEUS zur Laufzeit objekttypspezifisch interpretiert werden. Die Werte der übrigen Komponenten werden dann für diesen Objekttyp nicht interpretiert.

Die geforderten Werte der Attribute (z.B. Characterhöhe) können aus technischen Gründen nicht immer völlig exakt realisiert werden. In solchen Fällen wird der geforderte Wert angenähert (Best-Fit-Methode).

Zudem ist es möglich, daß einzelne Attribute wegen mangelnder geräte- oder softwaretechnischer Unterstützung nicht in jeder THESEUS-Implementierung realisiert sind (z.B. Farbe oder Hervorhebung).

Im einzelnen enthält der Gatt_rec folgende Komponenten:

```
typedef struct
{
  int  *latt;  /* Linienattribute   */
  int  *fatt;  /* Füllattribute     */
  int  *eatt;  /* Kantenattribute   */
  int  *tatt;  /* Textattribute     */
  int  *vatt;  /* Videoattribute    */
}
Gatt_rec;
```

***latt**

Dieser Zeiger deutet auf den Vektor mit den Linienattributen. Diese werden nur bei den Basisobjekttypen vom Linientyp, also bei *Polygon* und *Kreisbogen* ausgewertet.

1. Komponente: Linientyp (Line Type)

Mögliche Werte:

LT_SOLID	/* Durchgezogen	*/
LT_DASHED	/* Gestrichelt	*/
LT_DOTTED	/* Gepunktet	*/
LT_DASH_DOT	/* Strich-punktiert	*/

Default: *LT_SOLID*

2. Komponente: Linienbreitefaktor (Line Width)

Hier wird **kein** Absolutwert in Weltkoordinaten ausgewertet, sondern ein geräteabhängiger ganzahliger Skalierungsfaktor verwendet (analog GKS).
Default: 2

3. Komponente: Linienfarbindex (Line Colour Index)

Die möglichen Werte dieser Komponente sind implementierungsabhängig.

***fatt**

Dieser Zeiger deutet auf den Vektor mit den Füllattributen. Diese werden nur bei den Basisobjekttypen vom Flächentyp, also bei ***Rechteck***, ***Dreieck***, ***Kreis***, ***Raute und Füllgebiet*** ausgewertet.

1. Komponente: Füllgebietsausfüllung (Fill Interior Style)

Mögliche Werte:

FS_HOLLOW	/* Leer mit Rand	*/
FS_FILLED	/* Ausgefüllt	*/
FS_PATTERN	/* Gemustert	*/
FS_HATCH	/* Schraffiert	*/
FS_EMPTY	/* Leer ohne Rand	*/
FS_BITMAP	/* Benutzerdefinertes Bitmap-Muster	*/

Default: *FS_HOLLOW*

2. Komponente: Füllgebietsausfüllungsindex (Fill Style Index)

Der Wert dieser Komponente steuert in Abhängigkeit der Füllgebietsausfüllung dessen spezielle Werte.
Default: 1

3. Komponente Füllgebietsfarbindex (Fill Colour Index)

Die möglichen Werte dieser Komponente sind implementierungsabhängig.

Die Abb. 7.5 zeigt die möglichen Füllgebietsausfüllungen in THESEUS.

FS_HOLLOW

FS_FILLED

FS_PATTERN

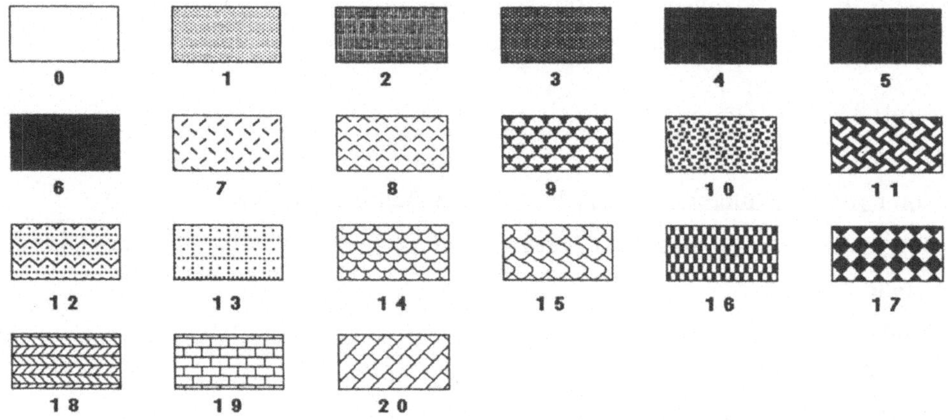

FS_HATCH

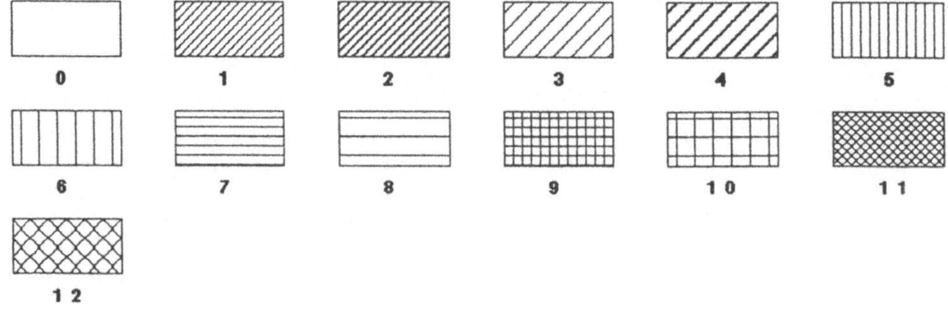

Abb. 7.5: Füllgebietsausfüllungen in THESEUS

***eatt**

Dieser Zeiger deutet auf den Vektor mit den Kantenattributen. Diese werden nur bei den Basisobjekttypen vom Flächentyp, also bei ***Rechteck***, ***Dreieck***, ***Kreis***, ***Raute und Füllgebiet*** ausgewertet und definieren die Darstellung der begrenzenden Linie.

<u>1. Komponente: Kantensichtbarkeit (Edge Visibility)</u>

Diese Komponente kann nur zwei Werte annehmen:

EV_ON	/* Kante ist sichtbar	*/
EV_OFF	/* Kante ist nicht sichtbar	*/

Default: *EV_ON*

<u>2. Komponente: Kantentyp (Edge Type)</u>

Mögliche Werte:

ET_SOLID	/* Durchgezogen	*/
ET_DASHED	/* Gestrichelt	*/
ET_DOTTED	/* Gepunktet	*/
ET_DASH_DOT	/* Strich-punktiert	*/

Default: *ET_SOLID*

<u>3. Komponente: Kantenbreitefaktor (Edge Width)</u>

Hier wird **kein** Absolutwert in Weltkoordinaten ausgewertet, sondern ein geräteabhängiger ganzahliger Skalierungsfaktor verwendet.
Default: 2

<u>4. Komponente: Kantenfarbindex (Edge Colour Index)</u>

Die möglichen Werte dieser Komponente sind implementierungsabhängig.

***tatt**

Dieser Zeiger deutet auf den Vektor mit den graphischen Textattributen. Diese werden nur beim Basisobjekttyp *Graphik-Text* ausgewertet und definieren die Darstellung von alphanumerischen Zeichenfolgen.

1. Komponente: Graphik-Text-Zeichenhöhe (Graphics Text Character Height)

Hier wird ein Absolutwert in Weltkoordinaten ausgewertet, der nach dem Best-Fit-Prinzip auf den diesem Wert am nächsten liegenden geräteabhängig unterstützten Wert abgebildet wird.

Default: Höhe des Standardfonts

Die Abb. 7.6 veranschaulicht die Definition von Zeichenhöhe und Zeichenzelle in THESEUS.

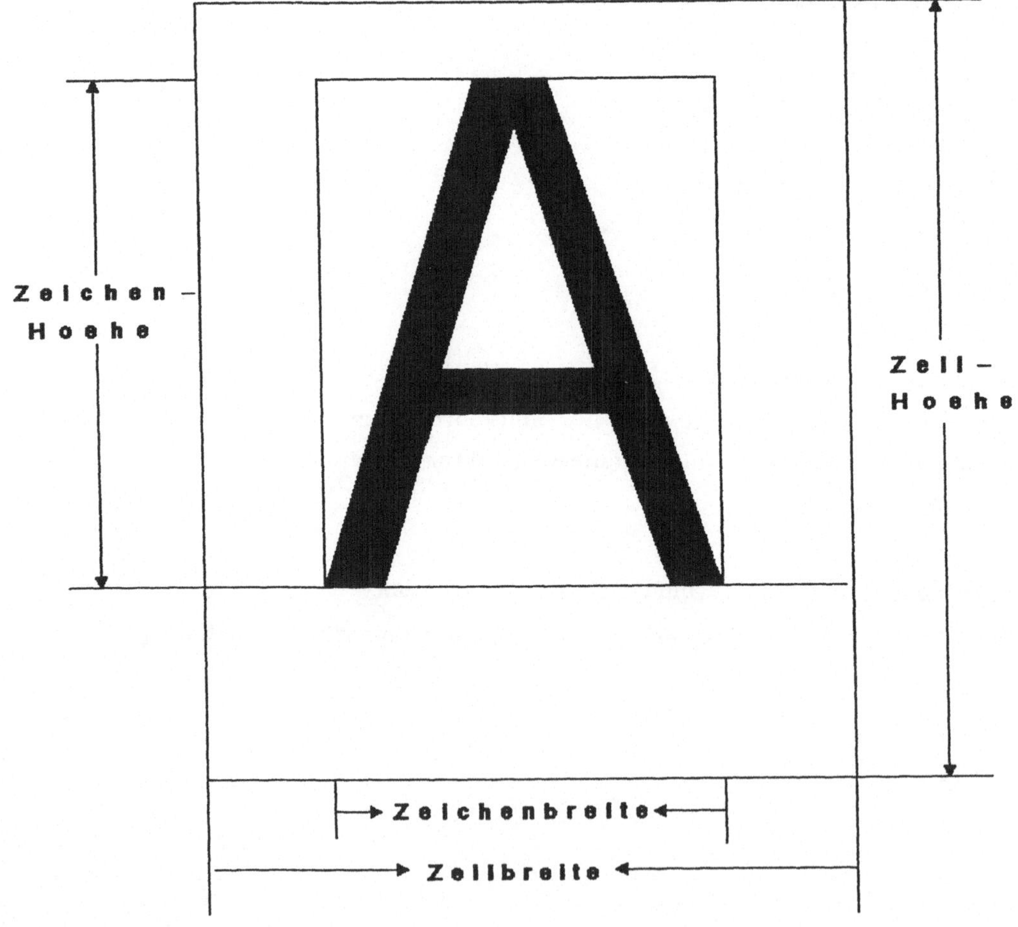

Abb. 7.6: Zeichenhöhe und -zelle

2. Komponente: Graphik-Text-Basislinie (Graphics Text Baseline)

Dieser ganzzahlige Wert gibt, mit dem Faktor 10 multipliziert an, den Schreibwinkel für die Ausgabe des Textes.

Beispiel: Der Wert 235 definiert einen Schreibwinkel von 23.5 Grad.

Default: 0

3. Komponente: Graphik-Textausrichtung Horizontal (Graphics Text Horizontal Alignment)

Mögliche Werte:

```
GH_LEFT     /* Links ausgerichtet     */
GH_CENTER   /* Zentriert              */
GH_RIGHT    /* Rechts ausgerichtet    */
```

Default: *GH_LEFT*

4. Komponente: Graphik-Textausrichtung Vertikal (Graphics Text Vertical Alignment)

Mögliche Werte:

```
GV_BOTTOM   /* Unten ausgerichtet     */
GV_BASE     /* Normal ausgerichtet    */
GV_HALF     /* Mittig ausgerichtet    */
GV_CAP      /* Versal ausgerichtet    */
GV_TOP      /* Oben ausgerichtet      */
```

Default: *GV_BASE*

5. Komponente: Graphik-Text-Schriftart (Graphics Text Type Face)

Diese Werte steuern das Schriftbild.

Mögliche Werte:

GF_SYSTEM

GF_SWISS

GF_SWISS_ITAL

GF_SWISS_BOLD

GF_MODERN

GF_MODERN_ITAL

GF_MODERN_BOLD

Default: *GF_SYSTEM*

6. Komponente: Graphik-Text-Zeichensatz (Graphics Text Character Set)

Mögliche Werte:

GS_NATIONAL

GS_ISO

GS_ASCII

GS_GERMAN

Default: *GS_NATIONAL*

7. Komponente: Graphik-Text-Farbindex (Graphics Text Colour Index)

Die möglichen Werte dieser Komponente sind implementierungsabhängig.

Die Abbildungen 7.7 und 7.8 zeigen die relative Lage der Ausrichtungskonstanten in THESEUS in Bezug zum ausgegebenen Graphik-Text.

GH_CENTER
GV_TOP
GV_HALF
GV_BOTTOM
THESEUS
GV_CAP
GV_BASE
GH_LEFT
GH_RIGHT

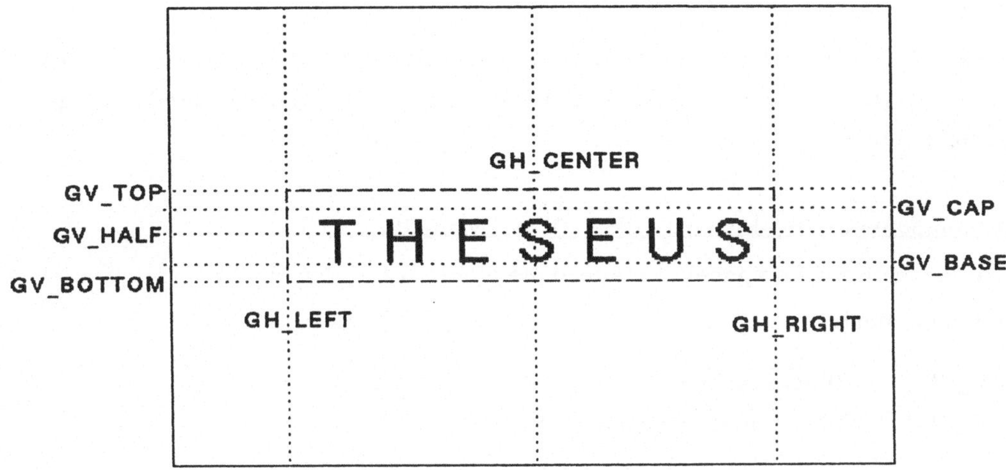

Abb. 7.7: Lage der Ausrichtungskonstanten für ein Graphik-Text-Objekt

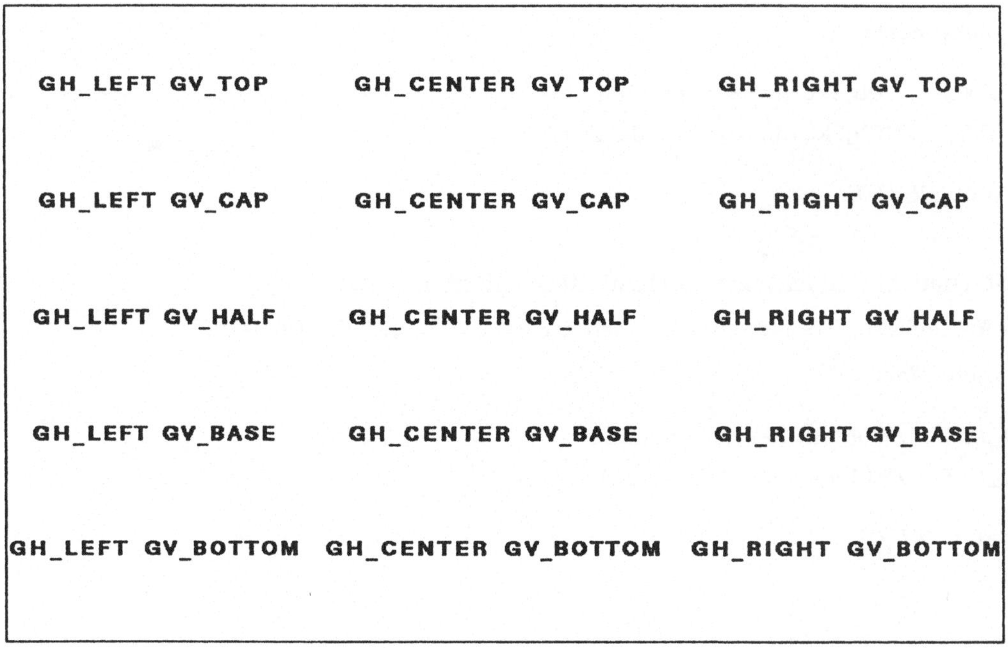

GH_LEFT GV_TOP
GH_CENTER GV_TOP
GH_RIGHT GV_TOP
GH_LEFT GV_CAP
GH_CENTER GV_CAP
GH_RIGHT GV_CAP
GH_LEFT GV_HALF
GH_CENTER GV_HALF
GH_RIGHT GV_HALF
GH_LEFT GV_BASE
GH_CENTER GV_BASE
GH_RIGHT GV_BASE
GH_LEFT GV_BOTTOM
GH_CENTER GV_BOTTOM
GH_RIGHT GV_BOTTOM

Abb. 7.8: Lage des Referenzpunktes für verschiedene Ausrichtungskonstanten

***vatt**

Dieser Zeiger deutet auf den Vektor mit den Videoattributen. Diese werden bei allen Basisobjekttypen ausgewertet, sind zweiwertig und definieren jeweils ein ganz bestimmtes Merkmal eines Objektes.

1. Komponente: Objektsichtbarkeit (Object Visibility)

Die Werte dieser Komponente steuern die Sichtbarkeit der Objekte.

Mögliche Werte:

OV_ON /* Objekt sichtbar */
OV_OFF /* Objekt nicht sichtbar */

Default: *OV_ON*

2. Komponente: Objektinversdarstellung (Object Inverse)

Die Werte dieser Komponente steuern die Inversdarstellung der Objekte.

Mögliche Werte:

OI_ON /* Objekt invers dargestellt */
OI_OFF /* Objekt nicht invers dargestellt */

Default: *OI_OFF*

3. Komponente: Objekthervorhebung (Object Highlighting)

Die Werte dieser Komponente steuern die Hervorhebung der Objekte.

Mögliche Werte:

OH_ON /* Objekt hervorgehoben */
OH_OFF /* Objekt nicht hervorgehoben */

Default: *OH_OFF*

Der Typ Ob_id

Er enthält die Objektnamen oder -identifier, die bei der Generierung von Objekten durch THESEUS erzeugt und als Ergebniswerte der entsprechenden Funktionen an die Anwendung zurückgeliefert werden. Die Werte dieses Typs sind positive ganze Zahlen, und die einfache Definition lautet:

```
typedef int Ob_id; /* Objektnamen */
```

Der Typ Ob_set

Er enthält eine Objektmenge und wird nur bei komplexen Objekten zum Verweis auf ihre Sohnobjekte verwendet.

```
typedef struct
{
  int      nb_objects;   /* Anzahl Objekte          */
  Ob_id    *object_vec;  /* Vektor aus Objektnamen  */
}
Ob_set;
```

nb_objects

Der Eintrag gibt die Anzahl der Elemente des folgenden *object_vec* an.

***object_vec**

Der Vektor aus Ganzzahlen enthält die Namen der Objekte des Set.

7.1.2.2.2. Die Datenstrukturen der Basisobjekte

Im folgenden werden die Eigenschaften der einzelnen Objekttypen mit ihren Datenstrukturen erläutert.

Wenn dabei vom **ersten** Element eines Vektors die Rede ist, so ist der Index 0 gemeint.

Der Objekttyp *Polygon*

Typkonstante

POLYGON

Referenzpunkt

Stellt den ersten Punkt des Polygons dar.

Spec_rec:

***point_vec**: Enthält alle Punkte des Polygones **relativ** zum Referenzpunkt ohne diesen selbst.

***int_vec**: Enthält in der ersten Komponente die Angabe über die Richtung des Polygonzuges:

NO_DIR	/* richtungslose Verbindung, d.h. kein Pfeil	*/
SE_DIR	/* Verbindung Startpunkt -> Endpunkt	*/
ES_DIR	/* Verbindung Endpunkt -> Startpunkt	*/
TWO_DIR	/* Verbindung in zwei Richtungen	*/

Default: *NO_DIR*

Weitere Komponenten des Vektors werden nicht ausgewertet.

***stri_vec**: Wird nicht ausgewertet.

Gatt_rec:

***latt**: Die Linienattribute werden gemäß der Spezifikation des *Gatt_rec* auf alle Teilstrecken des Polygons angewendet.

***fatt**: Wird nicht ausgewertet.

***eatt**: Wird nicht ausgewertet.

***tatt**: Wird nicht ausgewertet.

***vatt**: Die Videoattribute werden gemäß der Spezifikation des *Gatt_rec* auf alle Teilstrecken des Polygons angewendet.

Der Objekttyp *Kreisbogen (Circle Arc)*

Typkonstante

CIRCLE_ARC

Referenzpunkt

Stellt den Anfangspunkt des Bogens auf der gedachten Kreisbegrenzung dar.

Spec_rec:

point_vec: Enthält in der ersten Komponente den Endpunkt des Bogens auf der gedachten Kreisbegrenzung **relativ** zum Referenzpunkt. Weitere Komponenten des Vektors werden nicht ausgewertet.

int_vec: Enthält in der ersten Komponente die Bogenhöhe als absoluten Wert in Weltkoordinaten, in der zweiten die Angabe über die Richtung des Bogens:

NO_DIR	/* richtungslose Verbindung, d.h. kein Pfeil	*/
SE_DIR	/* Verbindung Startpunkt -> Endpunkt	*/
ES_DIR	/* Verbindung Endpunkt -> Startpunkt	*/
TWO_DIR	/* Verbindung in zwei Richtungen	*/

Default: *NO_DIR*

Weitere Komponenten des Vektors werden nicht ausgewertet.

stri_vec: Wird nicht ausgewertet.

Gatt_rec:

latt: Die Linienattribute werden gemäß der Spezifikation des *Gatt_rec* auf den Zug des Kreisbogens angewendet.

fatt: Wird nicht ausgewertet.

eatt: Wird nicht ausgewertet.

tatt: Wird nicht ausgewertet.

vatt: Die Videoattribute werden gemäß der Spezifikation des *Gatt_rec* auf den Zug des Kreisbogens angewendet.

Der Objekttyp *Rechteck (Rectangle)*

Typkonstante

RECTANGLE

Referenzpunkt

Stellt den linken oberen Punkt des Rechtecks dar.

Spec_rec:

***point_vec*:** Enthält in der ersten Komponente die Breite und Höhe als Relativpunkt zur Referenzposition. Weitere Komponenten des Vektors werden nicht ausgewertet.

***int_vec*:** Wird nicht ausgewertet.

***stri_vec*:** Wird nicht ausgewertet.

Gatt_rec:

***latt*:** Wird nicht ausgewertet.

***fatt*:** Die Flächenattribute werden gemäß der Spezifikation des *Gatt_rec* auf den Inhalt des Rechtecks angewendet.

***eatt*:** Die Kantenattribute werden gemäß der Spezifikation des *Gatt_rec* auf die Begrenzungen des Rechtecks angewendet.

***tatt*:** Wird nicht ausgewertet.

***vatt*:** Die Videoattribute werden gemäß der Spezifikation des *Gatt_rec* auf das Rechteck angewendet.

Der Objekttyp *Dreieck (Triangle)*

Typkonstante

TRIANGLE

Referenzpunkt

Ein beliebiger Eckpunkt des Dreiecks.

Spec_rec:

**point_vec*: Enthält in den ersten beiden Komponenten die beiden anderen Punkte des Dreiecks als Relativpunkte zur Referenzposition. Weitere Komponenten des Vektors werden nicht ausgewertet.

**int_vec*: Wird nicht ausgewertet.

**stri_vec*: Wird nicht ausgewertet.

Gatt_rec:

**latt*: Wird nicht ausgewertet.

**fatt*: Die Flächenattribute werden gemäß der Spezifikation des *Gatt_rec* auf den Inhalt des Dreiecks angewendet.

**eatt*: Die Kantenattribute werden gemäß der Spezifikation des *Gatt_rec* auf die Begrenzungen des Dreiecks angewendet.

**tatt*: Wird nicht ausgewertet.

**vatt*: Die Videoattribute werden gemäß der Spezifikation des *Gatt_rec* auf das Dreieck angewendet.

Der Objekttyp *Kreis (Circle)*

Typkonstante

CIRCLE

Referenzpunkt

Stellt den Mittelpunkt des Kreises dar.

Spec_rec:

***point_vec*:** Wird nicht ausgewertet.

***int_vec*:** Er enthält in seiner ersten Komponente den Radius in Weltkoordinaten. Weitere Komponenten des Vektors werden nicht ausgewertet.

***stri_vec*:** Wird nicht ausgewertet.

Gatt_rec:

***latt*:** Wird nicht ausgewertet.

***fatt*:** Die Flächenattribute werden gemäß der Spezifikation des *Gatt_rec* auf den Inhalt des Kreises angewendet.

***eatt*:** Die Kantenattribute werden gemäß der Spezifikation des *Gatt_rec* auf die Begrenzung des Kreises angewendet.

***tatt*:** Wird nicht ausgewertet.

***vatt*:** Die Videoattribute werden gemäß der Spezifikation des *Gatt_rec* auf den Kreis angewendet.

Der Objekttyp *Raute (Diamond)*

Typkonstante

DIAMOND

Referenzpunkt

Stellt den obersten Eckpunkt der Raute dar.

Spec_rec:

**point_vec*: Enthält in der ersten Komponente die Breite und Höhe als Relativpunkt zur Referenzposition. Weitere Komponenten des Vektors werden nicht ausgewertet.

**int_vec*: Wird nicht ausgewertet.

**stri_vec*: Wird nicht ausgewertet.

Gatt_rec:

**latt*: Wird nicht ausgewertet.

**fatt*: Die Flächenattribute werden gemäß der Spezifikation des *Gatt_rec* auf den Inhalt der Raute angewendet.

**eatt*: Die Kantenattribute werden gemäß der Spezifikation des *Gatt_rec* auf die Begrenzungen der Raute angewendet.

**tatt*: Wird nicht ausgewertet.

**vatt*: Die Videoattribute werden gemäß der Spezifikation des *Gatt_rec* auf die Raute angewendet.

Der Objekttyp *Füllgebiet (Fill Area)*

Typkonstante

AREA

Referenzpunkt

Stellt den ersten Punkt des Polygons dar.

Spec_rec:

point_vec: Enthält alle Punkte des Polygones **relativ** zum Referenzpunkt ohne diesen selbst.

int_vec: Wird nicht ausgewertet.

stri_vec: Wird nicht ausgewertet.

Gatt_rec:

latt: Wird nicht ausgewertet.

fatt: Die Flächenattribute werden gemäß der Spezifikation des *Gatt_rec* auf den Inhalt des Füllgebietes angewendet.

eatt: Die Kantenattribute werden gemäß der Spezifikation des *Gatt_rec* auf die Begrenzungen des Füllgebietes angewendet.

tatt: Wird nicht ausgewertet.

vatt: Die Videoattribute werden gemäß der Spezifikation des *Gatt_rec* auf das Füllgebiet angewendet.

Der Objekttyp *Graphik-Text (Graphics Text)*

Typkonstante

TEXT

Referenzpunkt

Die Referenzposition ist identisch mit dem **linken unteren Punkt** der Charcterbox des **ersten** Zeichens der Folge.

Spec_rec:

**point_vec*: Wird nicht ausgewertet.

**int_·vec*: Wird nicht ausgewertet.

**stri_vec*: Er enthält in seiner ersten Komponente den Inhalt der Zeichenfolge. Weitere Komponenten des Vektors werden nicht ausgewertet.

Gatt_rec:

latt: Wird nicht ausgewertet.

fatt: Wird nicht ausgewertet.

eatt: Wird nicht ausgewertet.

tatt: Die graphischen Textattribute werden gemäß der Spezifikation des *Gatt_rec* auf die Zeichenfolge des Textobjektes angewendet.

vatt: Die Videoattribute werden gemäß der Spezifikation des *Gatt_rec* auf das Textobjekt angewendet.

Der Objekttyp *Raster*

Typkonstante

RASTER

Referenzpunkt

Stellt den **linken oberen** Punkt des rechteckigen Bereiches dar.

Spec_rec:

***point_vec**: Wird nicht ausgewertet.

***int_vec**: Enthält in der ersten Komponente die Angabe über das spezielle Symbol des Rasterobjektes:

DISK_SYM	/* Plattensymbol	*/
TAPE_SYM	/* Bandsymbol	*/
LIST_SYM	/* Bandsymbol	*/
DISPLAY_SYM	/* Bildschirmsymbol	*/
FILE_SYM	/* Dateisymbol	*/

Default: *DISK_SYM*

Weitere Komponenten des Vektors werden nicht ausgewertet.

***stri_vec**: Wird nicht ausgewertet.

Gatt_rec:

***latt**: Wird nicht ausgewertet.

***fatt**: Wird nicht ausgewertet.

***eatt**: Wird nicht ausgewertet.

***tatt**: Wird nicht ausgewertet.

***vatt**: Die Videoattribute werden gemäß der Spezifikation des *Gatt_rec* auf die Rasterobjekte angewendet.

7.1.2.2.3. Die Datenstrukturen der komplexen Objekte

Komplexe Objekte werden über dieselben Datenstrukturen gesteuert wie die Basisobjekte. Sie verwenden darüberhinaus nur noch den Typ *Ob_set*. Die Strukturen werden folgendermaßen interpretiert:

Typkonstante

COMPLEX

Referenzpunkt

Beliebiger Punkt im Koordinatensystem, unabhängig von der Objektgeometrie.

Spec_rec:

Der *Spec_rec* eines komplexen Objektes wird derzeit nicht ausgewertet. Um eine Aufwärtskompatibilität für zukünftige Ausbaustufen von THESEUS zu ermöglichen, wird trotzdem ein *Spec_rec* für komplexe Objekte mitgeführt. Dieser ist derzeit ein Dummy (Null-Pointer).

Gatt_rec:

Ein graphisches Attribut eines komplexen Objektes wird auf alle Sohnobjekte angewendet, die zum ersten dieses Attribut auf Grund ihres Typs **auswerten** und die zum zweiten dieses Attribut **erben**. Hierbei wird eine Vererbung durch den Attributwert *GA_INHERIT* vom Sohnobjekt angezeigt. Andere Werte bedeuten, daß für die Darstellung des Sohnobjektes dessen eigener Attributwert verwendet wird.

Dieser Mechanismus ist rekursiv, d.h. Attribute können auch über mehrere Stufen von Söhnen eines komplexen Objektes vererbt werden. Bei der Darstellung eines Sohnobjektes mit einer *GA_INHERIT* für ein Attribut wird also zuerst beim Vaterobjekt dieses Objektes ein Wert gesucht, falls dieser ebenfalls *GA_INHERIT* beträgt, wird dessen Vater untersucht, usw.

Ob_set

Enthält die Namen der Sohnobjekte eines komplexen Objektes.

7.1.3. Koordinatensysteme und Transformationen

Es ist wünschenswert für den Anwender, bei der Objektausgabe sein eigenes Koordinatensystem zu verwenden. Außerdem ist eine Unabhängigkeit von der aktuellen Größe und Position der zur Verfügung stehenden Ausgabefläche anzustreben. Siehe dazu auch die entsprechenden Konzepte im graphischen Kernsystem GKS (/ISO-85a/, /EKP-84/) und im Computer Graphics Interface CGI (/ISO-85b/).

Daher ist eine einstufige Transformation von Weltkoordinaten auf die Rasterkoordinaten innerhalb eines Windows vorgesehen. Dabei ist einem Window zu jedem Zeitpunkt **genau eine** aktuelle Transformation zugeordnet. Die initiale Transformation wird bei *Open Window* durch das Anwendungsprogramm gesetzt, indem ein *sichtbarer Bereich* (*Visible Area*) in *Weltkoordinaten* auf den *Arbeitsbereich* (*Work Area*) des Windows auf dem Bildschirm abgebildet wird. Der Ursprung des Weltkoordinatensystems liegt wie in GKS, links unten, während der Arbeitsbereich im Window den Ursprung links oben hat und in *Rasterkoordinaten* definiert wird. Beide Bereiche sind von rechteckiger Form. Dabei wird automatisch skaliert, falls Ausschnittsbereich und Darstellungsbereich unterschiedliche Seitenverhältnisse besitzen. (Siehe dazu auch Kapitel 6).

Der sichtbare Bereich definiert einen fensterartigen Ausschnitt auf die Objektwelt, wobei nicht jedes Objekt innerhalb dieses Bereiches liegen muß, was dazu führt, daß es ganz ausgeblendet oder teilweise abgeschnitten wird (*Clipping*). Dies geschieht automatisch durch THESEUS. Der sichtbare Bereich legt also ein Clipping-Rechteck fest, das zur Ausschnittbildung bei großen Diagrammen verwendet werden kann.

Nachdem das Anwendungsprogramm beim *Open Window* die Anfangstransformation festgelegt hat, befindet sie sich völlig in der Kontrolle des Benutzers am Bildschirm.

Im folgenden sind zu den einzelnen Benutzerfunktionen deren Auswirkungen auf die Transformation beschrieben:

- Das *Verschieben des Windows* bewirkt auch ein Verschieben des Arbeitsbereiches, hat jedoch keinerlei Auswirkungen auf den sichtbaren Bereich und damit auf den Inhalt des Windows.
- Ein *Verändern der Größe* des Windows bewirkt eine ebensolche Größenveränderung von Arbeits- **und** sichtbarem Bereich. Die Transformation bleibt maßstabsgetreu erhalten. Dynamische Größenänderungen des Windows bewirken also Clipping (beim Verkleinern) oder die Darstellung eines größeren Weltkoordinatenbereiches (beim Vergrößern).
- Durch das *Arbeiten mit den Scrollbars* hat der Benutzer die Möglichkeit, den sichtbaren Bereich zu verschieben. Er verschiebt dann quasi das Sichtfenster über seiner Objektwelt (*Panning*).

Da diese Funktionen vollständig unter der Kontrolle des Benutzers stehen, werden sie von THESEUS selbständig ausgeführt ohne daß die Anwendung wissen muß, was zur Zeit für den Benutzer im Window sichtbar ist und was nicht.

Die Anwendung hat auf die Transformation jedoch auch nach der Initialisierung noch eine beschränkte Kontrolle. Sie kann einen rechteckigen Bereich in Weltkoordinaten definieren, innerhalb derer *Panning* für den Benutzer erlaubt ist. Dieser Bereich kann jederzeit umgesetzt werden. Die Veränderung dieser sogenannten *Pan Area* geschieht mit Zugriffsfunktionen der Window-Verwaltung (siehe Kapitel 6). Dieses Gebiet begrenzt allerdings nicht den Ausgabebereich, d.h. die Ausgabe von Objekten durch die Anwendung kann auch außerhalb der *Pan Area* erfolgen.

In der Abb. 7.9 wird ein kleines Diagramm vom Weltkoordinatensystem in ein Window auf dem Bildschirm transformiert. Dabei findet eine Verzerrung statt, die durch die Anwendung bei der Definition der Ausgangstransformation festgelegt wurde. Die schwarzen Bereiche der Scrollbars rechts und unten im Window geben das Verhältnis von Visible Area zu Pan Area wieder.

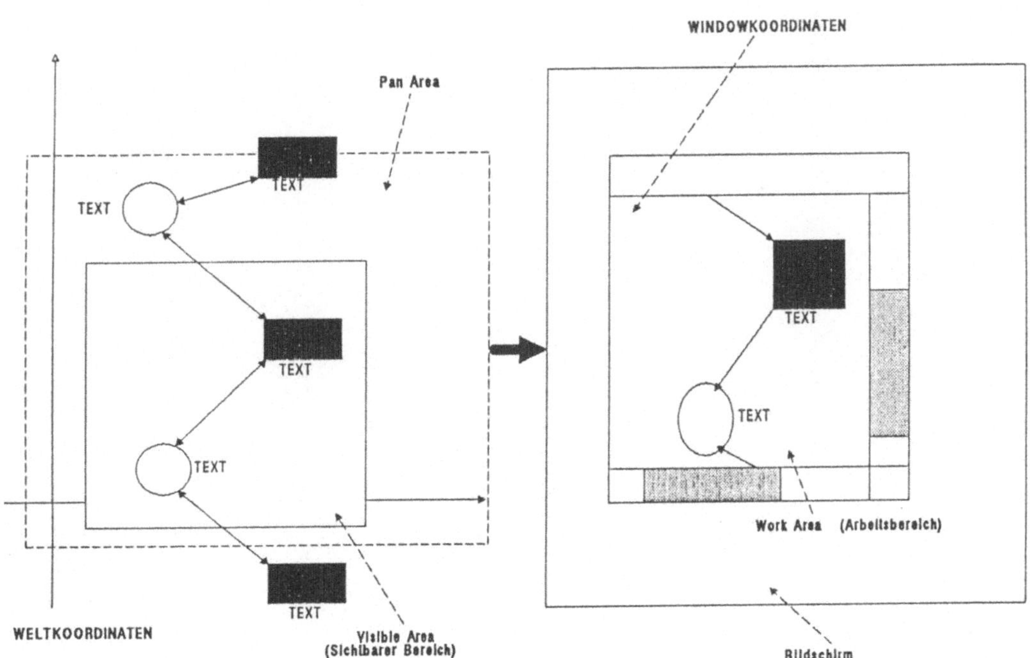

Abb. 7.9: Transformation eines Diagrammes

Die Anwendung kann Ausgabe auf dem gesamten Weltkoordinatenbereich vornehmen und muß keine Rücksicht darauf nehmen, was gerade sichtbar ist und was nicht. Diesen Bereich auszuwählen ist die Aufgabe (und Freiheit) des Benutzers.

Die Umsetzungen der aktuellen Transformation bewirken keine Änderungen in den Einträgen graphischen Objekte, sondern hat ausschließlich Auswirkungen auf deren **Darstellung** auf dem Ausgabegerät.

Rasterobjekte besitzen eine feste Größe in Pixeln, die durch die Anwendung nicht beliebig wählbar ist. Bei ihnen variiert daher mit der Änderung der Transformation die Größe in **Weltkoordinaten** und nicht wie bei anderen Objekttypen die Größe in Pixeln. Ihre Größe in Weltkoordinaten bezüglich eines bestimmten Windows kann jedoch mit Hilfe der Funktion *Inquire Raster Size* erfragt werden.

Aus Performancegründen wird bei der Transformation, wie übrigens im gesamten THESEUS-System, ausschließlich Ganzzahl-Arithmetik verwendet.

Die Datenstrukturen und Funktionen zur Initialisierung der Transformation werden in Kapitel 6. *Window-Verwaltung* genauer beschrieben.

7.1.4. Ausgabe und Update

Die Funktionen der Ausgabe beziehen sich auf den Zustand der graphischen Datenstruktur GDS. Philosophie von THESEUS ist es, daß der Zustand des Bildschirmes diesen Zustand **repräsentiert**, d.h. ihm zu jedem Zeitpunkt eindeutig entsprechen soll. Dies ist allerdings nicht immer sinnvoll, daher kennt THESEUS bezüglich des Update eines Windows zwei Modi: entweder wird jede Ausgabe der Anwendung **sofort** auf das Ausgabegerät geschickt (*Update At Once*, entspricht dem GKS-Modus *Update as soon as possible*) oder die Ausgabe wird gepuffert (*Output Buffered*).

Im ersten Modus herrscht zu jedem Zeitpunkt Identität zwischen sichtbarem Zustand im Window und graphischer Datenstruktur. Dies ist gleichzeitig der Standardmodus und spiegelt die oben erwähnte Philosophie in THESEUS wieder.

Im zweiten Modus können Objekte in der GDS existieren, die nicht am Ausgabegerät sichtbar sind und umgekehrt. Er dient dazu, für den Benutzer irrelevante Zwischenzustände beim Aufbau der GDS nicht am Bildschirm anzuzeigen, wie etwa Ausgaben unvollständiger komplexer Objekte.

Dieser Pufferungsmechanismus wird weitgehend durch das Anwendungsprogramm gesteuert. Das Einschalten des Pufferns geschieht durch die Funktion *Begin Buffering Graphics Output*. Die Funktion bewirkt, daß Ausgabeoperationen keinen sofortigen Effekt auf den Windowinhalt haben und nur in der GDS aufgezeichnet werden. Allerdings kann THESEUS bei lokalen Updates, die der Benutzer durch Windowmanipulationen veranlaßt, die GDS selbständig ausgeben. Dies bleibt außerhalb der Kontrolle der Anwendung und hat auch keine Wirkung auf den externen Ausgabe-Modus.

Mit *End Buffering Graphics Window* wird die Pufferung ausgeschaltet und der letzte Zustand der geänderten GDS ohne Ausgabe der Zwischenzustände angezeigt.

7.1.5. Spezifikation der graphischen Ausgabe-Datenstrukturen

Die Deklarationen der folgenden Datenstrukturen stehen in der Include-Datei *ui.h*.

```
/* Objektnamen */

typedef int Ob_id;  /* Objektnamen */


/* Objektmenge */

typedef struct
{
  int       nb_objects;    /* Anzahl Objekte            */
  Ob_id     *object_vec;   /* Vektor aus Objektnamen    */
}
Ob_set;


/* Objekttyp-Konstanten */

#define POLYGON      1     /* Polygon          */
#define CIRCLE_ARC   2     /* Kreisbogen       */
#define RECTANGLE    3     /* Rechteck         */
#define TRIANGLE     4     /* Dreieck          */
#define CIRCLE       5     /* Kreis            */
#define DIAMOND      6     /* Raute            */
#define AREA         7     /* Füllgebiet       */
#define TEXT         8     /* Graphik-Text     */
#define RASTER       9     /* Raster           */
#define COMPLEX      101   /* Komplexes Objekt */
```

```
/* Struktur der graphischen Attribute */

typedef struct
{
  int  *latt;   /* Linienattribute    */
  int  *fatt;   /* Füllattribute      */
  int  *eatt;   /* Kantenattribute    */
  int  *tatt;   /* Textattribute      */
  int  *vatt;   /* Videoattribute     */
}
Gatt_rec;


/* Linientypen (Line Types) */

#define LT_SOLID      1  /* Durchgezogen (Default)  */
#define LT_DASHED     2  /* Gestrichelt             */
#define LT_DOTTED     3  /* Gepunktet               */
#define LT_DASH_DOT   4  /* Strich-punktiert        */


/* Füllgebietsausfüllungen (Fill Interior Styles) */

#define FS_HOLLOW    1  /* Leer mit Rand (Default)              */
#define FS_FILLED    2  /* Ausgefüllt                           */
#define FS_PATTERN   3  /* Gemustert                            */
#define FS_HATCH     4  /* Schraffiert                          */
#define FS_EMPTY     5  /* Leer ohne Rand                       */
#define FS_BITMAP    6  /* Benutzerdefinertes Bitmap-Muster     */
```

```
/* Kantensichtbarkeit (Edge Visibility) */

#define EV_OFF    0   /* Kante ist nicht sichtbar          */
#define EV_ON     1   /* Kante ist sichtbar (Default)      */


/* Kantentyp (Edge Type) */

#define ET_SOLID       1   /* Durchgezogen (Default)    */
#define ET_DASHED      2   /* Gestrichelt               */
#define ET_DOTTED      3   /* Gepunktet                 */
#define ET_DASH_DOT    4   /* Strich-punktiert          */


/* Graphik-Textausrichtung Horizontal (Graphics Text Horizontal Alignment) */

#define GH_LEFT     1   /* Links ausgerichtet (Default)    */
#define GH_CENTER   2   /* Zentriert                       */
#define GH_RIGHT    3   /* Rechts ausgerichtet             */


/* Graphik-Textausrichtung Vertikal (Graphics Text Vertical Alignment) */

#define GV_BOTTOM   1   /* Unten ausgerichtet               */
#define GV_BASE     2   /* Normal ausgerichtet (Default)    */
#define GV_HALF     3   /* Mittig ausgerichtet              */
#define GV_CAP      4   /* Versal ausgerichtet              */
#define GV_TOP      5   /* Oben ausgerichtet                */
```

```
/* Graphik-Text-Schriftart (Graphics Text Type Face) */

#define GF_SYSTEM          1   /* Default   */
#define GF_SWISS           2
#define GF_SWISS_ITAL      3
#define GF_SWISS_BOLD      4
#define GF_MODERN          5
#define GF_MODERN_ITAL     6
#define GF_MODERN_BOLD     7


/* Graphik-Text-Zeichensatz (Graphics Text Character Set) */

#define GS_NATIONAL   1   /* Default   */
#define GS_ISO        2
#define GS_ASCII      3
#define GS_GERMAN     4


/* Objektsichtbarkeit (Object Visibility) */

#define OV_OFF   0   /* Objekt nicht sichtbar        */
#define OV_ON    1   /* Objekt sichtbar (Default)    */


/* Objektinversdarstellung (Object Inverse) */

#define OI_OFF   0   /* Objekt nicht invers dargestellt (Default)   */
#define OI_ON    1   /* Objekt invers dargestellt                   */
```

```
/* Objekthervorhebung (Object Highlighting) */

#define OH_OFF   0   /* Objekt nicht hervorgehoben (Default)   */
#define OH_ON    1   /* Objekt hervorgehoben                   */


/* Sonderkonstanten für graphische Attribute */

#define GA_INHERIT     -1   /* Vererbungskonstante          */
#define GA_OLDVALUE    -2   /* Alter Wert bleibt erhalten   */


/* Struktur der Exemplardaten */

typedef struct
{
    int      nb_points;    /* Anzahl Punkte             */
    Wd_pos   *point_vec;   /* Vektor aus Punkten        */
    int      nb_ints;      /* Anzahl Ganzzahl-Parameter */
    int      *int_vec;     /* Vektor aus Ganzzahlen     */
    int      nb_strings;   /* Anzahl Zeichenfolgen      */
    char     *stri_vec;    /* Vektor aus Zeichenfolgen  */
}
Spec_rec;


/* Rastersymbole */

#define DISK_SYM       1   /* Plattensymbol (Default)   */
#define TAPE_SYM       2   /* Bandsymbol                */
#define LIST_SYM       3   /* Bandsymbol                */
#define DISPLAY_SYM    4   /* Bildschirmsymbol          */
#define FILE_SYM       5   /* Dateisymbol               */
```

```
/* Richtungskonstanten */

#define NO_DIR     1   /* richtungslose Verbindung, d.h. kein Pfeil (Default)  */
#define SE_DIR     2   /* Verbindung Startpunkt -> Endpunkt                    */
#define ES_DIR     3   /* Verbindung Endpunkt -> Startpunkt                    */
#define TWO_DIR    4   /* Verbindung in zwei Richtungen                        */
```

7.1.6. Spezifikation der graphischen Ausgabefunktionen

NAME

ui_crbo - Create Base_Object

SYNOPSIS

#include <ui.h>

Ob_id *ui_crbo (window , reference_pos , object_type , special_data)*

Win_id *window*;

Wd_pos **reference_pos*;

int *object_type*;

Spec_rec **special_data*;

EFFECT

Ein neues Basisobjekt und damit ein neuer Eintrag in der graphischen Datenstruktur (GDS) von THESEUS wird erzeugt.

Der Eingabeparameter *window* bezeichnet das Window, welchem das neue Objekt zugeordnet ist.
Der Eingabeparameter *reference_pos* zeigt auf eine Struktur mit der initialen Referenzposition des Objektes in Weltkoordinaten.
Der Eingabeparameter *object_type* enthält den Typ des Basisobjektes, der die typgebundenen Eigenschaften festlegt.
Der Eingabeparameter *special_data* verweist auf die Datenstruktur mit den exemplargebundenen Eigenschaften. Die Inhalte werden in den neuen GDS-Eintrag kopiert.
Die Funktion liefert bei normaler Beendigung den Namen des neuen Objektes als Return-Wert zurück.

Die graphischen Attribute des neuen Objektes werden durch die Werte der **aktuellen graphischen Attribute** festgelegt. Diese werden in den neuen GDS-Eintrag kopiert.

Es werden nur diejenigen Komponenten ausgewertet, die für den jeweiligen Objekttyp von Bedeutung sind.

Falls die Pufferung ausgeschaltet ist, wird das Objekt an der eingegebenen Referenzposition im Window mit dem angegebenen Window-Namen ausgegeben.

RETURN VALUES

> 0 : *object*

< 0 : Fehler

Die externe Variable *ui_errno* enthält die Fehler-Kodierung:

UI_EINTERN

Interner THESEUS-Fehler

UI_ENOMEM

Kein Speicherplatz verfügbar

UI_EWIN

window existiert nicht

UI_EWINTYP

window ist kein Graphik-Window

UI_ENBOB

Anzahl der Objekte in *window* ist zu groß

UI_EPOSNIL

Zeiger auf *reference_pos* ist Null

UI_EOBTYP

object_type existiert nicht

UI_ESPCNIL

Zeiger auf *special_data* ist Null

UI_ESPCPTS

Fehler in *special_data*:

Vektor aus Punkten inkorrekt

UI_ESPCINTS

Fehler in ***special_data***:

Vektor aus Ganzzahlen inkorrekt

UI_SPCSTRI

Fehler in ***special_data***:

Vektor aus Zeichenfolgen inkorrekt

NAME

ui_igtx - *Inquire Graphics Text Extent*

SYNOPSIS

```
#include <ui.h>

Win_id    ui_igtx ( window , position , string , concatenation_point ,
                    extent_box )

Win_id    window;

Wd_pos    *position;

char      *string;

Wd_pos    *concatenation_point;

Wd_pos    extent_box[4];
```

EFFECT

Die Ausdehnung einer Zeichenfolge, sowie der Verbindungspunkt für eine mögliche Konkatenation mit einer weiteren Zeichenfolge wird in Weltkoordinaten zurückgeliefert. Die Berechnung bezieht sich auf das Koordinatensystem eines bestimmten Windows und auf die Buchstabenhöhe der aktuellen graphischen Attribute. Der Zustand der graphischen Datenstruktur (GDS) von THESEUS wird durch die Funktion nicht beeinflußt.

Der Eingabeparameter *window* bezeichnet das Window, dessen zugeordnetes Koordinatensystem für die Berechnung zugrundegelegt werden soll.
Der Eingabeparameter *position* zeigt auf eine hypothetische Ausgabeposition der Zeichenfolge, für die die Berechnung durchgeführt werden soll.
Der Eingabeparameter *string* enthält den Zeiger auf die Folge selbst.
Der Ausgabeparameter *concatenation_point* zeigt nach dem Aufruf der Funktion auf einen hypothetischen Konkatenationspunkt von *string* mit

einer weiteren Zeichenfolge. Dieser ist abhängig von den aktuellen graphischen Attributwerten für die Ausrichtung von Textobjekten.

Der Ausgabeparameter ***extent_box*** ist ein Vektor mit den vier Punkte des (möglicherweise schräg liegenden) Ausgaberechtecks, welches den ***string*** bei einer Ausgabe beinhalten würde.

Die Funktion liefert bei normaler Beendigung den Namen des Windows als Return-Wert zurück.

Die entsprechenden Puffer für die beiden Ausgabeparameter vom Typ ***Wd_pos*** *muß* die Anwendung zur Verfügung stellen.

Die Funktion hat keine Wirkung am Ausgabegerät, daher wird bei der Beschreibung immer nur von einer **hypothetischen Ausgabe** gesprochen.

Die Abb. 7.10 veranschaulicht das Ausdehnungsrechteck eines graphischen Textobjektes.

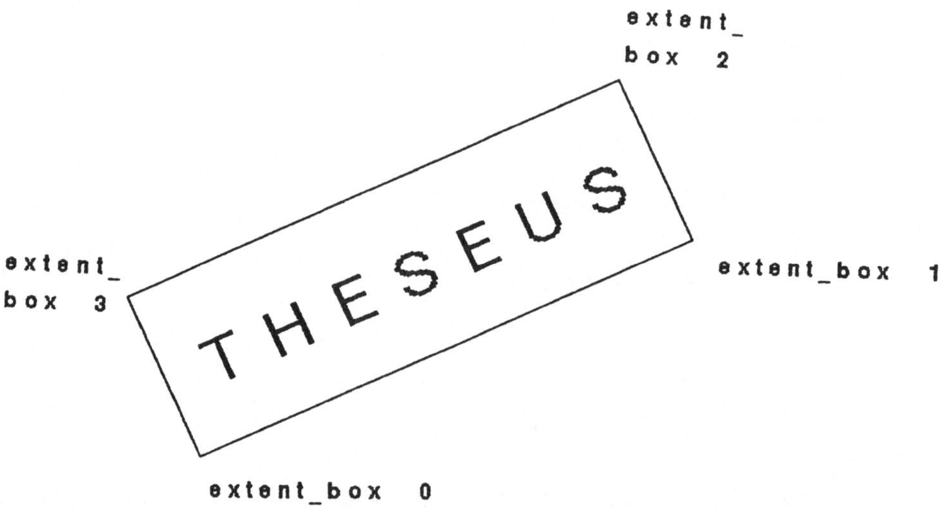

Abb. 7.10: Das Ausdehnungsrechteck eines graphischen Textobjektes

RETURN VALUES

> 0 : *window*

< 0 : Fehler

Die externe Variable *ui_errno* enthält die Fehler-Kodierung:

UI_EINTERN

Interner THESEUS-Fehler

UI_EWIN

window existiert nicht

UI_EWINTYP

window ist kein Graphik-Window

UI_EPOSNIL

Zeiger auf *position* oder *concatenation_point* oder *extent_box* ist Null

UI_ESTRINIL

Zeiger auf *string* ist Null

NAME

ui_irsz - Inquire Raster Size

SYNOPSIS

#include <ui.h>

int *ui_irsz (window , raster_symbol , wd_size)*

Win_id *window*;

int *raster_symbol*;

Wd_rect **wd_size*;

EFFECT

Die Größe in Weltkoordinaten für ein Rastersymbol, bezogen auf ein bestimmtes Window, wird zurückgeliefert. Der Zustand der graphischen Datenstruktur (GDS) von THESEUS wird durch die Funktion nicht beeinflußt.

Der Eingabeparameter ***window*** bezeichnet das Window, dessen zugeordnetes Koordinatensystem für die Berechnung zugrundegelegt werden soll.
Für den Eingabeparameter ***raster_symbol*** soll die Berechnung durchgeführt werden.
Der Ausgabeparameter ***wd_size*** zeigt auf eine Struktur, die nach dem Aufruf der Funktion die erfragte Information enthält. Den entsprechenden Puffer vom Typ ***Wd_rect*** muß die Anwendung zur Verfügung stellen.
Die Funktion liefert bei normaler Beendigung das Rastersymbol als Return-Wert zurück.

Die Funktion hat keine Wirkung am Ausgabegerät.

RETURN VALUES

> 0 : ***raster_symbol***

< 0 : Fehler

Die externe Variable ***ui_errno*** enthält die Fehler-Kodierung:

UI_EINTERN

Interner THESEUS-Fehler

UI_EWIN

window existiert nicht

UI_EWINTYP

window ist kein Graphik-Window

UI_ERSTSYM

raster_symbol existiert nicht

UI_ERECTNIL

Zeiger auf *wd_size* ist Null

NAME

ui_crco - Create Complex_Object

SYNOPSIS

#include <ui.h>

```
Ob_id       ui_crco ( window , reference_pos , special_data ,
                      sub_objects )

Win_id      window;

Wd_pos      *reference_pos;

Spec_rec    *special_data;

Ob_set      *sub_objects;
```

EFFECT

Eine Menge von Objekten wird zusammengefaßt und kann nach Beendigung der Funktion unter einem neuen Objektnamen als Ganzes angesprochen werden. Ein neues komplexes Objekt und damit ein neuer Eintrag in der graphischen Datenstruktur (GDS) von THESEUS wird erzeugt.

Der Eingabeparameter *window* bezeichnet das Window, welchem das neue Objekt zugeordnet ist.
Der Eingabeparameter *reference_pos* zeigt auf eine Struktur mit der initialen Referenzposition des Objektes in Weltkoordinaten.
Der Eingabeparameter *special_data* verweist auf die Datenstruktur mit den exemplargebundenen Eigenschaften. Die Inhalte werden in den neuen GDS-Eintrag kopiert.
Der Eingabebeparameter *sub_objects* ist ein Zeiger auf die Menge der Namen der Sohnobjekte, d.h. derjenigen Objekte, die durch das komplexe Objekt zusammengefaßt werden sollen. Diese Menge kann leer sein.
Die Funktion liefert bei normaler Beendigung den Namen des neuen

Objektes als Return-Wert zurück.

Die graphischen Attribute des neuen Objektes werden durch die Werte der **aktuellen graphischen Attribute** festgelegt. Diese werden in den neuen GDS-Eintrag kopiert und können später von den Sohnobjekten geerbt werden.

Die Funktion hat keine Wirkung am Ausgabegerät.

Bemerkung:
Der Inhalt des *special_data* wird derzeit noch nicht ausgewertet. Der entsprechende Zeiger auf den Parameter kann daher Null sein.

RETURN VALUES

> 0 : *object*

< 0 : Fehler
Die externe Variable *ui_errno* enthält die Fehler-Kodierung:

UI_EINTERN
Interner THESEUS-Fehler

UI_ENOMEM
Kein Speicherplatz verfügbar

UI_EOBANZ
Anzahl der Objekte in *window* ist zu groß

UI_EWIN
window existiert nicht

UI_EWINTYP
window ist kein Graphik-Window

UI_EPOSNIL
Zeiger auf *reference_pos* ist Null

UI_ESONIL
Zeiger auf *sub_objects* ist Null

UI_EOBSET
sub_objects inkorrekt

NAME

ui_aoco - Add Object to Complex Object

SYNOPSIS

#include <ui.h>

Ob_id *ui_aoco (window , complex_object , add_object)*

Win_id *window*;

Ob_id *complex_object*;

Ob_id *add_object*;

EFFECT

Ein Objekt wird in der graphischen Datenstruktur (GDS) von THESEUS zur Menge der Sohnobjekte eines komplexen Objektes hinzugefügt.

Der Eingabeparameter *window* bezeichnet das Window, welchem die beiden Objekte zugeordnet sind.
Der Eingabeparameter *complex_object* ist der Name des komplexen Objekts, das erweitert werden soll.
Der Eingabeparameter *add_object* gibt das Objekt an, welches zur Menge der Sohnobjekte von *complex_object* hinzugefügt werden soll.
Die Funktion liefert bei normaler Beendigung den Namen des komplexen Objektes als Return-Wert zurück.

Die Funktion bewirkt keine Änderung am Ausgabegerät.

RETURN VALUES

> 0 : *complex_object*

< 0 : Fehler

Die externe Variable *ui_errno* enthält die Fehler-Kodierung:

UI_EINTERN
: Interner THESEUS-Fehler

UI_EWIN
: *window* existiert nicht

UI_EWINTYP
: *window* ist kein Graphik-Window

UI_EOBID
: *complex_object* oder *add_object* existiert nicht in *window*

UI_EOBNOC
: *complex_object* ist kein komplexes Objekt

UI_EOBALR
: *add_object* ist schon in der Menge der Sohnobjekte von *complex_object* enthalten

UI_EADDIL
: *add_object* darf nicht zur Menge der Sohnobjekte von *complex_object* hinzugefügt werden

NAME

ui_roco - *Remove Object from Complex Object*

SYNOPSIS

#include <ui.h>

Ob_id *ui_roco (window , object)*

Win_id *window*;

Ob_id *object*;

EFFECT

Ein Objekt wird in der graphischen Datenstruktur (GDS) von THESEUS aus der Menge der Sohnobjekte eines komplexen Objektes ausgefügt.

Der Eingabeparameter *window* bezeichnet das Window, welchem die beiden Objekte zugeordnet sind.
Der Eingabeparameter *object* gibt das Objekt an, welches aus der Menge der Sohnobjekte seines Vater-Objekts ausgefügt werden soll.
Die Funktion liefert bei normaler Beendigung den Namen des Objektes als Return-Wert zurück.

Das ausgefügte Objekt ist nach dem Aufruf der Funktion **nicht gelöscht**, sondern ist nur kein Sohnobjekt des komplexen Objektes mehr.

Die Funktion bewirkt keine Änderung am Ausgabegerät.

Bemerkung:
Da die Beziehung zwischen einem Sohnobjekt zu seinem Vater eindeutig ist, muß der Name des Vaters der Funktion nicht als Parameter mitgegeben werden.

RETURN VALUES

> 0 : *object*

< 0 : Fehler

Die externe Variable *ui_errno* enthält die Fehler-Kodierung:

UI_EINTERN

Interner THESEUS-Fehler

UI_EWIN

window existiert nicht

UI_EWINTYP

window ist kein Graphik-Window

UI_EOBID

object existiert nicht in *window*

UI_EOBNOC

object ist kein Sohn eines komplexen Objektes

NAME

ui_isco - Inquire Sub Objects of Complex Object

SYNOPSIS

```
#include <ui.h>

Ob_id   ui_isco ( window , object , sub_objects )

Win_id  window;

Ob_id   object;

Ob_set  *sub_objects;
```

EFFECT

Die Liste der Sohnobjekte eines komplexen Objektes wird zurückgeliefert. Der Zustand der graphischen Datenstruktur (GDS) von THESEUS wird durch die Funktion nicht beeinflußt.

Der Eingabeparameter *window* bezeichnet das Window, welchem das komplexe Objekt zugeordnet ist.
Der Eingabeparameter *object* ist der Name des Objektes.
Der Ausgabeparameter *sub_objects* zeigt auf eine Liste, die nach dem Aufruf der Funktion die erfragte Information enthält. Den entsprechenden Puffer vom Typ *Ob_set* muß die Anwendung in ausreichender Größe zur Verfügung stellen.
Die Funktion liefert bei normaler Beendigung den Namen des Objektes als Return-Wert zurück.

Die Funktion hat keine Wirkung am Ausgabegerät.

RETURN VALUES

> 0 : *object*

< 0 : Fehler

Die externe Variable *ui_errno* enthält die Fehler-Kodierung:

UI_EINTERN
: Interner THESEUS-Fehler

UI_EWIN
: *window* existiert nicht

UI_EWINTYP
: *window* ist kein Graphik-Window

UI_EOBID
: *object* existiert nicht in *window*

UI_EOBNOC
: *object* ist kein komplexes Objekt

UI_ESONIL
: Zeiger auf *sub_objects* ist Null

NAME

ui_cpob - Copy Object

SYNOPSIS

```
#include <ui.h>

Ob_id    ui_cpob ( source_window , source_object , dest_window ,
                   reference_pos )

Win_id   source_window;

Ob_id    source_object;

Win_id   dest_window;

Wd_pos   *reference_pos;
```

EFFECT

Ein Objekt wird kopiert. Damit wird ein neuer Eintrag in der graphischen Datenstruktur (GDS) von THESEUS erzeugt.

Der Eingabeparameter ***source_window*** bezeichnet das Window, welchem das zu kopierende Objekt (Quellobjekt) zugeordnet ist.
Der Eingabeparameter ***source_object*** ist der Name des Quellobjektes.
Der Eingabeparameter ***dest_window*** bezeichnet das Window, welchem das kopierte Objekt (Zielobjekt) zugeordnet sein soll.
Der Eingabebeparameter ***reference_pos*** ist ein Zeiger auf die Ausgabeposition des Zielobjektes im Koordinatensystem des Ziel-Windows.
Die Funktion liefert bei normaler Beendigung den Namen des Zielobjektes als Return-Wert zurück.

Sämtliche Eigenschaften des Zielobjektes entsprechen denen des Quellobjektes. Die exemplargebundenen und dynamischen Eigenschaften, die im GDS-Eintrag des Quellobjektes festgelegt sind, werden in den neu erzeugten des Zielobjektes kopiert.

Ist das Quellobjekt ein komplexes Objekt, so werden auch neue Sohnobjekte erzeugt. Deren Namen sind dann im GDS-Eintrag des Zielobjektes eingetragen und können abgefragt werden.

Falls die Pufferung ausgeschaltet ist, wird das Zielobjekt an der eingegebenen Referenzposition im Ziel-Window ausgegeben.

RETURN VALUES

> 0 : ***dest_object***

< 0 : Fehler

Die externe Variable ***ui_errno*** enthält die Fehler-Kodierung:

UI_EINTERN

  Interner THESEUS-Fehler

UI_ENOMEM

  Kein Speicherplatz verfügbar

UI_EWIN

  source_window oder ***dest_window*** existiert nicht

UI_EWINTYP

  source_window oder ***dest_window*** ist kein Graphik-Window

UI_ENBOB

  Anzahl der Objekte in ***dest_window*** ist zu groß

UI_EOBID

  source_object existiert nicht in ***source_window***

UI_EPOSNIL

  Zeiger auf ***reference_pos*** ist Null

NAME

ui_dlob - Delete Object

SYNOPSIS

```
#include <ui.h>

Ob_id    ui_dlob ( window , object )

Win_id   window;

Ob_id    object;
```

EFFECT

Ein Objekt wird gelöscht. Damit wird sein Eintrag in der graphischen Datenstruktur (GDS) von THESEUS gelöscht. Der Speicherplatz wird freigegeben und die Werte sind nicht mehr zugreifbar.

Der Eingabeparameter *window* bezeichnet das Window, welchem das zu löschende Objekt zugeordnet ist.
Der Eingabeparameter ***object*** identifiziert das zu löschende Objekt.
Die Funktion liefert bei normaler Beendigung den Namen des Objektes als Return-Wert zurück.

Ist das zu löschende Objekt ein komplexes Objekt, so werden auch sämtliche Sohnobjekte gelöscht.

Falls die Pufferung ausgeschaltet ist, wird das Zielobjekt am Ausgabegerät gelöscht.

RETURN VALUES

> 0 : *object*

< 0 : Fehler

Die externe Variable *ui_errno* enthält die Fehler-Kodierung:

UI_EINTERN

Interner THESEUS-Fehler

UI_EWIN

window existiert nicht

UI_EWINTYP

window ist kein Graphik-Window

UI_EOBID

object existiert nicht in *window*

NAME

ui_mvob - Move Object

SYNOPSIS

#include <ui.h>

Ob_id *ui_mvob (window , object , new_reference_pos)*

Win_id *window*;

Ob_id *object*;

Wd_pos **new_reference_pos*;

EFFECT

Ein Objekt wird neu positioniert. Die alte Referenzposition in der graphischen Datenstruktur (GDS) von THESEUS wird durch die neue überschrieben.

Der Eingabeparameter *window* bezeichnet das Window, welchem das zu verschiebende Objekt zugeordnet ist.
Der Eingabeparameter *object* ist der Name des Objektes.
Der Eingabebeparameter *new_reference_pos* ist ein Zeiger auf die neue Referenzposition des Objektes.
Die Funktion liefert bei normaler Beendigung den Namen des Objektes als Return-Wert zurück.

Ist das Objekt ein komplexes Objekt, so werden auch die Sohnobjekte verschoben. Dabei entspricht deren relative Verschiebung der des Vaters.

Falls die Pufferung ausgeschaltet ist, wird das Objekt, sowie gegebenenfalls alle Sohnobjekte an der alten Referenzposition gelöscht und an der neuen ausgegeben.

RETURN VALUES

> 0 : *object*

< 0 : Fehler

Die externe Variable *ui_errno* enthält die Fehler-Kodierung:

UI_EINTERN

Interner THESEUS-Fehler

UI_EWIN

window existiert nicht

UI_EWINTYP

window ist kein Graphik-Window

UI_EOBID

object existiert nicht in *window*

UI_EPOSNIL

Zeiger auf *new_reference_pos* ist Null

NAME

ui_soga - Set Object Graphics Attributes

SYNOPSIS

#include <ui.h>

Ob_id *ui_soga (window , object , new_graph_attributes)*

Win_id *window*;

Ob_id *object*;

Gatt_rec **new_graph_attributes*;

EFFECT

Die graphischen Attribute für ein Objekt werden in der graphischen Datenstruktur (GDS) von THESEUS neu gesetzt.

Der Eingabeparameter *window* bezeichnet das Window, welchem das Objekt zugeordnet ist.
Der Eingabeparameter *object* gibt den Namen des Objektes an, für das die neuen Werte gelten sollen.
Der Eingabeparameter *new_graph_attributes* zeigt auf eine Struktur, welche die neuen Werte enthält. Dabei gibt der Wert *GA_INHERIT* in einem der Einträge an, daß der Wert des Vaterobjektes geerbt werden soll. Der Wert *GA_OLDVALUE* in einem der Einträge bedeutet, daß der alte Wert im GDS-Eintrag des Objektes beibehalten werden soll.
Die Funktion liefert bei normaler Beendigung den Namen des Objektes als Return-Wert zurück.

Falls die Pufferung ausgeschaltet ist, wird das Objekt, sowie gegebenenfalls alle Sohnobjekte mit den neuen Attributwerten am Ausgabegerät ausgegeben.

RETURN VALUES

> 0 : *object*

< 0 : Fehler

Die externe Variable *ui_errno* enthält die Fehler-Kodierung:

UI_EINTERN

Interner THESEUS-Fehler

UI_EWIN

window existiert nicht

UI_EWINTYP

window ist kein Graphik-Window

UI_EOBID

object existiert nicht in *window*

UI_EGANIL

Zeiger auf *new_graph_attributes* ist Null

UI_EGALT

Fehler in *new_graph_attributes*:

Linientyp inkorrekt

UI_EGALW

Fehler in *new_graph_attributes*:

Linienbreitefaktor inkorrekt

UI_EGAFS

Fehler in *new_graph_attributes*:

Füllgebietsausfüllung inkorrekt

UI_EGAFI

Fehler in *new_graph_attributes*:

Füllgebietsausfüllungsindex inkorrekt

UI_EGAEV

Fehler in *new_graph_attributes*:

Kantensichtbarkeit inkorrekt

UI_EGAET

Fehler in *new_graph_attributes*:

Kantentyp inkorrekt

UI_EGAEW

Fehler in *new_graph_attributes*: Kantenbreitefaktor inkorrekt

UI_EGACH

Fehler in *new_graph_attributes*: Graphik-Text-Zeichenhöhe inkorrekt

UI_EGAB

Fehler in *new_graph_attributes*: Graphik-Text-Basislinie inkorrekt

UI_EGAH

Fehler in *new_graph_attributes*: Graphik-Textausrichtung horizontal inkorrekt

UI_EGAV

Fehler in *new_graph_attributes*: Graphik-Textausrichtung vertikal inkorrekt

UI_EGAS

Fehler in *new_graph_attributes*: Graphik-Text-Zeichensatz inkorrekt

UI_EGAF

Fehler in *new_graph_attributes*: Graphik-Text-Schriftart inkorrekt

UI_EGAOV

Fehler in *new_graph_attributes*: Objektsichtbarkeit inkorrekt

UI_EGAOI

Fehler in *new_graph_attributes*: Objektinversdarstellung inkorrekt

UI_EGAOH

Fehler in *new_graph_attributes*: Objekthervorhebung inkorrekt

NAME

ui_iorp - *Inquire Object Reference Position*

SYNOPSIS

```
#include <ui.h>

Ob_id     ui_iorp ( window , object , reference_pos )

Win_id    window;

Ob_id     object;

Wd_pos    *reference_pos;
```

EFFECT

Die Referenzposition eines Objektes wird zurückgeliefert. Der Zustand der graphischen Datenstruktur (GDS) von THESEUS wird durch die Funktion nicht beeinflußt.

Der Eingabeparameter ***window*** bezeichnet das Window, welchem das Objekt zugeordnet ist.
Der Eingabeparameter ***object*** ist der Name des Objektes.
Der Ausgabebeparameter ***reference_pos*** zeigt nach Aufruf der Funktion auf die erfragte Information. Den entsprechenden Puffer vom Typ ***Wd_pos*** muß die Anwendung zur Verfügung stellen.
Die Funktion liefert bei normaler Beendigung den Namen des Objektes als Return-Wert zurück.

Die Funktion hat keine Wirkung am Ausgabegerät.

RETURN VALUES

> 0 : *object*

< 0 : Fehler

Die externe Variable *ui_errno* enthält die Fehler-Kodierung:

UI_EINTERN

Interner THESEUS-Fehler

UI_EWIN

window existiert nicht

UI_EWINTYP

window ist kein Graphik-Window

UI_EOBID

object existiert nicht in *window*

UI_EPOSNIL

Zeiger auf *reference_pos* ist Null

NAME

ui_ioga - Inquire Object Graphics Attributes

SYNOPSIS

#include <ui.h>

Ob_id *ui_ioga (window , object , graph_attributes)*

Win_id *window*;

Ob_id *object*;

Gatt_rec **graph_attributes*;

EFFECT

Die Werte der graphischen Attribute für ein Objekt werden zurückgeliefert. Der Zustand der graphischen Datenstruktur (GDS) von THESEUS wird durch die Funktion nicht beeinflußt.

Der Eingabeparameter *window* bezeichnet das Window, welchem das Objekt zugeordnet ist.
Der Eingabeparameter *object* ist der Name des Objektes.
Der Ausgabeparameter *graph_attributes* zeigt auf eine Struktur, die nach dem Aufruf der Funktion die erfragte Information enthält. Dabei gibt der Wert *GA_INHERIT* in einem der Einträge an, daß der Wert des Vaterobjektes geerbt wird. Den entsprechenden Puffer vom Typ *Gatt_rec* muß die Anwendung zur Verfügung stellen.
Die Funktion liefert bei normaler Beendigung den Namen des Objektes als Return-Wert zurück.

Die Funktion hat keine Wirkung am Ausgabegerät.

RETURN VALUES

> 0 : *object*

< 0 : Fehler

Die externe Variable *ui_errno* enthält die Fehler-Kodierung:

UI_EINTERN

Interner THESEUS-Fehler

UI_EWIN

window existiert nicht

UI_EWINTYP

window ist kein Graphik-Window

UI_EOBID

object existiert nicht in *window*

UI_EGANIL

Zeiger auf *graph_attributes* ist Null

NAME

ui_iosd - Inquire Object Special Data

SYNOPSIS

#include <ui.h>

Ob_id *ui_iosd (window , object , special_data)*

Win_id *window*;

Ob_id *object*;

Spec_rec **special_data*;

EFFECT

Die Werte der exemplargebundenen Eigenschaften für ein Objekt werden zurückgeliefert. Der Zustand der graphischen Datenstruktur (GDS) von THESEUS wird durch die Funktion nicht beeinflußt.

Der Eingabeparameter *window* bezeichnet das Window, welchem das Objekt zugeordnet ist.
Der Eingabeparameter *object* ist der Name des Objektes.
Der Ausgabeparameter *special_data* zeigt auf eine Struktur, die nach dem Aufruf der Funktion die erfragte Information enthält. Den entsprechenden Puffer vom Typ *Spec_rec* muß die Anwendung in ausreichender Größe zur Verfügung stellen.
Die Funktion liefert bei normaler Beendigung den Namen des Objektes als Return-Wert zurück.

Die Funktion hat keine Wirkung am Ausgabegerät.

RETURN VALUES

> 0 : *object*

< 0 : Fehler

Die externe Variable *ui_errno* enthält die Fehler-Kodierung:

UI_EINTERN

Interner THESEUS-Fehler

UI_EWIN

window existiert nicht

UI_EWINTYP

window ist kein Graphik-Window

UI_EOBID

object existiert nicht in *window*

UI_ESPCNIL

Zeiger auf *special_data* ist Null

NAME

ui_iobt - Inquire Object Type

SYNOPSIS

#include <ui.h>

```
Ob_id    ui_iobt ( window , object , object_type )
Win_id   window;
Ob_id    object;
int      *object_type;
```

EFFECT

Der Typ eines Objektes wird zurückgeliefert. Der Zustand der graphischen Datenstruktur (GDS) von THESEUS wird durch die Funktion nicht beeinflußt.

Der Eingabeparameter *window* bezeichnet das Window, welchem das Objekt zugeordnet ist.
Der Eingabeparameter ***object*** ist der Name des Objektes.
Der Ausgabebeparameter ***object_type*** enthält nach Aufruf der Funktion die erfragte Information.
Die Funktion liefert bei normaler Beendigung den Namen des Objektes als Return-Wert zurück.

Die Funktion hat keine Wirkung am Ausgabegerät.

RETURN VALUES

> 0 : *object*

< 0 : Fehler

Die externe Variable *ui_errno* enthält die Fehler-Kodierung:

UI_EINTERN

Interner THESEUS-Fehler

UI_EWIN

window existiert nicht

UI_EWINTYP

window ist kein Graphik-Window

UI_EOBID

object existiert nicht in *window*

NAME

ui_scga - Set Current Graphics Attributes

SYNOPSIS

```
#include <ui.h>

int        ui_scga ( object_type , new_curr_graph_attributes )

int        object_type;

Gatt_rec   *new_curr_graph_attributes;
```

EFFECT

Die aktuellen graphischen Attribute für einen bestimmten Objekttyp in der graphischen Datenstruktur (GDS) von THESEUS werden neu gesetzt.

Der Eingabeparameter ***object_type*** gibt den Objekttyp an, für den die neuen Werte gelten sollen.
Der Eingabeparameter ***new_curr_graph_attributes*** zeigt auf eine Struktur mit den neuen Werten der aktuellen graphischen Attribute. Dabei gibt der Wert *GA_OLDVALUE* in einem Eintrag an, daß der jeweilige alte Wert in der GDS beibehalten werden soll.
Die Funktion liefert bei normaler Beendigung den Objekttyp als Return-Wert zurück.

Die Funktion hat keine Wirkung am Ausgabegerät.

RETURN VALUES

> 0 : *object_type*

< 0 : Fehler

Die externe Variable *ui_errno* enthält die Fehler-Kodierung:

UI_EINTERN

Interner THESEUS-Fehler

UI_EOBTYP

object_type existiert nicht

UI_EGANIL

Zeiger auf *new_curr_graph_attributes* ist Null

UI_EGALT

Fehler in *new_curr_graph_attributes*:

Linientyp inkorrekt

UI_EGALW

Fehler in *new_curr_graph_attributes*:

Linienbreitefaktor inkorrekt

UI_EGAFS

Fehler in *new_curr_graph_attributes*:

Füllgebietsausfüllung inkorrekt

UI_EGAFI

Fehler in *new_curr_graph_attributes*:

Füllgebietsausfüllungsindex inkorrekt

UI_EGAEV

Fehler in *new_curr_graph_attributes*:

Kantensichtbarkeit inkorrekt

UI_EGAEV

Fehler in *new_curr_graph_attributes*:

Kantensichtbarkeit inkorrekt

UI_EGAET

Fehler in *new_curr_graph_attributes*:

Kantentyp inkorrekt

UI_EGAEW

Fehler in *new_curr_graph_attributes*:

Kantenbreitefaktor inkorrekt

UI_EGACH

Fehler in *new_curr_graph_attributes*:
Graphik-Text-Zeichenhöhe inkorrekt

UI_EGAB

Fehler in *new_curr_graph_attributes*:
Graphik-Text-Basislinie inkorrekt

UI_EGAH

Fehler in *new_curr_graph_attributes*:
Graphik-Textausrichtung horizontal inkorrekt

UI_EGAV

Fehler in *new_curr_graph_attributes*:
Graphik-Textausrichtung vertikal inkorrekt

UI_EGAS

Fehler in *new_curr_graph_attributes*:
Graphik-Text-Zeichensatz inkorrekt

UI_EGAF

Fehler in *new_curr_graph_attributes*:
Graphik-Text-Schriftart inkorrekt

UI_EGAOV

Fehler in *new_curr_graph_attributes*:
Objektsichtbarkeit inkorrekt

UI_EGAOI

Fehler in *new_curr_graph_attributes*:
Objektinversdarstellung inkorrekt

UI_EGAOH

Fehler in *new_curr_graph_attributes*:
Objekthervorhebung inkorrekt

NAME

ui_icga - Inquire Current Graphics Attributes

SYNOPSIS

```
#include <ui.h>

int         ui_icga ( object_type , curr_graph_attributes )

int         object_type;

Gatt_rec    *curr_graph_attributes;
```

EFFECT

Die Werte der aktuellen graphischen Attribute für einen bestimmten Objekttyp werden zurückgeliefert. Der Zustand der graphischen Datenstruktur (GDS) von THESEUS wird durch die Funktion nicht beeinflußt.

Der Eingabeparameter *object_type* gibt den Objekttyp an, für den die Werte erfragt werden.
Der Ausgabeparameter *curr_graph_attributes* zeigt auf eine Struktur, die die erfragten Werte nach Aufruf der Funktion enthält. Den entsprechenden Puffer vom Typ *Gatt_rec* muß die Anwendung zur Verfügung stellen.
Die Funktion liefert bei normaler Beendigung den Objekttyp als Return-Wert zurück.

Die Funktion hat keine Wirkung am Ausgabegerät.

RETURN VALUES

> 0 : *object_type*

< 0 : Fehler

Die externe Variable *ui_errno* enthält die Fehler-Kodierung:

UI_EINTERN

Interner THESEUS-Fehler

UI_EOBTYP

object_type existiert nicht

UI_EGANIL

Zeiger auf *new_curr_graph_attributes* ist Null

NAME

ui_bbgo - Begin Buffering Graphics Output

SYNOPSIS

#include <ui.h>

Win_id *ui_bbgo (window)*

Win_id *window*;

EFFECT

Die graphische Ausgabe für ein Window wird in den Modus *Output Buffered* gesetzt, d.h. die graphische Ausgabe wird ab dem Zeitpunkt des Aufrufs der Funktion gepuffert. Das bedeutet, daß Manipulationen in der graphischen Datenstruktur (GDS) von Objekten eines bestimmten Windows durch THESEUS nicht mehr sofort am Bildschirm angezeigt werden.

Der Eingabeparameter *window* bezeichnet das Window, für das die Ausgaben gepuffert werden sollen.
Die Funktion liefert bei normaler Beendigung den Namen des Windows als Return-Wert zurück.

Der Ausgabemodus kann mit der inversen Funktion *End Buffering Graphics Output* zurückgesetzt werden.

Die Funktion hat keine Wirkung am Ausgabegerät.

Bemerkung:
Durch interne Updates von THESEUS aufgrund von Benutzermanipulationen des Windows kann es vorkommen, daß der entsprechende GDS-Zustand auch zwischen zwei Aufrufen von *Begin* und *End Buffering* am Bildschirm angezeigt wird. Dies ist durch die Anwendung nicht beeinflußbar und hat keinen Einfluß auf den Ausgabemodus.

RETURN VALUES

> 0 : *window*

< 0 : Fehler

Die externe Variable *ui_errno* enthält die Fehler-Kodierung:

UI_EINTERN

Interner THESEUS-Fehler

UI_EWIN

window existiert nicht

UI_EWINTYP

window ist kein Graphik-Window

UI_EBUFSTAT

Ausgabestatus entspricht schon *Output Buffered*

NAME

ui_ebgo - End Buffering Graphics Output

SYNOPSIS

#include <ui.h>

Win_id *ui_ebgo (window)*

Win_id *window*;

EFFECT

Die graphische Ausgabe für ein Window wird in den Modus *Update At Once* gesetzt, d.h. die graphische Ausgabe wird ab dem Zeitpunkt des Aufrufs der Funktion nicht gepuffert. Das bedeutet, daß Manipulationen in der graphischen Datenstruktur (GDS) von Objekten eines bestimmten Windows durch THESEUS sofort am Bildschirm angezeigt werden.

Gleichzeitig wird der aktuelle Zustand der GDS durch die Funktion ausgegeben, d.h. der Bildschirm upgedatet.

Der Eingabeparameter *window* bezeichnet das Window, für das die Ausgaben nicht gepuffert werden sollen.
Die Funktion liefert bei normaler Beendigung den Namen des Windows als Return-Wert zurück.

Der Ausgabemodus kann mit der inversen Funktion *Begin Buffering Graphics Output* zurückgesetzt werden.

RETURN VALUES

> 0 : *window*

< 0 : Fehler

Die externe Variable *ui_errno* enthält die Fehler-Kodierung:

UI_EINTERN

Interner THESEUS-Fehler

UI_EWIN

window existiert nicht

UI_EWINTYP

window ist kein Graphik-Window

UI_EBUFSTAT

Ausgabestatus entspricht schon *Update AT ONCE*

7.2. Alphanumerische Ausgabe

7.2.1. Modell der alphanumerischen Ausgabe

Bei der Spezifikation dieser Schnittstelle mußte im wesentlichen eine neue Anforderung berücksichtigt werden: Die konzeptionelle Verträglichkeit mit der Windowfunktionalität der Benutzungsoberfläche. Insbesondere ist die Größe der Ausgabeeinheiten (Seiten, Zeilen) während der Laufzeit veränderbar und unterliegt nicht mehr der Kontrolle der Anwendung, da der Benutzer bestimmte Funktionen der Window-Verwaltung selbständig ausführen kann. Diese werden dann in THESEUS lokal abgehandelt, ohne die Anwendung damit zu belasten.

Eine weitere Forderung an das Modell der Schnittstelle war, daß die Konzepte der alphanumerischen Ausgabe sich nicht grundsätzlich von denen der graphischen Ausgabe unterscheiden sollten. Weitestgehende Analogien waren anzustreben.

Das Pendant zur graphischen Datenstruktur GDS ist hier der ***alphanumerische Puffer***. Ein solcher Puffer ist jedem alphanumerischen Window zugeordnet und er stellt wie die GDS die Schnittstelle für die Ausgabe der Anwendungsprogramme in die Windows dar. Man kann den Alpha-Puffer mit einem virtuellen Terminal vergleichen, mit dem Unterschied, daß seine Größe variabel ist.

Das Koordinatensystem des Puffers, in das die Anwendung ihre Ausgaben adressiert, sind im Gegensatz zur Graphik Zeilen und Spalten. Dadurch werden logische Zellen definiert, die jeweils ein alphanumerisches Zeichen enthalten.

Eine dieser Zellen ist gleichzeitig die ***aktuelle Cursorposition***. Jede Ausgabe des Anwendungsprogrammes bezieht sich auf diese Position. Dieses Konzept gibt es nicht in der graphischen Ausgabe, wo die Anwendung Ausgaben an einer beliebigen Stelle des Weltkoordinatensystems vornehmen kann.

Die eigentliche Ausgabe an das Gerät, d.h. die Abbildung des Puffer-Inhaltes in das zugehörige Window, leistet THESEUS. Im allgemeinen kann nur ein bestimmter Ausschnitt des Puffers im Window dargestellt werden. Dieser Ausschnitt entspricht dem *sichtbaren Bereich* (*Visible Area*) bei der Graphik-Ausgabe. Der sichtbare Bereich wird wie dort auf den *Arbeitsbereich* (*Work Area*) abgebildet. Die *Pan Area* der Graphik-Ausgabe wird hier zur *Scroll Area* und entspricht dem gesamten Alpha-Puffer.

Die Lage des sichtbaren Bereiches hängt bei der alphanumerischen Ausgabe im Gegensatz zur Graphik nicht allein von den Aktionen des Benutzers über die entsprechenden Windowfunktionen ab (*Scrolling*). Da für die alphanumerische Ausgabe die Regel gilt, daß der Cursor sich zu jedem Zeitpunkt im sichtbaren Bereich befindet, besitzt auch das Anwendungsprogramm die Möglichkeit zur Verschiebung dieses Bereiches implizit über die Steuerung der aktuellen Cursorposition (*Paging*). Jede derartige Positionierung aus dem sichtbaren Bereich hinaus bewirkt ein entsprechendes "Nachziehen" des sichtbaren Bereiches.

Der Update-Mechanismus wurde in Analogie zur graphischen Ausgabe entworfen, d.h. standardmäßig wird gleichzeitig in den Puffer und auf das Ausgabegerät geschrieben (Update as soon as possible). Jedoch kann die Anwendung auch sämtliche Ausgaben zunächst nur in den Puffer lenken.

7.2.2. Der Alphanumerische Puffer

Jedem Window vom Typ ***Alpha*** ist ein entsprechender ***alphanumerischer Puffer*** zugeordnet. Er stellt die Schnittstelle für die Ausgabe des Anwendungsprogrammes in das Window dar. Seine Größe ist variabel und wird durch die Anwendung gesteuert.

Das Koordinatensystem des Puffers, in das die Anwendung ihre Ausgaben adressiert, sind feste Zeilen und Spalten mit ganzzahligen Indizes in den Intervallen
[0 , (Anzahl Zeilen - 1)] und [0 , (Anzahl Spalten - 1)].
Dadurch werden logische Zellen definiert, die jeweils ein alphanumerisches Zeichen enthalten.

Eine dieser Zellen ist gleichzeitig die ***aktuelle Cursorposition***. Jede Ausgabe des Anwendungsprogrammes bezieht sich auf diese Position.

Das Anwendungsprogramm hat zum Arbeiten mit dem Puffer verschiedene Funktionen zur Verfügung:

- Schreibfunktionen:
  Write Character
  Write String
- Einfügefunktionen:
  Insert Character
  Insert String
  Open Line
- Löschfunktionen:
  Delete Character
  Delete Line
  Delete To
- Lesefunktionen:
  Read Character
  Read Line
- Abfragefunktionen:
  Inquire Line Length
  Inquire Buffer Length

Im folgenden werden die wenigen und einfachen Datenstrukturen des Puffers genauer beschrieben:

Spaltenanzahl

Bezüglich der Spaltenanzahl wurde die Maximalkonstante *AB_MXCOLS* definiert. Bis zum Index (*AB_MXCOLS* - 1) darf die Anwendung Ausgaben im Puffer positionieren, alles was darüber hinaus geht, wird von THESEUS ignoriert. Insbesondere wird kein Autowrap unterstützt, d.h. Strings, die teilweise diesen Maximalindex überschreiten, werden hinten abgeschnitten.

Positionen

Die Definition von Positionen innerhalb des Puffers geschieht über die folgenden Typen und Konstanten. Zu deren Verständnis ist allerdings die Kenntnis der globalen Definitionen für ganzzahlige Positionen *I_pos* aus Kapitel 6 notwendig.

```
typedef I_pos    Ab_pos;   /* Alpha Position im Puffer    */

#define ROW   yi   /* Zeile    */
#define COL   xi   /* Spalte   */
```

Mit Hilfe dieser Definitionen kann die Adressierung der i-ten Zeile und der j-ten Spalte folgendermaßen geschehen:

```
Ab_pos buffer_position;  /* Vereinbarung einer Positionsstruktur */
buffer_pos.ROW = i;
buffer_pos.COL = j;
/* Die Struktur enthält nun die gewünschte Adresse */
```

7.2.3. Der sichtbare Bereich

Die eigentliche Ausgabe des Puffer-Inhaltes in das zugehörige Window leistet THESEUS selbständig. Im allgemeinen kann nur ein bestimmter Ausschnitt des Puffers im Window dargestellt werden. Dieser Ausschnitt wird wie bei der Graphik-Ausgabe ***sichtbarer Bereich*** (*Visible Area*) genannt. Der sichtbare Bereich wird wie dort auf den *Arbeitsbereich* (*Work Area*) abgebildet. Die *Pan Area* der Graphik-Ausgabe wird hier zur *Scroll Area* und entspricht dem gesamten Alpha-Puffer. (Siehe dazu auch Kapitel 6).

Die Abbildung zwischen dem sichtbaren Bereich des Puffers und dem Arbeitsbereich des Windows ist eine einfache 1:1-Transformation. Jeder logischen Zelle eines Zeichens im Puffer entspricht eine physikalische im Window auf dem Bildschirm, wobei die Größe dieser physikalischen Zellen bei der alphanumerischen Ausgabe konstant ist. Dem logischen Cursor im Puffer entspricht ebenfalls ein physikalischer Cursor auf dem Bildschirm. Er befindet sich an der gleichen Zeilen-/Spalten-Position wie im Puffer, d.h. er steht auf dem entsprechenden physikalischen Zeichen.

Die Lage des sichtbaren Bereiches hängt bei der alphanumerischen Ausgabe im Gegensatz zur Graphik nicht allein von den Aktionen des Benutzers über die Windowfunktionen ab. Vielmehr haben sowohl der Benutzer als auch die Anwendung die Möglichkeit zur Verschiebung des Bereiches auf dem Puffer.

Der Benutzer kann wie bei Graphik-Windows über die Funktionen der Window-Verwaltung den sichtbaren Bereich unabhängig von der Anwendung verschieben. Der entsprechende Vorgang heißt hier *Scrolling*.

Dieselbe Möglichkeit besitzt das Anwendungsprogramm über das Bewegen des Cursors. Es gilt die Regel, daß der Cursor sich **zu jedem Zeitpunkt** im sichtbaren Bereich befinden **muß**. Das bedeutet, daß jede Positionierung aus dem sichtbaren Bereich hinaus ein entsprechendes "Nachziehen" desselben bewirkt. Da die Anwendung den Cursor im Puffer beliebig bewegen kann, kann sie damit indirekt auch den sichtbaren Bereich automatisch verschieben. Dieses durch die Anwendung bewirkte "Scrolling" wird zur Unterscheidung zur entsprechenden Benutzerfunktion als *Paging* bezeichnet.

Umgekehrt ergibt sich aus obiger Regel aber auch, daß der Cursor nachgezogen werden muß, wenn der Benutzer über die Scroll-Bars den sichtbaren Bereich verschiebt. Genauso wie die Anwendung eine indirekte Kontrolle über die Lage des sichtbaren Bereiches besitzt, hat der Benutzer eine indirekte Kontrolle über die Position des Cursors.

Zusätzlich zum Scrolling kann der Benutzer auch noch die Größe eines Windows ändern. Da die physikalische Größe der alphanumerischen Zeichen konstant ist, muß die Größe des sichtbaren Bereiches eines Puffers zwingend dynamisch sein und verändert sich bei benutzergesteuerten Größenänderungen am Window automatisch.

Das Verschieben des Windows über dem Bildschirm durch den Benutzer hat keinerlei Wirkung auf den sichtbaren Bereich.

Das Bewegen des Cursors im Puffer geschieht durch die Anwendung mit Hilfe der Funktionen

- *Move Cursor Absolute* und
- *Move Cursor Relative*.

Move Cursor Absolute dient zur absoluten Positionierung des Cursors im Puffer durch Angabe einer Zeilen-/Spalten-Adresse. Der sichtbare Bereich wird bei einer Positionierung außerhalb der aktuellen Begrenzungen automatisch verschoben.

Für kleinere Cursorbewegungen gibt es auch eine Funktion *Move Cursor Relative*. Dabei wird über Konstanten eine Relativbewegung des Cursors gesteuert. Der sichtbare Bereich wird bei einer Positionierung außerhalb wie bei *Move Cursor Absolute* automatisch verschoben.

Mit der Funktion *Inquire Cursor Position* kann die Anwendung die aktuelle Position des Cursors im Puffer erfragen.

Die Verwaltung der Datenstrukturen von *Visible Area*, *Work Area* und *Pan Area* geschieht mit Zugriffsfunktionen der Window-Verwaltung (siehe Kapitel 6).

7.2.4. Attributierung und Steuerzeichen

Im Gegensatz zur Graphik-Textausgabe besitzt die Anwendung hier weniger Möglichkeiten zur Variierung der Darstellung über entsprechende Attributierung. Schon erwähnt wurde die physikalische Zeichengröße, die nicht durch das Anwendungsprogramm variierbar ist.

Unterstützt werden hingegen einige Videoattribute:

Sichtbarkeit, Inversdarstellung, Hervorhebung und Unterstreichung.

Zusätzlich wird die Ausgabe mehrerer Zeichensätze und Schriftarten unterstützt.

Allerdings muß eine geräte- und softwaretechnische Unterstützung zur Realisierung dieser Attribute ähnlich wie bei der Graphik-Ausgabe vorhanden sein. Ist dies nicht der Fall, so interpretiert THESEUS die Attributwerte entsprechend den zu Verfügung stehenden Möglichkeiten und nähert geforderte Werte und Effekte möglichst nah an (Best-Fit-Prinzip).

Die Steuerung der Attributierung durch die Anwendung erfolgt mit Hilfe der Funktion *Set Current Alpha Attributes*. Diese Funktion setzt die aktuellen alphanumerischen Attribute neu. Alle nachfolgenden Schreib- und Einfügeoperationen auf einem Puffer werden dann mit diesen aktuellen Attributen durchgeführt. Mit der Funktion *Inquire Current Alpha Attributes* können die aktuellen Werte abgefragt werden.

Wurde ein Zeichen oder eine Folge von Zeichen unter Gültigkeit bestimmter Attributwerte in den Puffer eingetragen, so behalten diese Zeichen ihre Attributwerte auch nach einer nachträglichen Änderung der aktuellen Attribute. Das bedeutet natürlich auch, daß Zeichen, die nach einer Änderung des sichtbaren Bereichs neu auf dem Bildschirm erscheinen, mit ihren eigenen Attributen dargestellt werden.

Die Attribute einzelner Zeichen können mit *Set Character Attributes* neu gesetzt und mit *Inquire Character Attributes* abgefragt werden.

Der Datentyp zur Beschreibung der alphanumerischen Attribute ist der Strukturtyp *Aatt_rec*:

```
typedef struct {
   int   *v_att;   /* Videoattribute    */
   int   *o_att;   /* Andere Attribute  */
}
Aatt_rec;
```

***v_att**

Dieser Zeiger deutet auf den Vektor mit den Videoattributen. Jede Komponente beschreibt ein bestimmtes Attribut:

1. Komponente: Zeichen-Sichtbarkeit (Character Visibility)

Die Werte dieser Komponente steuern die Sichtbarkeit der Zeichen.

Mögliche Werte:

CV_ON /* Zeichen sichtbar */
CV_OFF /* Zeichen nicht sichtbar */

Default: *CV_ON*

2. Komponente: Zeichen-Inversdarstellung (Character Inverse)

Die Werte dieser Komponente steuern die Inversdarstellung der Zeichen.

Mögliche Werte:

CI_ON /* Zeichen invers dargestellt */
CI_OFF /* Zeichen nicht invers dargestellt */

Default: *CI_OFF*

3. Komponente: Zeichen-Hervorhebung (Character Highlighting)

Die Werte dieser Komponente steuern die Hervorhebung der Zeichen.

Mögliche Werte:

CH_ON /* Zeichen hervorgehoben */
CH_OFF /* Zeichen nicht hervorgehoben */

Default: *CH_OFF*

4. Komponente: Zeichen-Unterstreichung (Character Underline)

Die Werte dieser Komponente steuern die Unterstreichung der Zeichen.

Mögliche Werte:

CU_ON /* Zeichen unterstrichen */
CU_OFF /* Zeichen nicht unterstrichen */

Default: *CU_OFF*

***o_att**

Dieser Zeiger deutet auf einen Vektor mit weiteren Attributen. Jede Komponente beschreibt ein bestimmtes Attribut:

<u>1. Komponente: Alpha-Text-Schriftart (Alpha Text Type Face)</u>

Diese Werte steuern das Schriftbild.

Mögliche Werte:

AF_SYSTEM

AF_SWISS

AF_SWISS_BOLD

AF_MODERN

AF_MODERN_BOLD

Default: *AF_SYSTEM*

<u>2. Komponente: Alpha-Text-Zeichensatz (Alpha Text Character Set)</u>

Mögliche Werte:

AS_NATIONAL

AS_ISO

AS_ASCII

AS_GERMAN

Default: *AS_NATIONAL*

<u>3. Komponente: Alpha-Text-Farbindex (Alpha Text Colour Index)</u>

Die möglichen Werte dieser Komponente sind implementierungsabhängig.

Zur Steuerung der Eingabe mehrerer Zeilen in einem Schreibaufruf werden auch die in C üblichen und im Rahmen der Schnittstelle sinnvollen "char"-Konstanten

\n als Steuerzeichen zur Zeilentrennung

\t als Tabulatorzeichen

\r als carriage return

im Text zugelassen. Alle übrigen "char"-Konstanten werden ignoriert.

7.2.5. Ausgabe und Update

Der Update-Mechanismus wurde in Analogie zur graphischen Ausgabe entworfen, d.h. standardmäßig wird gleichzeitig in den Puffer und auf das Ausgabegerät geschrieben (Update as soon as possible). Jedoch kann die Anwendung auch sämtliche Ausgaben zunächst nur in den Puffer lenken, um irrelevante Zwischenzustände auf dem Bildschirm zu vermeiden. Beispielsweise kann der Cursor nach einem Blättern innerhalb des sichtbaren Bereiches noch genauer und nach Belieben positioniert werden, etwa auf eine Standardposition, ohne ihn am Bildschirm doppelt auszugeben.

Dies geschieht durch den Aufruf von *Begin Buffering Alpha Output*, die den Ausgabemodus für ein Window auf *Output Buffered* umsetzt. Von diesem Zeitpunkt an werden Änderungen im Puffer nicht mehr am Ausgabegerät angezeigt.

Allerdings kann THESEUS bei lokalen Updates, die der Benutzer durch Windowmanipulationen veranlaßt, den Pufferinhalt selbständig ausgeben. Dies bleibt außerhalb der Kontrolle der Anwendung und hat auch keine Wirkung auf den externen Ausgabe-Modus.

Die inverse Funktion *End Buffering Alpha Output* bewirkt die Ausschaltung der Pufferung, d.h. vom Zeitpunkt des Aufrufes dieser Funktion wird wieder jede Ausgabe in den Puffer sofort am Bildschirm sichtbar (Ausgabe-Modus *Update At Once*). Außerdem bewirkt die Funktion ein sofortiges Neuschreiben des Windowinhaltes mit dem aktuellen Inhalt des sichtbaren Pufferbereiches.

7.2.6. Spezifikation der alphanumerischen Ausgabe-Datenstrukturen

```
/* Pufferdefinitionen */

typedef I_pos    Ab_pos;   /* Alpha Position im Puffer     */

#define ROW   yi   /* Zeile    */
#define COL   xi   /* Spalte   */

#define AB_MXCOLS   132   /* Maximale Anzahl Spalten    */


/* Relative Löschoperationen und Cursorbewegungen */

#define AB_EOL   1   /* Zeilenende      */
#define AB_BOL   2   /* Zeilenanfang    */
#define AB_EOB   3   /* Pufferende      */
#define AB_BOB   4   /* Pufferanfang    */


/* Relative Cursorbewegungen */

#define AB_DOWN     5   /* Eine Zeile nach unten                        */
#define AB_UP       6   /* Eine Zeile nach oben                         */
#define AB_RIGHT    7   /* Eine Spalte nach rechts                      */
#define AB_LEFT     8   /* Eine Spalte nach links                       */
#define AB_HOME     9   /* 1. Zeile / 1. Spalte des sichtbaren Bereiches */
#define AB_CR      10   /* Carriage Return; Anfang nächster Zeile       */
```

```
/* Sonderfälle beim Schreiben im Puffer */

#define WR_OK     0   /* Keine Sonderbehandlung          */
#define WR_CUT    1   /* Zeichen wurden abgeschnitten    */


/* Struktur der alphanumerischen Attribute */

typedef struct
{
  int   *v_att;   /* Videoattribute     */
  int   *o_att;   /* Andere Attribute   */
}
Aatt_rec;


/* Zeichen-Sichtbarkeit (Character Visibility) */

#define CV_OFF   0   /* Zeichen nicht sichtbar        */
#define CV_ON    1   /* Zeichen sichtbar (Default)    */


/* Zeichen-Inversdarstellung (Character Inverse) */

#define CI_OFF   0   /* Zeichen nicht invers dargestellt (Default)   */
#define CI_ON    1   /* Zeichen invers dargestellt                   */


/* Zeichen-Hervorhebung (Character Highlighting) */

#define CH_OFF   0   /* Zeichen nicht hervorgehoben (Default)   */
#define CH_ON    1   /* Zeichen hervorgehoben                   */
```

```
/* Zeichen-Unterstreichung (Character Underline) */

#define CU_OFF    0   /* Zeichen nicht unterstrichen (Default)   */
#define CU_ON     1   /* Zeichen unterstrichen                   */


/* Alpha-Text-Schriftart (Alpha Text Type Face) */

#define AF_SYSTEM        1   /* Default   */
#define AF_SWISS         2
#define AF_SWISS_BOLD    3
#define AF_MODERN        4
#define AF_MODERN_BOLD   5


/* Alpha-Text-Zeichensatz (Alpha Text Character Set) */

#define AS_NATIONAL   1   /* Default   */
#define AS_ISO        2
#define AS_ASCII      3
#define AS_GERMAN     4


/* Sonderkonstanten für alphanumerische Attribute */

#define AA_OLDVALUE   -2   /* Alter Wert bleibt erhalten   */
```

7.2.7. Spezifikation der alphanumerischen Ausgabe-Funktionen

NAME

ui_mvca - *Move Cursor Absolute*

SYNOPSIS

```
#include <ui.h>

Win_id    ui_mvca ( window , new_cursor_pos )

Win_id    window;

Ab_pos    *new_cursor_pos;
```

EFFECT

Der logische Cursor im Alpha-Puffer eines Windows wird neu positioniert.

Der Eingabeparameter *window* bezeichnet das Window, welchem die Operation zugeordnet ist.
Der Eingabeparameter *new_cursor_pos* zeigt auf eine Struktur mit der neuen Cursorposition in alphanumerischen Pufferkoordinaten.
Die Funktion liefert bei normaler Beendigung den Namen des Windows als Return-Wert zurück.

Falls der Cursor aus dem momentan sichtbaren Bereich heraus positioniert wird, wird dieser in Abhängigkeit von der neuen Position des Cursors ebenfalls neu errechnet. Dabei sind mehrere Fälle zu unterscheiden:

1. Der Cursor wird im Puffer nach **oben** positioniert.
   Dann steht er nach Beendigung der Funktion in der obersten Zeile des neuen sichtbaren Bereiches.
2. Der Cursor wird im Puffer nach **unten** positioniert.
   Dann steht er nach Beendigung der Funktion in der untersten Zeile des neuen sichtbaren Bereiches.

3. Der Cursor wird im Puffer nach **links** positioniert.

   Dann steht er nach Beendigung der Funktion in der linkesten Spalte des neuen sichtbaren Bereiches.

4. Der Cursor wird im Puffer nach **rechts** positioniert.

   Dann steht er nach Beendigung der Funktion in der rechtesten Spalte des neuen sichtbaren Bereiches.

   Falls die Pufferung ausgeschaltet ist, wird der neue Cursor an der neuen Position im Window angezeigt und der Inhalt des Windows entsprechend erneuert, falls der sichtbare Bereich geändert wurde.

RETURN VALUES

> 0 : *window*

< 0 : Fehler

Die externe Variable *ui_errno* enthält die Fehler-Kodierung:

UI_EINTERN

  Interner THESEUS-Fehler

UI_ENOMEM

  Kein Speicherplatz verfügbar

UI_EWIN

  window existiert nicht

UI_EWINTYP

  window ist kein Alpha-Window

UI_EBUFADR

  new_cursor_pos fehlerhaft

NAME

ui_mvcr - Move Cursor Relative

SYNOPSIS

#include <ui.h>

Win_id *ui_mvcr (window , rel_flag)*

Win_id *window;*

int *rel_flag;*

EFFECT

Der logische Cursor im Alpha-Puffer eines Windows wird neu positioniert.

Der Eingabeparameter *window* bezeichnet das Window, welchem die Operation zugeordnet ist.
Der Eingabeparameter *rel_flag* definiert die neue Cursorposition. Diese wird relativ zur alten ermittelt. Im einzelnen werden folgende Parameterwerte unterstützt:

AB_EOL	/* Zeilenende	*/
AB_BOL	/* Zeilenanfang	*/
AB_EOB	/* Pufferende	*/
AB_BOB	/* Pufferanfang	*/
AB_DOWN	/* Eine Zeile nach unten	*/
AB_UP	/* Eine Zeile nach oben	*/
AB_RIGHT	/* Eine Spalte nach rechts	*/
AB_LEFT	/* Eine Spalte nach links	*/
AB_HOME	/* 1. Zeile / 1. Spalte des sichtbaren Bereiches	*/
AB_CR	/* Carriage Return; Anfang nächste Zeile	*/

Die Funktion liefert bei normaler Beendigung den Namen des Windows als Return-Wert zurück.

Falls der Cursor aus dem momentan sichtbaren Bereich heraus positioniert wird, wird dieser in Abhängigkeit von der neuen Position des Cursors ebenfalls neu errechnet. Dabei sind mehrere Fälle zu unterscheiden:

1. Der Cursor wird im Puffer nach **oben** positioniert.
   Dann steht er nach Beendigung der Funktion in der obersten Zeile des neuen sichtbaren Bereiches.
2. Der Cursor wird im Puffer nach **unten** positioniert.
   Dann steht er nach Beendigung der Funktion in der untersten Zeile des neuen sichtbaren Bereiches.
3. Der Cursor wird im Puffer nach **links** positioniert.
   Dann steht er nach Beendigung der Funktion in der linkesten Spalte des neuen sichtbaren Bereiches.
4. Der Cursor wird im Puffer nach **rechts** positioniert.
   Dann steht er nach Beendigung der Funktion in der rechtesten Spalte des neuen sichtbaren Bereiches.

   Falls die Pufferung ausgeschaltet ist, wird der neue Cursor an der neuen Position im Window angezeigt und der Inhalt des Windows entsprechend erneuert, falls der sichtbare Bereich geändert wurde.

RETURN VALUES

> 0 : *window*

< 0 : Fehler

Die externe Variable *ui_errno* enthält die Fehler-Kodierung:

UI_EINTERN

Interner THESEUS-Fehler

UI_ENOMEM

Kein Speicherplatz verfügbar

UI_EWIN

window existiert nicht

UI_EWINTYP

window ist kein Alpha-Window

UI_EBUFADR

rel_flag fehlerhaft

NAME

ui_icur - Inquire Cursor Position

SYNOPSIS

#include <ui.h>

Win_id *ui_icur (window , cursor_pos)*

Win_id *window;*

Ab_pos **cursor_pos;*

EFFECT

Die Position des Cursors im Alpha-Puffer eines Windows wird zurückgeliefert. Der Zustand des Puffers wird durch die Funktion nicht beeinflußt.

Der Eingabeparameter *window* bezeichnet das Window, welchem die Operation zugeordnet ist.
Der Ausgabeparameter *cursor_pos* zeigt nach Aufruf der Funktion auf die erfragte Information. Den entsprechenden Puffer vom Typ *Ab_pos* muß die Anwendung zur Verfügung stellen.
Die Funktion liefert bei normaler Beendigung den Namen des Windows als Return-Wert zurück.

Die Funktion hat keine Wirkung am Ausgabegerät.

RETURN VALUES

> 0 : *window*

< 0 : Fehler

Die externe Variable ***ui_errno*** enthält die Fehler-Kodierung:

UI_EINTERN

Interner THESEUS-Fehler

UI_EWIN

window existiert nicht

UI_EWINTYP

window ist kein Alpha-Window

UI_EPOSNIL

Zeiger auf *cursor_pos* ist Null

NAME

ui_wrch - *Write Character*

SYNOPSIS

#include <ui.h>

int *ui_wrch (window , character)*

Win_id *window*;

char *character*;

EFFECT

An der aktuellen Position im Alpha-Puffer eines Windows wird ein neues Zeichen geschrieben. Der alte Wert in der Zeichenzelle der Position wird überschrieben. Die Position des logischen Cursors im Puffer ist nach Ausführung der Funktion eine Position hinter dem geschriebenen Zeichen, d.h. in der nachfolgenden Spalte derselben Zeile.

Der Eingabeparameter ***window*** bezeichnet das Window, welchem die Operation zugeordnet ist.
Der Eingabeparameter ***character*** enthält das zu schreibende alphanumerische Zeichen. Dieses kann auch eine C-übliche char-Konstante zur Steuerung darstellen.
Die Funktion liefert bei normaler Beendigung im ***wr_flag*** einen Code für aufgetretene Sonderfälle beim Schreiben im Puffer zurück:

WR_OK /* Keine Sonderbehandlung */
WR_CUT /* Cursor nicht nachführbar */

Zur Steuerung einer Positionierung werden auch die char-Konstanten \r \n und \t gemäß der üblichen C-Konventionen ausgewertet. Der Cursor befindet sich anschließend auf der entsprechenden Position. Alle übrigen char-Konstanten werden ignoriert.

Zur Attributierung des Zeichens werden die Werte der **aktuellen alphanumerischen Attribute** verwendet.

Die im *wr_flag* angezeigten Sonderfälle können auftreten, wenn die Schreibposition sich auf dem letzten Spaltenindex der aktuellen Zeile befindet (*AB_MXCOLS*-1). Dabei bedeutet *WR_OK*, daβ keine Sonderbehandlung erforderlich war, *WR_CUT* heiβt, daβ der Cursor nicht auf die nächst mögliche Schreibposition nachgezogen werden konnte. In diesem Falle bleibt der Cursor anschlieβend auf dem letzten Spaltenindex der aktuellen Zeile.

Falls die Pufferung ausgeschaltet ist, werden die Veränderungen im Window angezeigt.

RETURN VALUES

> 0 : *wr_flag*

< 0 : Fehler

Die externe Variable *ui_errno* enthält die Fehler-Kodierung:

UI_EINTERN

Interner THESEUS-Fehler

UI_ENOMEM

Kein Speicherplatz verfügbar

UI_EWIN

window existiert nicht

UI_EWINTYP

window ist kein Alpha-Window

NAME

ui_wrst - Write String

SYNOPSIS

#include <ui.h>

```
int      ui_wrst ( window , string )
Win_id   window;
char     *string;
```

EFFECT

Ab der aktuellen Position im Alpha-Puffer eines Windows wird eine neue Zeichenkette geschrieben. Die alten Werte in den adressierten Zeichenzellen werden überschrieben. Die Position des logischen Cursors im Puffer ist nach Ausführung der Funktion eine Position hinter dem letzten geschriebenen Zeichen der Kette, d.h. in der nachfolgenden Spalte derselben Zeile. Die Funktion besitzt dieselbe Wirkung wie mehrmaliges Aufrufen von *Write Character*.

Der Eingabeparameter *window* bezeichnet das Window, welchem die Operation zugeordnet ist.
Der Eingabeparameter *string* zeigt auf die einzutragende alphanumerische Zeichenkette. Diese kann neben den einzelnen Zeichen, die ihren Wert definieren, auch C-übliche char-Konstanten als Steuerzeichen eingestreut enthalten.
Die Funktion liefert bei normaler Beendigung im *wr_flag* einen Code für aufgetretene Sonderfälle beim Schreiben im Puffer zurück:

```
WR_OK    /* Keine Sonderbehandlung       */
WR_CUT   /* Zeichen wurden abgeschnitten */
```

Die Zeichenkette in **string* wird ab der aktuellen Position im Alpha-Puffer eines Windows standardmäßig in die nächsten aufeinanderfolgenden Spalten innerhalb der aktuellen Zeile geschrieben.

Zur Steuerung einer weitergehenden Positionierung beim Eintragen der Zeichen werden in der Zeichenkette eingestreute char-Konstanten \r \n und \t gemäß der üblichen C-Konventionen ausgewertet. Der Cursor wird beim Auftreten eines derartigen Zeichens entsprechend positioniert. Alle übrigen char-Konstanten werden ignoriert.

Zur Attributierung der Zeichen werden die Werte der **aktuellen alphanumerischen Attribute** verwendet.

Die im *wr_flag* angezeigten Sonderfälle können auftreten, wenn Zeilen zu kurz für die Aufnahme der gesamten Zeichenkette sind. Dabei bedeutet *WR_OK*, daß keine Sonderbehandlung erforderlich war, *WR_CUT* heißt, daß entweder ein Abschneiden von Zeichen erfolgte, oder aber der Cursor nicht auf die nächst mögliche Schreibposition nachgezogen werden konnte. Im Falle *WR_CUT* wird die zu schreibende Zeichenkette am Ende der aktuellen Zeile abgeschnitten und der Cursor befindet sich anschließend auf dem letzten Spaltenindex der aktuellen Zeile (*AB_MXCOLS*-1).

Falls die Pufferung ausgeschaltet ist, werden die Veränderungen im Window angezeigt.

Alte Zeichen im Puffer, die nicht direkt durch die Einträge der neuen Zeichenkette überschrieben wurden, bleiben unverändert. Dies gilt insbesondere für Zeichen, die sich hinter dem letzten eingetragenen Index von *string* in derselben Zeile befinden.

RETURN VALUES

> 0 : *wr_flag*

< 0 : Fehler

Die externe Variable *ui_errno* enthält die Fehler-Kodierung:

UI_EINTERN

Interner THESEUS-Fehler

UI_ENOMEM

Kein Speicherplatz verfügbar

UI_EWIN

window existiert nicht

UI_EWINTYP

window ist kein Alpha-Window

UI_ESTRINIL

Zeiger auf *string* ist Null

NAME

ui_inch - Insert Character

SYNOPSIS

#include <ui.h>

int *ui_inch (window , character)*

Win_id *window*;

char *character*;

EFFECT

An der aktuellen Position im Alpha-Puffer eines Windows wird ein neues Zeichen eingefügt. Der alte Wert in der Zeichenzelle der Position wird um eine Spalte verschoben. Die Position des logischen Cursors im Puffer ist nach Ausführung der Funktion eine Position hinter dem eingefügten Zeichen, d.h. in der nachfolgenden Spalte derselben Zeile.

Der Eingabeparameter *window* bezeichnet das Window, welchem die Operation zugeordnet ist.
Der Eingabeparameter *character* enthält das einzufügende alphanumerische Zeichen. Dieses kann auch eine C-übliche char-Konstante zur Steuerung darstellen.
Die Funktion liefert bei normaler Beendigung im *wr_flag* einen Code für aufgetretene Sonderfälle beim Schreiben im Puffer zurück:

WR_OK /* Keine Sonderbehandlung */
WR_CUT /* Cursor nicht nachführbar */

Zur Steuerung einer Positionierung werden auch die char-Konstanten \r \n und \t gemäß der üblichen C-Konventionen ausgewertet. Der Cursor befindet sich anschließend auf der entsprechenden Position. Alle übrigen char-Konstanten werden ignoriert.

Zur Attributierung des Zeichens werden die Werte der **aktuellen alphanumerischen Attribute** verwendet.

Die im *wr_flag* angezeigten Sonderfälle können auftreten, wenn die Schreibposition sich auf dem letzten Spaltenindex der aktuellen Zeile befindet (*AB_MXCOLS*-1) oder falls die Zeile schon die Maximallänge besitzt. Dabei bedeutet *WR_OK*, daß keine Sonderbehandlung erforderlich war, *WR_CUT* heißt, daß ein Zeichen abgeschnitten werden mußte und/oder daß der Cursor nicht auf die nächst mögliche Schreibposition nachgezogen werden konnte. In diesem Falle bleibt der Cursor anschließend auf dem letzten Spaltenindex der aktuellen Zeile.

Falls die Pufferung ausgeschaltet ist, werden die Veränderungen im Window angezeigt.

RETURN VALUES

> 0 : *wr_flag*

< 0 : Fehler

Die externe Variable *ui_errno* enthält die Fehler-Kodierung:

UI_EINTERN

  Interner THESEUS-Fehler

UI_ENOMEM

  Kein Speicherplatz verfügbar

UI_EWIN

  window existiert nicht

UI_EWINTYP

  window ist kein Alpha-Window

NAME

ui_inst - Insert String

SYNOPSIS

```
#include <ui.h>

int       ui_inst ( window , string )

Win_id    window;

char      *string;
```

EFFECT

Ab der aktuellen Position im Alpha-Puffer eines Windows wird eine neue Zeichenkette eingefügt. Die alten Werte in den adressierten Zeichenzellen werden entsprechend nach hinten verschoben. Die Position des logischen Cursors im Puffer ist nach Ausführung der Funktion eine Position hinter dem letzten Zeichen der eingefügten Kette, d.h. in der nachfolgenden Spalte derselben Zeile. Die Funktion besizt dieselbe Wirkung wie mehrmaliges Aufrufen von *Insert Character*.

Der Eingabeparameter *window* bezeichnet das Window, welchem die Operation zugeordnet ist.
Der Eingabeparameter *string* zeigt auf die einzufügende alphanumerische Zeichenkette. Diese kann neben den einzelnen Zeichen, die ihren Wert definieren, auch C-übliche char-Konstanten als Steuerzeichen eingestreut enthalten.

Die Funktion liefert bei normaler Beendigung im *wr_flag* einen Code für aufgetretene Sonderfälle beim Schreiben im Puffer zurück:

WR_OK /* Keine Sonderbehandlung */
WR_CUT /* Zeichen wurden abgeschnitten */

Die Zeichenkette in ***string*** wird ab der aktuellen Position im Alpha-Puffer eines Windows standardmäßig in die nächsten aufeinanderfolgenden Spalten innerhalb der aktuellen Zeile geschrieben. Die alten Werte werden entsprechend verschoben.

Zur Steuerung einer weitergehenden Positionierung beim Eintragen der Zeichen werden in der Zeichenkette eingestreute char-Konstanten \r \n und \t gemäß den üblichen C-Konventionen ausgewertet. Der Cursor wird beim Auftreten eines derartigen Zeichens entsprechend positioniert. Alle übrigen char-Konstanten werden ignoriert.

Zur Attributierung der Zeichen werden die Werte der **aktuellen alphanumerischen Attribute** verwendet.

Die im *wr_flag* angezeigten Sonderfälle können auftreten, wenn Zeilen zu kurz für die Aufnahme der gesamten auseinandergeschobenen Zeichenkette sind. Dabei bedeutet *WR_OK*, daß keine Sonderbehandlung erforderlich war, *WR_CUT* heißt, daß entweder ein Abschneiden von Zeichen erfolgte, und/oder der Cursor nicht auf die nächst mögliche Schreibposition nachgezogen werden konnte. Im Falle *WR_CUT* wird die gesamte Zeile mit der eingefügten Zeichenkette am Ende abgeschnitten und der Cursor befindet sich anschließend auf dem letzten Spaltenindex der aktuellen Zeile (*AB_MXCOLS*-1).

Falls die Pufferung ausgeschaltet ist, werden die Veränderungen im Window angezeigt.

Alte Zeichen im Puffer, die nicht am Ende einer beschriebenen Zeile abgeschnitten wurden, bleiben unverändert.

RETURN VALUES

> 0 : *wr_flag*

< 0 : Fehler

Die externe Variable *ui_errno* enthält die Fehler-Kodierung:

UI_EINTERN

Interner THESEUS-Fehler

UI_ENOMEM

Kein Speicherplatz verfügbar

UI_EWIN

window existiert nicht

UI_EWINTYP

window ist kein Alpha-Window

UI_ESTRINIL

Zeiger auf *string* ist Null

NAME

ui_opln - *Open Line*

SYNOPSIS

#include <ui.h>

int *ui_opln (window)*

Win_id *window*;

EFFECT

An der aktuellen Position im Alpha-Puffer eines Windows wird eine neue Leerzeile eingefügt. Die unteren Zeilen inklusive der aktuellen Zeile werden entsprechend nach unten verschoben. Ihr Inhalt bleibt unverändert. Der logische Cursor des Puffers befindet sich nach Ausführung der Funktion in der neuen Zeile auf seiner alten Spaltenposition.

Der Eingabeparameter *window* bezeichnet das Window, welchem die Operation zugeordnet ist.
Die Funktion liefert bei normaler Beendigung den Namen des Windows als Return-Wert zurück.

Falls die Pufferung ausgeschaltet ist, werden die Veränderungen im Window angezeigt.

RETURN VALUES

> 0 : *window*

< 0 : Fehler

Die externe Variable *ui_errno* enthält die Fehler-Kodierung:

UI_EINTERN

Interner THESEUS-Fehler

UI_ENOMEM

Kein Speicherplatz verfügbar

UI_EWIN

window existiert nicht

UI_EWINTYP

window ist kein Alpha-Window

NAME

ui_dlch - Delete Character

SYNOPSIS

#include <ui.h>

int *ui_dlch (window)*

Win_id *window*;

EFFECT

Das Zeichen an der aktuellen Position im Alpha-Puffer eines Windows wird gelöscht. Die hinter der Position in derselben Zeile sich befindlichen Zeichen werden um eine Position nach links gezogen. Die Position des logischen Cursors im Puffer ist nach Ausführung der Funktion unverändert.

Der Eingabeparameter *window* bezeichnet das Window, welchem die Operation zugeordnet ist.
Die Funktion liefert bei normaler Beendigung den Namen des Windows als Return-Wert zurück.

Falls die Pufferung ausgeschaltet ist, werden die Veränderungen im Window angezeigt.

RETURN VALUES

> 0 : *window*

< 0 : Fehler

Die externe Variable *ui_errno* enthält die Fehler-Kodierung:

UI_EINTERN

Interner THESEUS-Fehler

UI_EWIN

window existiert nicht

UI_EWINTYP

window ist kein Alpha-Window

NAME

ui_dlln - Delete Line

SYNOPSIS

#include <ui.h>

int *ui_dlln (window)*

Win_id *window*;

EFFECT

An der aktuellen Position im Alpha-Puffer eines Windows wird eine Zeile gelöscht. Die unteren Zeilen werden entsprechend nach oben nachgezogen. Ihr Inhalt bleibt unverändert. Der logische Cursor des Puffers befindet sich nach Ausführung der Funktion in der nächsten Zeile unter der gelöschten Zeile.

Der Eingabeparameter *window* bezeichnet das Window, welchem die Operation zugeordnet ist.
Die Funktion liefert bei normaler Beendigung den Namen des Windows als Return-Wert zurück.

Falls die Pufferung ausgeschaltet ist, werden die Veränderungen im Window angezeigt.

RETURN VALUES

> 0 : *window*

< 0 : Fehler

Die externe Variable *ui_errno* enthält die Fehler-Kodierung:

UI_EINTERN

Interner THESEUS-Fehler

UI_EWIN

window existiert nicht

UI_EWINTYP

window ist kein Alpha-Window

NAME

ui_dlto - Delete To

SYNOPSIS

#include <ui.h>

int *ui_dlto (window , rel_flag)*

Win_id *window*;

int *rel_flag*;

EFFECT

Ab der aktuellen Position im Alpha-Puffer eines Windows wird ein Teil des Puffers gelöscht. Die übrigen Teile des Puffers bleiben unverändert. Die Position des logischen Cursors im Puffer ergibt sich abhängig vom Löschbereich.

Der Eingabeparameter *window* bezeichnet das Window, welchem die Operation zugeordnet ist.
Der Eingabeparameter *rel_flag* definiert den relativen Bereich der Löschoperation. Dieser wird relativ zur aktuellen Cursorposition ermittelt. Im einzelnen werden folgende Parameterwerte unterstützt:

AB_EOL /* Zeilenende */
AB_BOL /* Zeilenanfang */
AB_EOB /* Pufferende */
AB_BOB /* Pufferanfang */

Die Funktion liefert bei normaler Beendigung den Namen des Windows als Return-Wert zurück.

Falls mit *AB_BOL* zum Zeilenanfang gelöscht wurde, befindet sich der Cursor anschließend auf der ersten Spalte dieser Zeile. Falls mit *AB_BOB* zum Pufferanfang gelöscht wurde, befindet sich der Cursor anschließend auf der ersten Zeile des Puffers in der ersten Spalte.

Falls die Pufferung ausgeschaltet ist, werden die Veränderungen im Window angezeigt.

RETURN VALUES

> 0 : *window*

< 0 : Fehler

Die externe Variable ***ui_errno*** enthält die Fehler-Kodierung:

UI_EINTERN

Interner THESEUS-Fehler

UI_EWIN

window existiert nicht

UI_EWINTYP

window ist kein Alpha-Window

UI_EBUFADR

rel_flag fehlerhaft

NAME

ui_rdch - Read Character

SYNOPSIS

#include <ui.h>

int *ui_rdch (window , character)*

Win_id *window*;

char **character*;

EFFECT

Das Zeichen an der aktuellen Position im Alpha-Puffer eines Windows wird zurückgeliefert. Der Zustand des Puffers wird durch die Funktion nicht beeinflußt.

Der Eingabeparameter ***window*** bezeichnet das Window, welchem die Operation zugeordnet ist.
Der Ausgabeparameter ***character*** zeigt nach Aufruf der Funktion auf die erfragte Information.
Die Funktion liefert bei normaler Beendigung den Namen des Windows als Return-Wert zurück.

Die Funktion hat keine Wirkung am Ausgabegerät.

RETURN VALUES

> 0 : *window*

< 0 : Fehler

Die externe Variable *ui_errno* enthält die Fehler-Kodierung:

UI_EINTERN

Interner THESEUS-Fehler

UI_EWIN

window existiert nicht

UI_EWINTYP

window ist kein Alpha-Window

NAME

ui_rdln - *Read Line*

SYNOPSIS

#include <ui.h>

int *ui_rdln (window , string)*

Win_id *window*;

char **string*;

EFFECT

Die Zeile im Alpha-Puffer eines Windows , in der sich der Cursor befindet, wird zurückgeliefert. Der Zustand des Puffers wird durch die Funktion nicht beeinflußt.

Der Eingabeparameter *window* bezeichnet das Window, welchem die Operation zugeordnet ist.
Der Ausgabeparameter *string* zeigt nach Aufruf der Funktion auf die erfragte Information. Den entsprechenden Vektor vom Typ *char ** mit der Länge *AB_MXCOLS* muß die Anwendung zur Verfügung stellen.
Die Funktion liefert bei normaler Beendigung den Namen des Windows als Return-Wert zurück.

Die Funktion hat keine Wirkung am Ausgabegerät.

RETURN VALUES

> 0 : *window*

< 0 : Fehler

Die externe Variable *ui_errno* enthält die Fehler-Kodierung:

UI_EINTERN

Interner THESEUS-Fehler

UI_EWIN

window existiert nicht

UI_EWINTYP

window ist kein Alpha-Window

UI_ESTRINIL

Zeiger auf *string* ist Null

NAME

ui_ilnl - *Inquire Line Length*

SYNOPSIS

```
#include <ui.h>

int         ui_ilnl ( window )

Win_id      window;
```

EFFECT

Die Länge der Zeile im Alpha-Puffer eines Windows, in der sich der Cursor befindet, wird zurückgeliefert. Der Zustand des Puffers wird durch die Funktion nicht beeinflußt.

Der Eingabeparameter *window* bezeichnet das Window, welchem die Operation zugeordnet ist.
Die Funktion liefert bei normaler Beendigung in *length* die Länge der aktuellen Zeile zurück.

Die Funktion hat keine Wirkung am Ausgabegerät.

RETURN VALUES

> 0 : *length*

< 0 : Fehler

Die externe Variable *ui_errno* enthält die Fehler-Kodierung:

UI_EINTERN

Interner THESEUS-Fehler

UI_EWIN

window existiert nicht

UI_EWINTYP

window ist kein Alpha-Window

NAME

ui_ibul - *Inquire Buffer Length*

SYNOPSIS

```
#include <ui.h>

int        ui_ibul ( window )

Win_id     window;
```

EFFECT

Die Anzahl der Zeilen des Alpha-Puffers eines Windows wird zurückgeliefert. Der Zustand des Puffers wird durch die Funktion nicht beeinflußt.

Der Eingabeparameter ***window*** bezeichnet das Window, welchem die Operation zugeordnet ist.
Die Funktion liefert bei normaler Beendigung in ***length*** die Anzahl der Zeilen des Puffers zurück.

Die Funktion hat keine Wirkung am Ausgabegerät.

RETURN VALUES

> 0 : *length*

< 0 : Fehler

Die externe Variable *ui_errno* enthält die Fehler-Kodierung:

UI_EINTERN

Interner THESEUS-Fehler

UI_EWIN

window existiert nicht

UI_EWINTYP

window ist kein Alpha-Window

NAME

ui_scaa - Set Current Alpha Attributes

SYNOPSIS

```
#include <ui.h>

int         ui_scaa ( new_curr_alpha_attributes )

Aatt_rec    *new_curr_alpha_attributes;
```

EFFECT

Die aktuellen alphanumerischen Attribute werden in THESEUS neu gesetzt.

Der Eingabeparameter *new_curr_alpha_attributes* zeigt auf eine Struktur mit den neuen Werten der aktuellen alphanumerischen Attribute. Dabei gibt der Wert AA_OLDVALUE in einem Eintrag an, daß der jeweilige alte Wert beibehalten werden soll.
Die Funktion liefert bei normaler Beendigung einen Wert > 0 zurück, der keine Bedeutung besitzt.

Die Funktion hat keine Wirkung am Ausgabegerät.

RETURN VALUES

> 0 : keine Bedeutung

< 0 : Fehler
Die externe Variable *ui_errno* enthält die Fehler-Kodierung:

UI_EINTERN
    Interner THESEUS-Fehler

UI_EAANIL
    Zeiger auf *new_curr_alpha_attributes* ist Null

UI_EAACV

Fehler in ***new_curr_alpha_attributes***:
Zeichen-Sichtbarkeit inkorrekt

UI_EAACI

Fehler in ***new_curr_alpha_attributes***:
Zeichen-Inversdarstellung inkorrekt

UI_EAACH

Fehler in ***new_curr_alpha_attributes***:
Zeichen-Hervorhebung inkorrekt

UI_EAACU

Fehler in ***new_curr_alpha_attributes***:
Zeichen-Unterstreichung inkorrekt

UI_EAAS

Fehler in ***new_curr_alpha_attributes***:
Alpha-Text-Zeichensatz inkorrekt

UI_EAAF

Fehler in ***new_curr_alpha_attributes***:
Alpha-Text-Schriftart inkorrekt

NAME

ui_icaa - Inquire Current Alpha Attributes

SYNOPSIS

#include <ui.h>

int *ui_icaa (curr_alpha_attributes)*

Aatt_rec **curr_alpha_attributes*;

EFFECT

Die aktuellen alphanumerischen Attribute werden zurückgeliefert. Der Zustand von THESEUS wird durch die Funktion nicht beeinflußt.

Der Ausgabeparameter ***curr_alpha_attributes*** zeigt auf eine Struktur, die nach Aufruf der Funktion die erfragten Werte enthält. Den entsprechenden Puffer vom Typ ***Aatt_rec*** muß die Anwendung zur Verfügung stellen.
Die Funktion liefert bei normaler Beendigung einen Wert > 0 zurück, der keine Bedeutung besitzt.

Die Funktion hat keine Wirkung am Ausgabegerät.

RETURN VALUES

> 0 : keine Bedeutung

< 0 : Fehler
Die externe Variable ***ui_errno*** enthält die Fehler-Kodierung:

UI_EINTERN
    Interner THESEUS-Fehler

UI_EAANIL
    Zeiger auf ***curr_alpha_attributes*** ist Null

NAME

ui_scha - Set Character Attributes

SYNOPSIS

#include <ui.h>

int *ui_scha (window , new_alpha_attributes)*

Win_id *window;*

Aatt_rec **new_alpha_attributes;*

EFFECT

Die alphanumerischen Attribute des Zeichens an der aktuellen Cursorposition eines Windows werden neu gesetzt.

Der Eingabeparameter *window* bezeichnet das Window, welchem die Operation zugeordnet ist.
Der Eingabeparameter *new_alpha_attributes* zeigt auf eine Struktur mit den neuen Attributwerten. Dabei gibt der Wert AA_OLDVALUE in einem Eintrag an, daß der jeweilige alte Wert beibehalten werden soll.
Die Funktion liefert bei normaler Beendigung in *window* den Namen des Windows zurück.

Falls die Pufferung ausgeschaltet ist, werden die Veränderungen im Window angezeigt.

RETURN VALUES

> 0 : *window*

< 0 : Fehler

Die externe Variable *ui_errno* enthält die Fehler-Kodierung:

UI_EINTERN

Interner THESEUS-Fehler

UI_EWIN

window existiert nicht

UI_EWINTYP

window ist kein Alpha-Window

UI_EAANIL

Zeiger auf *new_alpha_attributes* ist Null

UI_EAACV

Fehler in *new_alpha_attributes*:

Zeichen-Sichtbarkeit inkorrekt

UI_EAACI

Fehler in *new_alpha_attributes*:

Zeichen-Inversdarstellung inkorrekt

UI_EAACH

Fehler in *new_alpha_attributes*:

Zeichen-Hervorhebung inkorrekt

UI_EAACU

Fehler in *new_alpha_attributes*:

Zeichen-Unterstreichung inkorrekt

UI_EAAS

Fehler in *new_alpha_attributes*:

Alpha-Text-Zeichensatz inkorrekt

UI_EAAF

Fehler in *new_alpha_attributes*:

Alpha-Text-Schriftart inkorrekt

NAME

ui_icha - Inquire Character Attributes

SYNOPSIS

#include <ui.h>

int *ui_icha (window , alpha_attributes)*

Win_id *window*;

Aatt_rec **alpha_attributes*;

EFFECT

Die alphanumerischen Attribute des Zeichens an der aktuellen Cursorposition eines Windows werden zurückgeliefert.

Der Eingabeparameter *window* bezeichnet das Window, welchem die Operation zugeordnet ist.
Der Ausgabeparameter *alpha_attributes* zeigt auf eine Struktur mit den Attributwerten. Den entsprechenden Puffer vom Typ *Aatt_rec* muß die Anwendung zur Verfügung stellen.
Die Funktion liefert bei normaler Beendigung den Namen des Windows als Return-Wert zurück.

Die Funktion hat keine Wirkung am Ausgabegerät.

RETURN VALUES

> 0 : *window*

< 0 : Fehler
Die externe Variable *ui_errno* enthält die Fehler-Kodierung:

UI_EINTERN

Interner THESEUS-Fehler

UI_EWIN

window existiert nicht

UI_EWINTYP

window ist kein Alpha-Window

UI_EAANIL

Zeiger auf ***new_alpha_attributes*** ist Null

NAME

ui_bbao - Begin Buffering Alpha_Text Output

SYNOPSIS

```
#include <ui.h>

Win_id    ui_bbao ( window )

Win_id    window;
```

EFFECT

Die alphanumerische Ausgabe für ein Window wird in den Modus *Output Buffered* gesetzt, d.h. die alphanumerische Ausgabe wird ab dem Zeitpunkt des Aufrufs der Funktion gepuffert. Das bedeutet, daß Manipulationen im Alpha-Puffer eines bestimmten Windows durch THESEUS nicht mehr sofort am Bildschirm angezeigt werden.

Der Eingabeparameter *window* bezeichnet das Window, für das die Ausgaben gepuffert werden sollen.
Die Funktion liefert bei normaler Beendigung den Namen des Windows als Return-Wert zurück.

Der Ausgabemodus kann mit der inversen Funktion *End Buffering Alpha Output* zurückgesetzt werden.

Die Funktion hat keine Wirkung am Ausgabegerät.

Bemerkung:
Durch interne Updates von THESEUS aufgrund von Benutzermanipulationen des Windows kann es vorkommen, daß der entsprechende Alpha-Puffer-Zustand auch zwischen zwei Aufrufen von *Begin* und *End Buffering* am Bildschirm angezeigt wird. Dies ist durch die Anwendung nicht beeinflußbar und hat keinen Einfluß auf den Ausgabemodus.

RETURN VALUES

> 0 : *window*

< 0 : Fehler

Die externe Variable *ui_errno* enthält die Fehler-Kodierung:

UI_EINTERN

Interner THESEUS-Fehler

UI_EWIN

window existiert nicht

UI_EWINTYP

window ist kein Alpha-Window

UI_EBUFSTAT

Ausgabestatus entspricht schon *Output Buffered*

NAME

ui_ebao - End Buffering Alpha_Text Output

SYNOPSIS

#include <ui.h>

Win_id *ui_ebao (window)*

Win_id *window;*

EFFECT

Die alphanumerische Ausgabe für ein Window wird in den Modus *Update At Once* gesetzt, d.h. die alphanumerische Ausgabe wird ab dem Zeitpunkt des Aufrufs der Funktion nicht gepuffert. Das bedeutet, daβ Manipulationen im Alpha-Puffer eines bestimmten Windows durch THESEUS sofort am Bildschirm angezeigt werden.

Gleichzeitig wird der aktuelle Zustand des Alpha-Puffers durch die Funktion ausgegeben, d.h. der Bildschirm upgedatet.

Der Eingabeparameter *window* bezeichnet das Window, für das die Ausgaben nicht gepuffert werden sollen.
Die Funktion liefert bei normaler Beendigung den Namen des Windows als Return-Wert zurück.

Der Ausgabemodus kann mit der inversen Funktion *Begin Buffering Graphics Output* zurückgesetzt werden.

RETURN VALUES

> 0 : *window*

< 0 : Fehler

Die externe Variable *ui_errno* enthält die Fehler-Kodierung:

UI_EINTERN

Interner THESEUS-Fehler

UI_EWIN

window existiert nicht

UI_EWINTYP

window ist kein Alpha-Window

UI_EBUFSTAT

Ausgabestatus entspricht schon *Update At Once*

8. Eingabe

8.1. Eingabe-Modell

Die Eingabe besteht aus Aktionen eines Benutzers mit den Eingabegeräten. Eingabegeräte sind die Maus und die Tastatur. Solche Aktionen wie Drücken einer Taste oder Bewegen der Maus werden im folgenden **physikalische Eingaben genannt**. Einige dieser physikalischen Eingaben führen dazu, daß eine Verarbeitung der Eingabe durch das Anwendungsprogramm vorgenommen werden muß. Für die Spezifikation THESEUS - Anwendungsprogramme sind nur diese Eingaben von Interesse. Aufgabe von THESEUS ist es, die physikalischen Benutzereingaben abzufangen und der zugehörigen Anwendungsverarbeitung zuzuordnen. Die Frage, wie diese Verbindung vorgenommen werden soll (d.h. die Frage nach der Kontroll-Architektur) ist von entscheidender Bedeutung für die Konzeption der Dialogverwaltung und wird an anderer Stelle ausführlich behandelt /HLMW-85/, /Hüb-85/.

Das hier vorgestellte Eingabe-Modell basiert auf dem Konzept der **externen Kontrolle** /HSL-85/, /End-84/, /Pfa-85/. Benutzer-Eingaben werden von THESEUS abgefangen, gesammelt und einer Anwendungsfunktion zugeordnet. THESEUS ruft für den Fall, daß entsprechende Benutzeraktionen aufgetreten sind, diese Funktion auf. Damit wird der Benutzer in die Lage versetzt, unter verschiedenen Eingabemöglichkeiten zu wählen. Diese Architektur erlaubt es, ***benutzergesteuerte*** Mensch-Maschine-Schnittstellen zu realisieren, bei denen die Initiative vom Benutzer ausgeht, während das System auf die Benutzeraktionen reagiert. Solche Benutzungsoberflächen sind aus software-ergonomischer Sicht ***systemgesteuerten*** Mensch-Maschine-Schnittstellen vorzuziehen, bei denen das System vom Benutzer Eingaben erwartet, wenn es sie zur Verarbeitung braucht.

Die Eingabe-Schnittstelle zwischen THESEUS und Applikation liegt auf einem anwendungsnahen Niveau. Während in gängigen Window-Manager-Systemen und Graphiksystemen physikalische Benutzereingaben (Events) direkt an die Anwendung gehen und dort verarbeitet werden (siehe /Hop-85/, /GEM-84/, /MSW-85/, /TOP-84/), ist die Anwendung im hier vorgestellten System befreit von der Aufgabe, physikalische Eingaben zu erwarten, auf ihre Zulässigkeit zu überprüfen und in Abhängigkeit des Eingabetyps zu verzweigen.

Die Abbildung von Benutzeraktionen auf eine Anwendungsfunktion geschieht vollständig innerhalb von THESEUS. Dieser ruft schließlich die zugehörige Applikationsfunktion auf. Die Zuordnung Benutzeraktion --> Anwendungsfunktion ist nicht statisch, sondern kann dynamisch von der Anwendung verändert werden. Die Zuordnung wird festgelegt durch Datenstrukturen, die von THESEUS verwaltet werden. Diese Datenstrukturen definieren, daß z.B. das Bewegen der Maus auf eine bestimmte Position (x,y) und anschließendes Drücken des Maus-Knopfes die Bedeutung einer Menü-Auswahl hat, daß das Menü-Element den Namen *save* trägt, daß die Auswahl dieses Elementes zur Zeit zulässig ist und daß eine Applikationsfunktion namens *ap_sav* aufgerufen wird, falls der Benutzer das Menü-Element auswählt.

Die Anwendung hat die Möglichkeit, Einfluß auf den Abbildungsprozeß zu nehmen. Dies geschieht durch Zugriffsfunktionen des Anwendungsprogrammes (AP) auf die Eingabe-Datenstrukturen von THESEUS.

Die Aufrufsequenz an der Schnittstelle zwischen THESEUS und der Anwendung (Abb. 8.1) beeinflußt stark den Entwurf und die Modularisierung der Anwendungsfunktionen.

Zunächst teilt die Anwendung THESEUS mit, wie er auf welche Aktionen zu reagieren hat, d.h. die Datenstrukturen werden erzeugt und initialisiert. In der Regel wird diese Aufgabe vom Hauptprogramm übernommen. Anschließend startet die Anwendung einen **Event Handler**. Damit wechselt die Kontrolle zu THESEUS. Der Event Handler verköpert den Teil von THESEUS, der physikalische Eingaben abfängt, sammelt, auf Zulässigkeit überprüft, abbildet auf eine Applikationsfunktion und diese aufruft. Nachdem die Applikationsfunktion beendet ist, kann der Event Handler die nächste Applikationsfunktion in Abhängigkeit der aufgetretenen Benutzeraktion aufrufen. Eine aufgerufene Anwendungsfunktion kann die Eingabe verarbeiten, ggfs. Ausgabe- und Steuerfunktionen von THESEUS aufrufen und kann schließlich die folgenden zulässigen Eingaben definieren.

Betrachten wir folgendes Beispiel:

Die Anwendung definiert ein Menü *Edit*. Sie teilt THESEUS mit, welche Auswahlmöglichkeiten das Menü bietet soll. Dies seien *Insert*, *Delete*, *Search* und *Quit*. Zu jedem dieser Menü-Items wird definiert, welche Applikationsfunktion aufgerufen wird, wenn das Menü-Item vom Benutzer ausgewählt wird. Dies seien z.B. die Funktionen *ap_ins*, *ap_del*, *ap_srch* und *ap_quit*. Für diese Initialisierungen existieren geeignete Funktionen an der Schnittstelle THESEUS - AP. Diese Funktionen legen die Informationen in Datenstrukturen ab, die von THESEUS verwaltet werden.

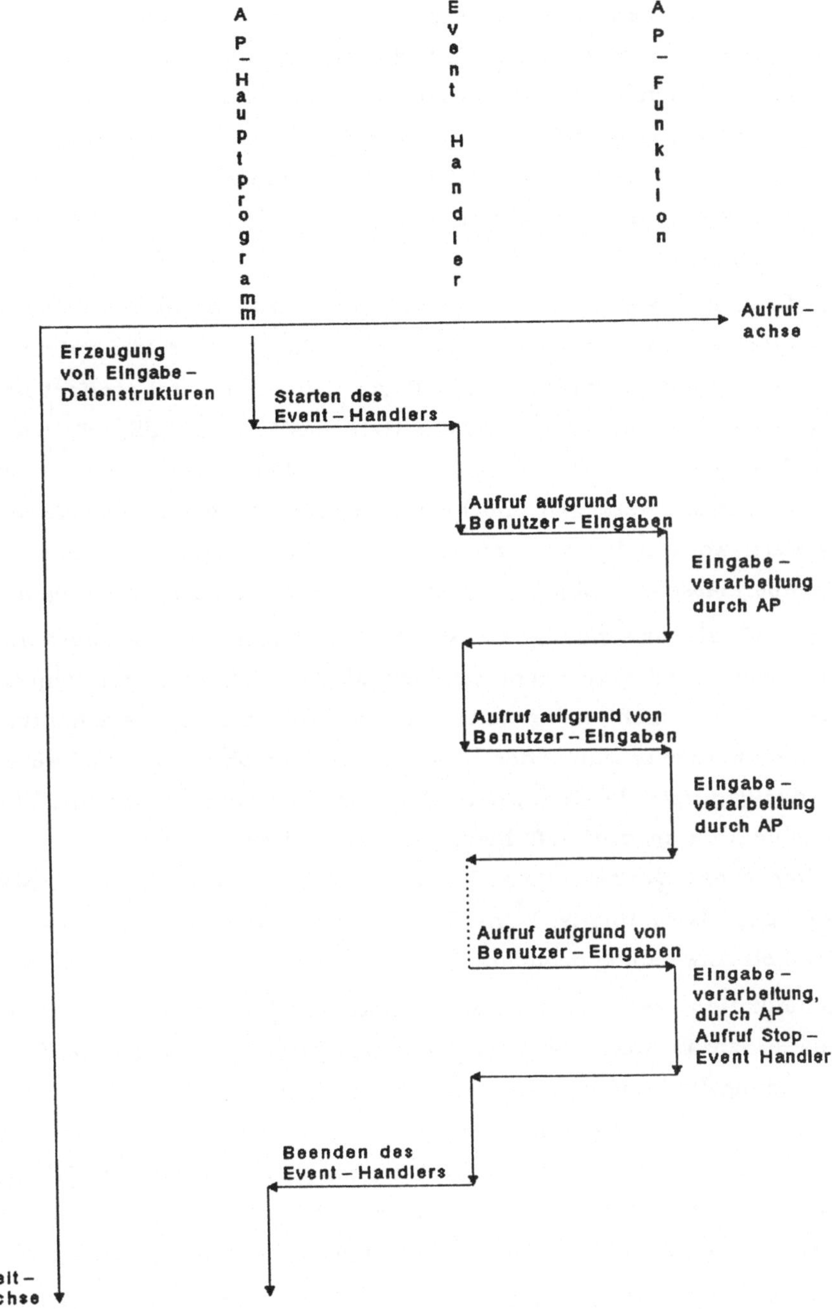

Abb. 8.1: Aufrufsequenz an der Schnittstelle THESEUS - Anwendung

Nach der Initialisierungsphase startet die Anwendung den Event Handler. Von nun ab liegt die Kontrolle bei THESEUS. Wählt der Benutzer nun z.B. das Menü-Item *Insert* aus, ruft THESEUS die Funktion ***ap_ins*** auf. Wählt der Benutzer anschließend *Delete* aus, wird die Funktion ***ap_del*** von THESEUS aufgerufen.

Die Applikationsfunktionen führen nicht nur die anwendungsspezifische Verarbeitung aus, sondern können zusätzlich den Abbildungsprozeß für die folgenden Eingaben ändern. So kann z.B. ein Anwendungsprogramm THESEUS mitteilen, daß ab sofort das Menü-Item *Delete* gesperrt sein soll. Dies hat an der Benutzungsoberfläche die Bedeutung, daß das Menü-Item *Delete* nur noch in schwacher Schrift sichtbar wird. Für den Fall, daß der Benutzer das Item *Delete* anklickt, ruft THESEUS nun keine Anwendungsroutine auf.

Andere Möglichkeiten wären, an der Benutzungsoberfläche das Wort *Delete* durch *Remove* zu ersetzen und trotzdem weiterhin die Funktion *ap_del* aufzurufen oder aber das gesamte Menü zu sperren, weil z.B. zur Zeit keine Datei geöffnet ist. Es existieren geeignete Funktionen an der Schnittstelle AP - THESEUS, mit denen solche Eingabeattribute gesetzt werden können. Dies ist notwendig, weil viele Anwendungen ihre Menüs dynamisch erzeugen und modifizieren wollen sowie die Zulässigkeit der Eingabe ändern wollen. Dies gilt nicht nur für Menü-Eingabe, sondern auch für andere Eingabe-Klassen wie Objekt-Auswahl, Icon-Auswahl, Positionierung etc.

Schließlich muß die Anwendung die Möglichkeit haben, die Eingabeverarbeitung durch den Event Handler zu beenden. Dies ist der Fall, wenn der Benutzer seine Sitzung beendet und nicht mehr weiterarbeiten will oder aber ein Kontextwechsel (z.B. von einem Werkzeug zum anderen) stattfindet. Im obigen Beispiel wäre dies der Fall, wenn der Benutzer das Menü-Item *Quit* auswählt. Daraufhin ruft THESEUS die Applikationsfunktion *ap_quit* auf. Diese verbietet weitere Eingaben durch Aufruf der Funktion *Stop Event Handler*. Diese Funktion beendet die Eingabeverarbeitung für diese Anwendung. Daraufhin ist keine Eingabe mehr möglich. In der Regel wird sich anschließend die Anwendung beenden.

Die Kommunikation zwischen THESEUS und Applikation erfolgt ähnlich zum Rendezvous-Prinzip in ADA /Geh-83/. THESEUS kann einen Eingangsaufruf senden. Einige Anwendungsfunktionen sind bereit, einen Eingangsaufruf zu empfangen. Ein Eingangsaufruf wird von THESEUS geschickt, wenn eine Benutzereingabe stattgefunden hat. In Abhängigkeit von der Benutzereingabe und davon, welche AP-Funktionen empfangsbereit sind, nimmt eine Anwendungsroutine den Aufruf an. Es findet ein Rendezvous zwischen THESEUS (Sender) und einer AP-Funktion (Empfänger) statt.

Während dieses Rendezvous wird die anwendungsspezifische Verarbeitung der Benutzereingabe vorgenommen. Darüber hinaus können Aufrufe an THESEUS getätigt werden, z.B. zur Ausgabe und zur Vorbereitung der folgenden Eingabe-Events. Nachdem das Rendezvous von der Anwendungsfunktion beendet worden ist, kann THESEUS aufgrund einer neuen Benutzereingabe einen neuen Eingangsaufruf für das nächste Rendezvous senden.

Während eines Rendezvous kann THESEUS keinen weiteren Eingangsaufruf schicken. Die Annahmeanweisungen können mit Bedingungen behaftet werden (selektives Warten). Nur wenn die Bedingung zutrifft, kann ein Eingangsaufruf angenommen werden. Dadurch kann zustands- und eingabeabhängig die Zuordnung einer Benutzereingabe auf eine Anwendungsfunktion vorgenommen werden.

ADA verfügt über Sprachmöglichkeiten, Eingangdeklarationen und -aufrufe sowie Annahmeanweisungen (accept) zu definieren. Sie sind den Prozedurdeklarationen und Aufrufen ähnlich. In C erfolgt diese Kommunikation durch Funktionsaufrufe, vor allem weil Anwendung und THESEUS nicht asynchrone Prozesse sind, sondern ein gebundenes Programm. Die Zuordnung eines Eingangsaufrufes zu einer Anwendungsfunktion wird gesteuert durch Datenstrukturen, auf die sowohl Sender (THESEUS) als auch die Empfänger (AP) Zugriff haben. Sie beinhalten Zustände, die die Abbildung einer Benutzereingabe auf eine Anwendungsroutine steuern. Diese Zustände können von der Anwendung gesetzt werden.

Ein vereinfachtes Beispiel soll das Zusammenspiel AP - THESEUS verdeutlichen (THESEUS-Teile sind *kursiv* gedruckt):

```
main ()
{
    /* Initialisierung der Datenstrukturen */
    /* von THESEUS für ein Menü */
    create_input_set (..,MENU,..);

    /* Aufruf des THESEUS Event Handlers */
    start_event_handler ();

} /* main */
```

```
event_handler ()
{
   do
   {
      /* Erwarte Benutzer-Eingabe */

      /* Überprüfung der Zulässigkeit */
      /* der Benutzer-Eingabe */


      /* Abbildung auf Anwendungsfunktionen: */
      switch (eingabe)
       {
       case MENU_ITEM_1 : ap_ins  (); break;
       case MENU_ITEM_2 : ap_del  (); break;
       case MENU_ITEM_3 : ap_srch (); break;
       case MENU_ITEM_4 : ap_quit (); break;
       /* andere Eingaben führen zu */
       /* anderen Funktionen: */
       ...
       }

   while (THESEUS_STOP)
   } /* Ende der do-Schleife */

} /* event_handler */

ap_ins ()
{
     /* Anwendungs-Verarbeitung von Insert */

     /* evtl. Ändern von Eingabe-Attributen */
     /* durch Modifizierung der */
     /* THESEUS-Eingabedatenstrukturen */
     set_element_menu_item_entries (..);

}/* ap_ins */
```

```
ap_del ()
{
    /* Anwendungs-Verarbeitung von Delete */

    /* evtl. Ändern von Eingabe-Attributen */
    /* durch Modifizierung der */
    /* THESEUS-Eingabedatenstrukturen */
    set_element_menu_item_entries (..);

}/* ap_del */



ap_srch ()
{
    /* Anwendungs-Verarbeitung von Search */

    /* evtl. Ändern von Eingabe-Attributen */
    /* durch Modifizierung der */
    /* THESEUS-Eingabedatenstrukturen */
    set_element_menu_item_entries (..);

} /*ap_srch */


ap_quit ()
{
    /* Anwendungs-Verarbeitung von Quit */

    /* setze THESEUS_STOP */
    stop_event_handler ();

} /*ap_del */
```

Es wird in den folgenden Kapiteln detailliert erläutert, welche Möglichkeiten die Anwendung hat, den Abbildungsprozeß zu beeinflussen und wie die Zugriffsfunktionen lauten.

8.2. Die Zuordnung: Benutzereingabe --> Anwendungsfunktion

Die Abbildung von Benutzeraktionen auf eine Anwendungsfunktion in THESEUS erfolgt in mehreren Schritten (Abb. 8.2).

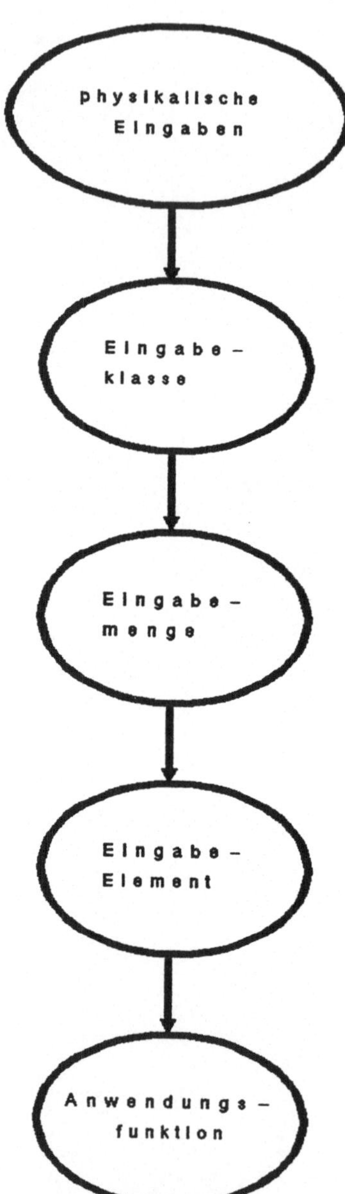

Abb. 8.2: Die Eingabeverarbeitungschritte in THESEUS

Der Benutzer hat folgende Möglichkeiten der **physikalischen Eingabe**:

- Drücken des Mausknopfes nach unten (button down),

- Mausknopf nach oben bewegen (button up),

- Bewegen der Maus ohne gedrückten Knopf,

- Bewegen der Maus mit gedrücktem Knopf,

- Drücken einer Taste der Tastatur.

THESEUS ordnet eine physikalische Eingabe oder eine Sequenz solcher Eingaben einer **Eingabe-Klasse** zu. Man unterscheidet folgende Eingabe-Klassen:

(1) Menü-Auswahl
Ein Menü-Item wird ausgewählt.

(2) Icon-Auswahl
Ein auf dem Bildschirm sichtbares Icon wird ausgewählt.

(3) Objekt-Auswahl
Ein auf dem Bildschirm sichtbares Objekt wird ausgewählt.

(4) Positionierung
Eine Position wird eingegeben.

(5) Tastatur-Eingabe
Eine Taste der Tastatur wird gedrückt.

(6) Dragging
Ein Objekt wird verschoben.

Die Zuordnung erfolgt aufgrund fester Regeln, basierend auf den THESEUS-Eingabedatenstrukturen.

Jede Eingabe-Klasse wird unterteilt in mehrere zulässige **Mengen** (Sets). Wenn z.B. drei Menüs auf dem Bildschirm existieren, dann besteht die Eingabe-Klasse *Menü-Auswahl* aus drei Mengen. Die erste Menge enthält die Auswahlmöglichkeiten von *Menü1 (z.B. Info)*, die zweite alle Alternativen von *Menü2 (z.B. File)* und die dritte die Alternativen von *Menü3 (z.B. Edit)*. Die Eingabe-Klasse *Objekt-Auswahl* könnte sich etwa aufteilen in die Menge aller auswählbaren Objekte vom Objekttyp *Information* und in die Menge aller Objekte vom Objekttyp *Aktivität*. Die Gruppierung zu Mengen erfolgt in der Initialisierungsphase der Applikation nach anwendungsspezifischen Gesichtspunkten durch die Funktion *Create Input Set*. Die Eingabe-Mengen können

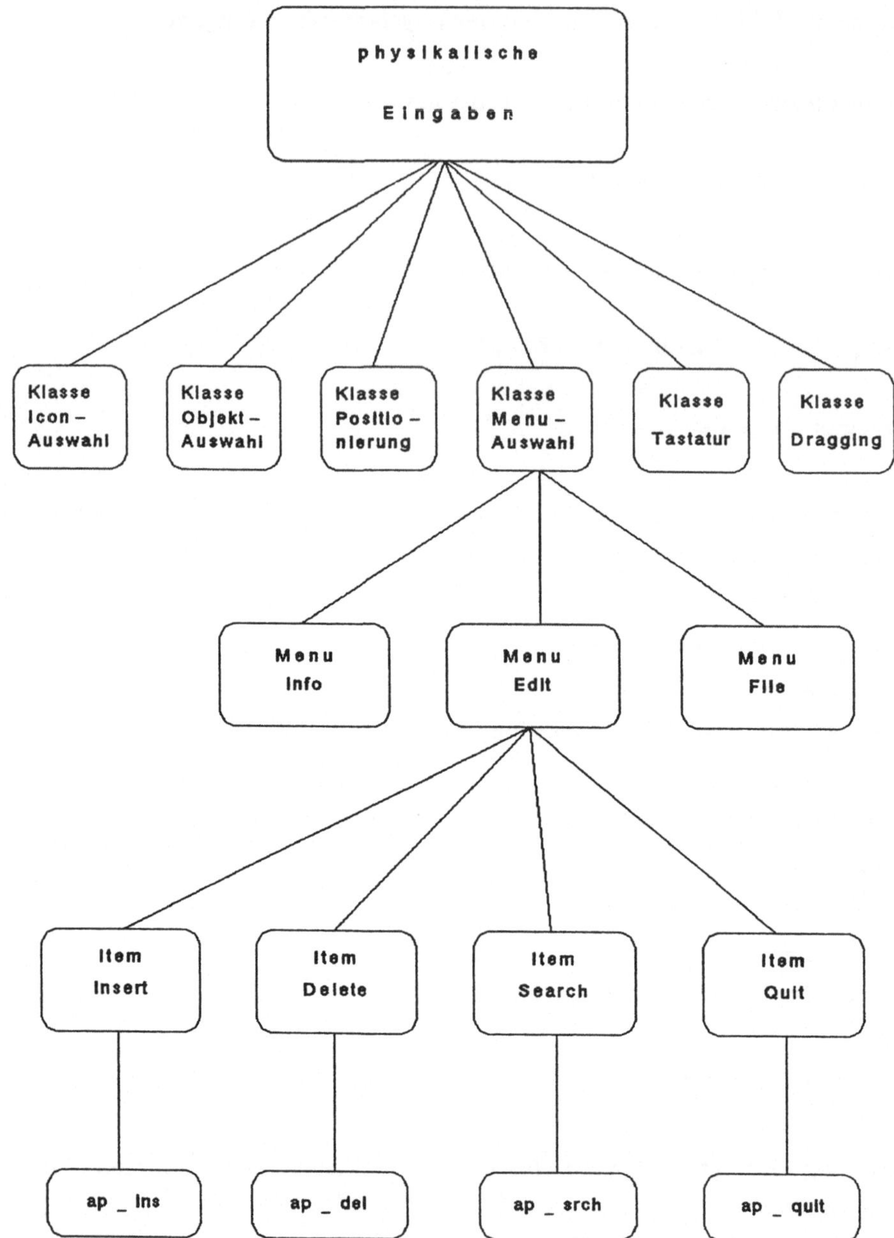

Abb. 8.3: Mögliche Eingabeverarbeitungen

Für jede Eingabe-Menge legt THESEUS eine Datenstruktur vom Typ *Input_set* an. Die Komponenten enthalten Eingabe-Attribute. Ein wesentliches Attribut von Mengen ist ihre Zulässigkeit. Man kann jede Menge (z.B. ein Menü) zulassen zur Eingabe oder sperren. Ist eine Menge gesperrt, sind die Elemente der Menge nicht zur Eingabe freigegeben (ein Benutzer darf das Menü nicht verwenden). Führt der Benutzer dennoch physikalische Eingaben aus, die auf die gesperrte Eingabe-Menge abgebildet werden, so fängt THESEUS die Eingabe ab und bricht den Abbildungsprozeß an dieser Stelle ab. Es wird folglich keine AP-Funktion aufgerufen.

Jede Eingabe-Menge setzt sich zusammen aus ihren **Elementen**. Das Menü *Edit* z.B. besteht aus den Elementen *Insert*, *Delete*, *Search* und *Quit*. Eine Objekt-Menge *Information* könnte sich zusammensetzen aus den Objekten *Info1*, *Info2* und *Info3*. Die Elemente beschreiben die zulässigen Eingaben für eine Eingabe-Menge. THESEUS legt für jedes Element eine eigene Datenstruktur an, die Element-Attribute enthält. Die Anwendungsfunktionen können ein einzelnes Element für die Eingabe sperren und wieder entsperren. Es kann z.B. das Menü-Item *delete* zu gewissen Zeiten nicht zulässig sein. Führt der Abbildungsprozeß auf ein gesperrtes Element, so wird die Eingabe nicht weiter verarbeitet. Die Menü-Auswahl *delete* hat keinen Effekt.

Die Eingabe-Mengen sind nicht statisch. Die Applikationsfunktionen können neue Elemente hinzufügen oder entfernen. Dies geschieht durch die Funktionen *Add Element To Set* bzw. *Remove Element From Set*.

Jedes Element einer Eingabe-Menge ist mit einer **Applikationsfunktion** behaftet. Der Funktionsname ist ein Attribut in der Datenstruktur des Elementes. Hat THESEUS eine physikalischen Eingabe des Benutzers auf solch ein Eingabe-Element abgebildet, ruft er die zugehörige Anwendungsfunktion auf. Es können mehrere Elemente mit der gleichen AP-Funktion verbunden werden.

Die Regeln des Abbildungsprozesses liegen fest. Im folgenden wird auf die einzelnen Abbildungsschritte näher eingegangen.

8.2.1. Physikalische Eingabe --> Eingabe-Klasse

THESEUS erkennt aufgrund einer oder einer Sequenz von physikalischen Benutzereingabe(n) sowie aufgrund der Objekte auf dem Bildschirm, deren Positionen etc., welcher Eingabe-Klasse er die Eingabe zuzuordnen hat.

Beispiel: Der Benutzer positioniert die Maus, drückt anschließend den Mausknopf und läßt ihn wieder los. THESEUS vergleicht die Position mit den auf dem Bildschirm sichtbaren Menü-Items, Icons und Objekte. Im Falle einer Übereinstimmung ordnet er die Eingaben der Eingabe-Klasse Menü-Auswahl, Icon-Auswahl bzw. Objekt-Auswahl zu.

Die exakten Aktionen, die der Benutzer an der Oberfläche vornehmen muß, damit seine Eingaben einer bestimmten Klasse zugeordnet werden, sind in den Kapiteln erläutert, in denen die Eingabe-Klassen beschrieben werden.

8.2.2. Eingabe-Klasse --> Eingabe-Menge

Jede Eingabe-Klasse unterteilt sich in mehrere Eingabe-Mengen:

(1) Die Eingabe-Klasse Menü-Auswahl gliedert sich in mehrere Menüs.

(2) Die Eingabe-Klasse Icon-Auswahl besteht aus mehreren Icon-Mengen. Es kann z.B. eine Icon-Menge definiert werden, die Icons enthält, die globale Funktionen wie z.B. den Mülleimer (als Löschfunktion) repräsentieren und eine zweite Icon-Menge, die Icons enthält, die Objekttypen wie Information, Aktivität, Berandung beschreiben.

(3) Die Eingabe-Klasse Objekt-Auswahl könnte eine Objekt-Menge enthalten, die alle existierenden Knoten enthält und eine zweite mit allen existierenden Kanten.

(4) Die Eingabe-Klasse Positionierung gliedert sich in Mengen, die verschiedene Eingabebereiche definieren. Man kann z.B. für jedes Window eine Menge definieren.

(5) Bei der Tastatur-Eingabe können verschiedene Tasten zu Mengen zusammengefaßt werden, etwa die Menge der Funktionstasten, die Menge der Ziffern, die Menge der Kleinbuchstaben usw.

(6) Beim Dragging lassen sich Mengen bilden, die verschiebbare Objekte enthalten.

THESEUS verwaltet für jede Eingabe-Menge Attribute, die alle für den Ableitungsprozeß notwendigen Informationen bereitstellen.

Beispiel: Die Datenstruktur für eine Eingabe-Menge, die ein **Menü** darstellt, enthält folgende Informationen:

- Titel des Menüs
- Eingabe-Klasse (hier Menü)
- zugeordnetes Window
- Zustand des Menüs (auswählbar oder gesperrt)
- Anzahl der Menü-Items
- Auswählbare Alternativen
- zuletzt ausgewähltes Menü-Item

Der exakte Spezifikation des Datentypes ***Input_set*** und die Bedeutung der Einträge für die verschiedenen Eingabe-Klassen CL_MENU, CL_ICONS, CL_OBJECTS, CL_POS_AREAS, CL_KEYS, CL_DRAG wird in den Kapiteln zu den einzelnen Eingabe-Klassen vorgenommen.

Die Applikationsprogramme können die anwendungsabhängigen Mengen-Attribute verändern. Die Anwendung kann z.B. ein Menü sperren (*Edit* sei zur Zeit nicht erlaubt), Mengen-Elemente hinzufügen oder herausnehmen oder aber auch die aktuellen Einträge erfragen. An der Schnittstelle THESEUS - AP existieren daher Funktionen, mit denen die Anwendung

- neue Mengen definieren kann,
  Create Input Set
- Mengen löschen kann,
  Delete Input Set
- eine Menge in den Eingabe-Verarbeitungsprozeß einbringen kann,
  Add Set To Event Handler
- eine Menge aus dem Eingabe-Verarbeitungsprozeß herausnehmen kann,
  Remove Set From Event Handler
- Mengen-Einträge setzen kann,
  Set Set Name
  Set Set State
  Connect Set To Window
- Mengen-Einträge erfragen kann.
  Inquire Set Entries

Der für die Anwendung sichtbare Teil einer Eingabe-Menge ist für alle Eingabe-Klassen gleich strukturiert. Folgende Informationen sind zugreifbar:

1) Name der Eingabe-Menge
2) Eingabe-Klasse der Menge
3) zugeordnetes Window
4) Menge ist gesperrt oder frei für Eingabe (disable/enable)
5) Anzahl der Elemente der Menge
6) Elemente
7) zuletzt ausgewähltes Element der Menge

Aufgrund von Benutzereingaben aktualisiert THESEUS den Eintrag, welches Menü-Element als letztes ausgewählt wurde (7).

Bis jetzt hat THESEUS physikalische Eingaben (Events) auf eine Eingabe-Menge abgebildet. Nun muß er das zugehörige Mengen-Element ausfindig machen.

8.2.3. Eingabe-Menge --> Eingabe-Element

In Abb. 8.4 werden die Eingabe-Mengen und die in ihnen enthaltenen Elemente aufgeführt:

Eingabe-Menge	**Eingabe-Elemente**
menu	einzelne Menü-Items
set_of_icons	Icons
set_of_objects	Objekte
set_of_position_areas	einzelne Bereiche auf dem Bildschirm
set_of_keys	Tasten der Tastatur
set_of_drag_objects	verschiebbare Objekte

Abb. 8.4: Zuordnung Eingabe-Menge --> Eingabe-Element

Die Abbildung von Eingabe-Mengen auf Eingabe-Elemente wird ebenfalls selbständig von THESEUS ausgeführt. Zu diesem Zweck verwaltet er zu jedem Element ein Exemplar einer Element-Datenstuktur.

Beispiel: Es sind die für die Anwendung sichtbaren Informationen des Menü-Elements **Menu_item** angegeben:

- Name des Items
- Ordnungsnummer des Items im Menü
- Zustand des Items (auswählbar oder gesperrt)
- besondere Kennzeichnung des Items durch einen Haken
- Name der aufzurufenden Applikationsfunktion

Der exakte Definition der Datentypen *Menu_item*, *Icon*, *Object*, *Pos_area*, *Key*, *Dragging* sind in den Kapiteln zu den einzelnen Eingabe-Klassen beschrieben.

Analog zu den Eingabe-Mengen kann die Anwendung

- neue Elemente erzeugen,
  Add Element To Set
- Elemente löschen,
  Remove Element From Set
- Elemente-Einträge setzen und
  Set Element Entries
- Elemente-Einträge erfragen.
  Inquire Element Entries

8.2.4. Eingabe-Element --> Anwendungsfunktion

Wenn nun der Event Handler ein Eingabe-Element gefunden hat, so wird die zugehörige Funktion aufgerufen. Der Name der aufzurufenden Funktion ist ein Eintrag in der jeweiligen Datenstruktur des Elements. THESEUS liest diesen Eintrag und erkennt dadurch, welche Funktion er zu aktivieren hat. Die Applikation setzt diesen Eintrag. Hat der Benutzer zum Beispiel das Menü-Item *Compile* angeklickt, steht in der zugehörigen Datenstruktur der Name einer Anwendungsfunktion, die übersetzt.

Solch eine Anwendungsfunktion *muß* nicht zwingend anwendungsspezifische Verarbeitungen vornehmen, sondern kann sich darauf beschränken, *ausschließlich* Zugriffe auf die THESEUS-Datenstrukturen vorzunehmen, um die folgenden Eingaben zu steuern. Betrachten wir noch einmal die Anwendungsfunktion, die durch Menü-Auswahl *Compile* aufgerufen wird. Sie kann sich (anstelle zu übersetzen) darauf beschränken, ein Menü mit dem Namen *Parameters* dem Benutzer zur Auswahl freizugeben. Die Elemente dieses Menüs sind Menü-Items, die Kompilierungs-Parameter repräsentieren. Die Applikationsfunktionen dieser Menü-Items starten dann den Übersetzungslauf mit den ausgewählten Parametern.

Alle aufzurufenden AP-Funktionen besitzen generell den Identifier des betroffenen Windows (*window_id*), den Bezeichner der Menge (*set_handle*) und den Bezeichner des Elements (*element_handle*) als Parameter. Diese Bezeichner werden von THESEUS bei der Erzeugung eines neuen Windows (*Open Window*), einer neuen Menge (*Create Input Set*) bzw. eines neuen Elementes (*Add Element To Set*) vergeben. Für bestimmte Eingabe-Klassen kommen zusätzliche Parameter wie Weltkoordinaten der eingegebenen Position hinzu. Dies vereinfacht die Programmierung der AP-Funktionen, da nicht für jedes Eingabe-Element eine eigene Funktion geschrieben werden *muß*, sondern auf verschiedene Eingabe-Elemente die gleiche AP-Funktion gesetzt werden kann.

Häufig hat eine AP-Funktion nur die Aufgabe, Eingabedaten wie Koordinaten oder Tastencodes zu sammeln, jedoch noch nicht zu verarbeiten. Erst eine abgeschlossene Folge führt zu einer weiterführenden Verarbeitung der Eingabe. Typische Eingabe-Sequenzen bestehen aus: Operator, Operand, Parameter (Bsp.: Erfasse, Information, Position (x,y)). Will man eine Benutzer-Eingabe in dieser Reihenfolge erzwingen, so *muß* man einzelne Eingabe-Mengen sperren (disable) und entsperren (enable). Es seien drei Eingabe-Mengen definiert:

- set_operator

- set_operand

- set_parameter

und drei Applikationsfunktionen:

```
ap_oprtor (operator)
{
  current.operator = operator;
  set_set_state (set_operator,DISABLE);
  set_set_state (set_operand,ENABLE);
} /* ap_oprtor */

ap_opand (operand)
{
  current.operand = operand;
  set_set_state (set_operand,DISABLE);
  set_set_state (set_parameter,ENABLE);
} /* ap_opand */

ap_param (parameter)
{
  current.parameter = parameter;
  set_set_state (set_parameter,DISABLE);
  ap_verarbeitung (current.operator,
            current.operand,
            current.parameter);
  set_set_state (set_operator,ENABLE);
} /* ap_param */
```

Der Zustand einer Eingabe-Menge (disable/enable) gibt an, ob die Menge zur Eingabe zugelassen ist oder nicht. Das Programm-Fragment definiert durch Sperren und Freigeben von Mengen, daß der Benutzer die Reihenfolge Operator, Operand, Parameter einhalten muß. Man könnte selbstverständlich auch weniger restriktive Benutzerführungen programmieren. Ein ausführliches Beispiel ist in Kapitel 9 zu finden.

In den folgenden Kapiteln werden nun für jede Eingabe-Klasse die Abbildung physikalischer Benutzereingaben an der Schnittstelle *Benutzer - THESEUS* auf die Schnittstelle *THESEUS - Anwendungsprogramm* erläutert, die Datenstrukturen definiert, die Zugriffsfunktionen der Anwendung auf die Datenstrukturen spezifiziert und schließlich die Benutzungsoberfläche beschrieben.

8.3. Menü-Auswahl

Ein Menü besitzt einen Menü-Titel und eine begrenzte Anzahl von Auswahlmöglichkeiten (Menü-Items). Jede dieser Auswahlmöglichkeiten wird durch einen Namen gekennzeichnet. Der Benutzer hat die Möglichkeit, eines dieser Menü-Items auszuwählen.

THESEUS verwaltet die Informationen über ein Menü in einer Datenstruktur vom Typ *Input_set*. Für jedes einzelne Menü-Item wird zusätzlich ein Eintrag vom Typ *Menu_item* angelegt.

Zunächst werden die Datenstrukturen für Menüs und Menü-Items definiert. Die Anwendung kann die Einträge der Menü- und Menü-Item-Datenstrukturen setzen und erfragen und hat damit die Möglichkeit, den Abbildungsprozeß der physikalischen Benutzereingaben zu beeinflußen. Die Spezifikation der Benutzungsoberfläche und des Ableitungsmechanismus für Menüs erfolgt in Kapitel 8.3.3.

8.3.1. Die Datenstruktur eines Menüs

THESEUS verwaltet für jedes Menü eine Datenstruktur vom Typ ***Input_set*** (siehe auch Kapitel 8.9 ***Spezifikation der Eingabe-Datenstrukturen***). Folgende Einträge sind für die Anwendung sichtbar:

```
typedef struct
{
    char     *set_name;       /* logischer Name der Menge, hier: Menü-Titel   */
    int      set_class;       /* Eingabe-Klasse der Menge, hier: CL_MENU      */
    Win_id   set_window;      /* Identifier des zugeordneten Windows          */
    int      set_state;       /* Menge ist frei / gesperrt                    */
    int      set_nbr_elem;    /* aktuelle Anzahl von Mengen-Elementen         */
    int      *set_elem;       /* Liste der Handles der Mengen-Elemente        */
    int      set_sel_elem;    /* Handle des zuletzt ausgewählten Elementes    */
}
    Input_set;
```

In Abhängigkeit von den aktuellen Werten reagiert THESEUS auf die Benutzeraktionen:

***set_name**

Der Name wird vom Anwendungsprogramm bei der Erzeugung der Eingabe-Menge als logische Bezeichnung der Menge vergeben. Der Name wird in der Menü-Leiste als Titel des Menüs dargestellt. Zur besseren visuellen Gestaltung der Menü-Leiste wird empfohlen, den Menü-Titel mit einem Leerzeichen beginnen und enden zu lassen. Die Länge des Namens ist begrenzt auf UI_STRING_LEN_MAX.

set_class

Dieser Eintrag definiert die Abbildung Eingabe-Klasse --> Eingabe-Menge. Die Eingabe-Klasse der Menge ist hier *CL_MENU*. THESEUS weiß damit, daß er diese Struktur als Menü zu behandeln hat.

set_window

Die Gültigkeit eines Menüs kann auf ein Window begrenzt werden. Das hat zur Folge, daß die Items dieser Menge nur auswählbar sind, wenn das zugeordnete Window Listener ist. Wenn das zugeordnete Window nicht Listener Window ist, dann ist der Menü-Titel in schwacher Schrift sichtbar und nicht auswählbar. Die Wirkung an der Benutzungsoberfläche ist für diesen Fall identisch zu set_state == DISABLE. Das Menu verschwindet, sobald das Window geschlossen wird.

Ein window-bezogenes Menü wird wie folgt definiert: Die Anwendung öffnet ein Window und erhält einen eindeutigen Window-Identifier. Anschließend wird vom Anwendungsprogramm ein *Input_set* vom Typ CL_MENU erzeugt und der Window-Identifier in *Input_set.set_window* eingetragen. Damit wurde das Menü an das Window geknüpft. Sobald das Menü zur Eingabe freigegeben ist (*Start Event Handler* oder *Add Set To Event Handler*), erscheint es in der Menü-Leiste, allerdings begrenzt auf den Zeitraum, in dem das Window offen ist. Wenn das Window gelöscht wird, wird durch THESEUS automatisch das Menü aus der Menü-Leiste herausgenommen. Der Effekt entspricht exakt dem Effekt der Funktion *Remove Set From Event Handler*. Durch die Zuordnung des Menüs zum Window ist die Anwendung jedoch entbunden, explizit die Eingabe-Menge aus der aktuellen Liste des Event Handlers herauszunehmen, da der Gültigkeitsbereich auf das Window begrenzt war.

Ein Menü muß nicht an ein Window gebunden werden. Wenn *Input_set.set_window* == 0, dann ist das Menü window-unabhängig und erscheint solange an der Benutzungsoberfläche, bis es durch einen explizit vom Anwendungsprogramm ausgesprochenen Funktionsaufruf *Remove Set From Event Handler* bzw. durch *Stop Event Handler* gelöscht wird. Die Eingabe-Gültigkeit einer Menge vom Typ CL_MENU erstreckt sich somit bei window-bezogenen Menüs (Input_set.set_window != 0) von *Add Set To Event Handler / Start Event Handler* bis zum Schließen des zugeordneten Windows, bei window-unabhängigen Menüs (Input_set.set_window == 0) von *Add Set To Event Handler / Start Event Handler* bis *Remove Set From Event Handler / Stop Event Handler*.

Die Zuordnung eines Windows zu einem Menü kann explizit von der Anwendung durch die Funktion *Connect Set To Window (set_handle, window_id)* geändert werden. Das Menü wird dann zunächst window-unabhängig erzeugt (set_window = 0). Wenn das Window dann geöffnet wurde, kann die Anwendung mit der o.g. Funktion die Window-Zuordnung vornehmen.

set_state

Der Zustand des Menüs:

DISABLE: Das Menü ist gesperrt.
Der Titel ist auf dem Ausgabegerät in schwacher Schrift sichtbar. Eine Positionierung der Maus auf den Titel hat keinen Effekt.

ENABLE: Das Menü ist auswählbar.
Der Titel ist auf dem Ausgabegerät in normaler Schrift sichtbar. Eine Positionierung der Maus auf den Titel hat den Effekt, daß der Titel in fetter Schrift erscheint und unter dem Titel die Namen der Menü-Items sichtbar werden, die in der Handle-Liste ****set_elem*** stehen.

set_nbr_elem

Die Anzahl der Menü-Items, d.h. wieviel Elemente die Menge besitzt.

***set_elem**

Die Liste aller Handles der zum Menü gehörenden Items.

set_sel_elem

Der Handle des zuletzt ausgewählten Menü-Items. Das Menü-Item wird in fetter Schrift dargestellt.
set_sel_elem == 0 : Es wurde bisher kein Item ausgewählt.

8.3.2. Die Datenstruktur eines Menü-Items

THESEUS verwaltet für jedes Menü-Element eine Datenstruktur ***Menu_item*** (siehe auch Kapitel 8.9 ***Spezifikation der Eingabe-Datenstrukturen***). Folgende Einträge sind für die Anwendung sichtbar:

```
typedef struct
{
    char  *mi_name;            /* eindeutiger Bezeichner des Elements      */
    int   mi_number;           /* Ordnungsnummer innerhalb des Menüs       */
    int   mi_state;            /* Item ist frei oder gesperrt              */
    int   mi_check_mark;       /* Markierung des Items                     */
    int   (*mi_function)();    /* aufzurufende Applikationsfunktion        */
}
    Menu_item;
```

In Abhängigkeit von den aktuellen Werten reagiert THESEUS auf die Benutzeraktionen:

***mi_name**

Der Name wird im zugehörigen Menü als Menü-Item dargestellt. Sollten Check-Marks verwendet werden, wird empfohlen, dem Item-Namen zwei Leerzeichen voranzustellen.

mi_number

Die Menü-Items werden untereinander ausgegeben. Die Ordnungsnummer ***mi_number*** gibt die Reihenfolge der Items an. Das Menü-Item mit der kleinsten Ordnungsnummer erscheint in der obersten Zeile, das mit der nächstgrößeren darunter usw.

mi_state

Der Zustand des Menü-Items:

DISABLE: Das Menü-Item ist gesperrt.
Der Name des Menü-Items ist auf dem Ausgabegerät in schwacher Schrift sichtbar. Das Anklicken des Menü-Items hat keinen Effekt.

ENABLE: Das Menü-Item ist auswählbar.
Der Name des Menü-Items erscheint auf dem Ausgabegerät in normaler oder fetter Schrift. Eine Positionierung der Maus auf den Item-Namen und anschließendes Klicken hat den Effekt, daß der Name des Menü-Items in fetter Schrift sichtbar wird. Der Eintrag ***set_sel_elem*** in der Eingabe-Menge des zugehörigen Menüs erhält den Handle des Items. Die Funktion, auf die der Pointer in Komponente *(*mi_function)()* zeigt, wird aufgerufen.

mi_check_mark

Ein Kennzeichen des Menü-Items:

ON: In der Zeile, in der der Item-Name ausgegeben wird, wird eine zusätzliche Kennzeichnung vorgenommen.

OFF: Es wird keine zusätzliche Kennzeichnung ausgegeben.

(*mi_function)()

Der Pointer **(mi_function)()* zeigt auf die Funktion, die aufgerufen wird, wenn das Menü-Item ausgewählt wurde.
Die Funktion muß wie folgt definiert sein:

<function name> (window_id, set_handle, element_handle)

```
Win_id   window_id;
int      set_handle;
int      element_handle;
```

Die aufzurufende Funktion enthält als Parameter den Identifier des aktuellen Listener-Windows sowie den Set-Handle und den Element-Handle, die bei der Kreierung der Menge bzw. des Mengen-Elementes vergeben wurden.

8.3.3. Die Benutzungsoberfläche von THESEUS/PC für Menüs

Der Benutzer hat die Möglichkeit, ein Menü zu identifizieren und eines der Menü-Items dieses Menüs auszuwählen. Dies geschieht durch folgende physikalische Benutzereingaben:

(1) Die Maus wird auf einen Menü-Titel in der Menü-Leiste bewegt.

Effekt:

Die Menü-Leiste befindet sich am oberen Rand des Bildschirmes. Dort sind alle Menü-Titel aufgelistet. Der Menü-Titel ist in dem Eintrag *set_name* der zugehörigen Eingabe-Menge gespeichert.

Aufgrund der Position der Maus auf dem Menü-Titel kann THESEUS die zugehörige Eingabe-Menge erkennen. Wenn *set_state* == *DISABLE*, d.h. die Eingabe-Menge ist gesperrt, erfolgt keine Reaktion von THESEUS. Der Benutzer erkennt dies daran, daß der Titel an der Benutzungsoberfläche in schwacher Schrift sichtbar ist. Wenn *set_state* == *ENABLE*, d.h. die Eingabe-Menge ist auswählbar, erscheinen unterhalb des Menü-Titels die Namen aller Menü-Items der Menge (pull-down-Menüs). Die Reihenfolge der Items ist definiert durch die Einträge *mi_number*. Diejenigen Items, für die gilt: *mi_state* == *DISABLE*, werden in schwacher Schriftart dargestellt. Items, für die gilt: *mi_state* == *ENABLE*, werden in normaler Schriftart dargestellt.

(2) Der Benutzer positioniert die Maus auf eines der Menü-Items, drückt den Maus-Knopf herunter und löst ihn wieder.

Effekt:

Aus der Position der Maus beim Klicken leitet THESEUS ab, welches Item ausgewählt wurde. Damit wurde das Mengen-Element identifiziert. Wenn für dieses Item gilt: *mi_state* == *DISABLE*, d.h. das Item ist nicht auswählbar, erfolgt keine Verarbeitung durch THESEUS. Wenn für dieses Item gilt: *mi_state* == *ENABLE*, d.h. die Eingabe-Menge ist auswählbar, ruft THESEUS eine Applikationsfunktion auf. Die Komponente *(*mi_function)()* in der Struktur des ausgewählten Items verweist auf den Namen der Funktion. Der Eintrag *set_sel_elem* wird von THESEUS neu gesetzt mit dem Handle des ausgewählten Items.

8.4. Icon-Auswahl

Ein Icon ist ein vordefiniertes graphisches Symbol, das auf dem Bildschirm sichtbar sein kann. Im Gegensatz zu Objekten besitzt ein Icon kein Abbild als logisches Objekt in der Anwendung. Es stellt also keine Anwendungs-Information graphisch dar, sondern symbolisiert eine Funktionalität. Eine Icon-Auswahl ist daher eine andere Technik für Menü-Auswahl. Die Icons repräsentieren genau wie die Menü-Items eine Aktion. Bei Menü-Items erfolgt die Repräsentation textuell, bei Icons graphisch.

Ein Icon ist definiert als ein graphisches Symbol, das bitweise in einem zweidimensionalen Pixel-Feld abgelegt ist und einer Beschriftung, die unterhalb des Symbols erscheint. Ein Icon-Set besteht aus einer begrenzte Anzahl von Icons. Der Benutzer hat die Möglichkeit, eines dieser Icons auszuwählen.

Ein Icon befindet sich außerhalb jedes Windows und kann kein Window überdecken. Jedes Window kann jedoch ein Icon überdecken. Jedes Icon kann über den Bildschirm geschoben werden, jedoch nicht aus dem Bildschirm heraus oder in ein Window hinein.

Wie die Menüs können Icons einem Window zugeordnet werden. Ihre Existenz beschränkt sich dann auf den Zeitraum, in dem das zugeordnete Window geöffnet ist.

THESEUS verwaltet die Informationen über ein Icon-Set in einer Datenstruktur vom Datentyp *Input_set*. Für jedes einzelne Icon wird zusätzlich ein Eintrag vom Datentyp *Icon* angelegt.

Zunächst werden die Datentypen für Icon-Sets und Icons definiert. Die Anwendung kann die Komponenten dieser Datenstrukturen setzen und erfragen und hat damit die Möglichkeit, den Abbildungsprozeß der physikalischen Benutzereingaben zu beeinflußen. Die Spezifikation der Benutzungsoberfläche und des Ableitungsmechanismus für Icons erfolgt in Kapitel 8.4.3.

8.4.1. Die Datenstruktur eines Icon-Sets

THESEUS verwaltet für jede Eingabe-Menge der Klasse Icon-Auswahl eine Datenstruktur vom Typ *Input_set*. (siehe auch Kapitel 8.9 *Spezifikation der Eingabe-Datenstrukturen*). Folgende Einträge sind für die Anwendung sichtbar:

```
typedef struct
{
    char     *set_name;       /* logischer Name der Menge                       */
    int      set_class;       /* Eingabe-Klasse der Menge, hier: CL_ICONS       */
    Win_id   set_window;      /* Identifier des zugeordneten Windows            */
    int      set_state;       /* Menge ist frei / gesperrt                      */
    int      set_nbr_elem;    /* aktuelle Anzahl von Mengen-Elementen           */
    int      *set_elem;       /* Liste der Handles der Mengen-Elemente          */
    int      set_sel_elem;    /* Handle des zuletzt ausgewählten Elementes      */
}
    Input_set;
```

In Abhängigkeit von den aktuellen Werten reagiert THESEUS auf die Benutzeraktionen:

***set_name**

Der Name bezeichnet das Icon-Set. Der Name wird vom Anwendungsprogramm bei der Erzeugung der Eingabe-Menge als logische Bezeichnung der Menge vergeben. Dieser Eintrag hat keinen Effekt an der Benutzungsoberfläche. Die Namens-Länge ist begrenzt auf UI_STRING_LEN_MAX.

set_class

Dieser Eintrag definiert die Abbildung Eingabe-Klasse --> Eingabe-Menge. Die Eingabe-Klasse der Menge ist hier CL_ICONS. THESEUS weiß damit, daß er diese Struktur als Icon-Set zu behandeln hat.

set_window

Die Gültigkeit eines Icon-Sets kann auf ein Window begrenzt werden. Das hat zur Folge, daß die Icons dieser Menge nur auswählbar sind, wenn das zugeordnete Window Listener ist. Wenn das zugeordnete Window nicht Listener Window ist, dann sind die Icons in schwacher Schrift sichtbar und nicht auswählbar. Die Wirkung an der Benutzungsoberfläche ist für diesen Fall identisch zu set_state == DISABLE. Die Icons der Eingabe-Menge verschwinden, sobald das Window geschlossen wird.

Ein window-bezogenes Icon-Set wird wie folgt definiert: Die Anwendung öffnet ein Window und erhält einen eindeutigen Window-Identifier. Anschließend wird vom Anwendungsprogramm ein *Input_set* vom Typ CL_ICONS erzeugt und der Window-Identifier in *Input_set.set_window* eingetragen. Damit wurde das Icon-Set an das Window geknüpft. Sobald das Icon-Set zur Eingabe freigegeben ist (*Start Event Handler* oder *Add Set To Event Handler*), erscheinen die Icons auf dem Ausgabegerät, allerdings begrenzt auf den Zeitraum, in dem das Window offen ist. Wenn das Window gelöscht wird, löscht THESEUS automatisch die Icons der Menge. Der Effekt entspricht exakt dem Effekt der Funktion *Remove Set From Event Handler*. Durch die Zuordnung des Icon-Sets zum Window ist die Anwendung jedoch entbunden, explizit die Eingabe-Menge aus der aktuellen Liste des Event Handlers herauszunehmen, da der Gültigkeitsbereich auf das Window begrenzt war.

Ein Icon-Set muß nicht an ein Window gebunden werden. Wenn *Input_set.set_window* == 0, dann ist das Icon-Set window-unabhängig und erscheint solange an der Benutzungsoberfläche, bis es durch einen explizit vom Anwendungsprogramm ausgesprochenen Funktionsaufruf *Remove Set From Event Handler* bzw. durch *Stop Event Handler* gelöscht wird. Die Eingabe-Gültigkeit einer Eingabe-Menge vom Typ CL_ICONS erstreckt sich somit bei window-bezogenen Icons (Input_set.set_window != 0) von *Add Set To Event Handler / Start Event Handler* bis zum Schließen des zugeordneten Windows, bei window-unabhängigen Icons (Input_set.set_window == 0) von *Add Set To Event Handler / Start Event Handler* bis *Remove Set From Event Handler / Stop Event Handler*.

Die Zuordnung eines Windows zu einem Icon-Set kann explizit von der Anwendung durch die Funktion *Connect Set To Window (set_handle, window_id)* geändert werden. Das Icon-Set wird dann zunächst window-unabhängig erzeugt (set_window = 0). Wenn das Window dann geöffnet wurde, kann die Anwendung mit der o.g. Funktion die Window-Zuordnung vornehmen.

set_state

Der Zustand des Icon-Sets:

DISABLE: Das Icon-Set ist gesperrt.
Die Icons der Menge sind auf dem Ausgabegerät in schwacher Schrift sichtbar.

ENABLE: Das Icon-Set ist frei.
Die Icons der Menge sind auf dem Ausgabegerät in normaler Schrift sichtbar.

set_nbr_elem

Die Anzahl der Icons der Menge, d.h. wieviel Elemente die Menge besitzt.

***set_elem**

Die Liste aller Handles der zur Eingabe-Menge gehörenden Icons.

set_sel_elem

Der Handle des zuletzt ausgewählten Icons. Das Icon wird in fetter Schrift dargestellt.
set_sel_elem == 0 : Es wurde bisher kein Icon ausgewählt.

8.4.2. Die Datenstruktur eines Icons

THESEUS verwaltet für jedes Element einer Icon-Menge eine Datenstruktur vom Typ *Icon* (siehe auch Kapitel 8.9 *Spezifikation der Eingabe-Datenstrukturen*). Folgende Einträge sind für die Anwendung sichtbar:

```
typedef struct
{
    char          *ic_name;           /* Beschriftung des Icons          */
    Sc_pos        ic_pos;             /* aktuelle Position des Icons     */
    Icon_pixel    *ic_pxl_ptr;        /* Pointer zur Icon-Definition     */
    int           ic_state;           /* Icon ist frei / gesperrt        */
    int           ic_check_mark;      /* Markierung des Icons            */
    int           (*ic_function)();   /* aufzurufende Applikationsfunktion */
}
    Icon;
```

In Abhängigkeit von den aktuellen Werten reagiert THESEUS auf die Benutzeraktionen:

ic_name

Unterhalb des Icon-Symbols erscheint auf der Benutzungsoberfläche der hier eingetragene Name als Beschriftung des Icons. Das eigentliche Icon setzt sich zusammen aus dem Icon-Symbol und der Icon-Beschriftung.

ic_pos

Die aktuelle Position des Icons auf dem Bildschirm in Screenkoordinaten. Zum Zeitpunkt der Initialisierung dieser Struktur kann die Position von der Anwendung gesetzt werden. Damit kann die Anwendung bestimmen, wo das Icon auf dem Bildschirm erscheinen soll. Relevant ist der linke obere Punkt des Icon-Symbols. Sollten die Koordinaten so unglücklich gewählt sein, daß das Icon außerhalb des Bildschirms erscheinen würde, wird die Position durch THESEUS so korrigiert, daß das Icon vollständig innerhalb des Ausgabebereiches liegt. Von diesem Zeitpunkt ab wird die Position ausschließlich von THESEUS verändert. Eine Änderung dieses Eintrages erfolgt, wenn der Benutzer das Icon auf dem Ausgabegerät verschiebt (dragging). Das Dragging eines Icons hat keinen Effekt auf die Anwendung, sondern nur auf diesen Eintrag.

***ic_pxl_ptr**

Hier steht der Verweis zur Datenstruktur *Icon_pixel*, die die graphische Repräsentation des Icons als Bitmuster enthält. Es handelt sich um ein zweidimensionales Feld, das bitweise das Icon-Symbol kodiert. Die Feldgröße ist durch die Höhe des Icon-Feldes in Pixeln (UI_IC_HEIGHT) und die Breite des Icon-Symbols in Worten (UI_IC_WIDTH) festgelegt. Ein 32x32-Icon z.B. würde in einem 32x2 Integer-Feld kodiert werden. Diese Struktur wurde zum Zeitpunkt der Generierung eines Icons angelegt. Die Erzeugung eines Icons kann z.B. mithilfe eines Icon-Editors geschehen sein.

ic_state

Der Zustand des Icons dieser Menge:

DISABLE: Das Icon ist gesperrt.
Das Icon ist auf dem Ausgabegerät in schwacher Schrift sichtbar. Das Anklicken des Icons hat keinen Effekt.

ENABLE: Das Icon ist auswählbar.
Das Icon erscheint auf dem Ausgabegerät in normalem oder fettem Linientyp. Eine Positionierung der Maus auf das Icon und anschließendes Drücken und Lösen des Maus-Buttons hat den Effekt, daß das Icon in fettem Linientyp sichtbar wird. Der Eintrag *set_sel_elem* des zugehörigen Icon-Sets verweist auf das Icon. Die Funktion, auf die der Pointer in Komponente *(*ic_function)()* zeigt, wird aufgerufen.

ic_check_mark

ON: Das Icon erhält eine besondere, visuelle Kennzeichnung.

OFF: Es wird keine zusätzliche Kennzeichnung ausgegeben.

(*ic_function)()

Der Pointer *(*ic_function)()* zeigt auf die Funktion, die aufgerufen wird, wenn das Icon ausgewählt wurde.

Die Funktion muß wie folgt definiert sein:

<function name> (window_id, set_handle, element_handle)

```
Win_id  window_id;
int     set_handle;
int     element_handle;
```

Die aufzurufende Funktion enthält als Parameter den Identifier des aktuellen Listener-Windows sowie den Set-Handle und den Element-Handle, die bei der Kreierung der Eingabe-Menge bzw. des Mengen-Elementes vergeben wurden.

8.4.3. Die Benutzungsoberfläche von THESEUS/PC für Icon-Auswahl

Der Benutzer hat die Möglichkeit, ein Icon zu identifizieren und damit ein Element aus einem Icon-Set auszuwählen. Dies geschieht durch folgende physikalische Benutzereingaben:

Der Benutzer positioniert die Maus auf eines der Icons und drückt den Maus-Knopf. Er läßt den Knopf los, ohne die Maus zu bewegen.

Effekt:

Aus der Position der Maus beim Herunterdrücken leitet THESEUS ab, daß ein Icon identifiziert wurde. Der Positionionierungsbereich des Icons besteht aus dem Icon-Symbol (d.h. dem Pixelfeld) und der darunterliegenden Beschriftung. Dadurch, daß die Maus nicht mit gedrücktem Knopf bewegt wurde, erfolgt die Zuordnung zur Eingabe-Klasse Icon-Set. Ansonsten handelt es sich um Icon Dragging. Aus der Position leitet THESEUS weiterhin ab, welches Icon-Set und welches Element innerhalb der Menge ausgewählt wurde.

Wenn für dieses Element gilt: *ic_state == DISABLE*, d.h. das Icon ist nicht auswählbar, erfolgt keine weitere Verarbeitung.

Wenn für dieses Icon gilt: ***ic_state*** *== ENABLE*, d.h. das Icon ist auswählbar, ruft THESEUS eine Applikationsfunktion auf. Die Komponente *(*ic_function)()* in der Struktur des ausgewählten Icons verweist auf den Namen der Funktion. Der Eintrag ***set_sel_elem*** wird von THESEUS neu gesetzt mit dem Element-Handle des ausgewählten Icons.

Wenn der Benutzer die Maus mit gedrücktem Knopf bewegt, wird das Icon in Abhängigkeit von der Mausbewegung über den Bildschirm bewegt. Sobald der Mausknopf gelöst wird, wird das Icon an dieser Stelle positioniert. THESEUS trägt die neue Position in ic_pos ein. Es wird keine Anwendungsfunktion aufgerufen.

8.5. Objekt-Auswahl

Eine Objekt-Menge besteht aus einer begrenzten Anzahl von ausgegebenen Objekten. Jedes dieser Objekte ist durch einen Objekt-Identifier gekennzeichnet. Der Benutzer hat die Möglichkeit, eines dieser Objekte auszuwählen.

THESEUS verwaltet die Informationen über eine Objekt-Menge in einer Datenstruktur vom Datentyp *Input_set*. Für jedes einzelne Objekt wird zusätzlich ein Eintrag vom Datentyp *Object* angelegt.

Zunächst werden die Datentypen für Objekt-Mengen und Objekte definiert. Die Anwendung kann die Komponenten dieser Datenstrukturen setzen und erfragen und hat damit die Möglichkeit, den Abbildungsprozeß der physikalischen Benutzereingaben zu beeinflußen. Die Spezifikation der Benutzungsoberfläche und des Ableitungsmechanismus für Objekt-Auswahl erfolgt in Kapitel 8.5.3.

8.5.1. Die Datenstruktur einer Objekt-Menge

THESEUS verwaltet für jede Eingabe-Menge der Klasse Objekt-Auswahl eine Datenstruktur vom Typ *Input_set* (siehe auch Kapitel 8.9 *Spezifikation der Eingabe-Datenstrukturen*). Folgende Einträge sind für die Anwendung sichtbar:

```
typedef struct
{
   char    *set_name;       /* logischer Name der Menge                      */
   int     set_class;       /* Eingabe-Klasse der Menge, hier: CL_OBJECTS    */
   Win_id  set_window;      /* Identifier des zugeordneten Windows           */
   int     set_state;       /* Menge ist frei / gesperrt                     */
   int     set_nbr_elem;    /* aktuelle Anzahl von Mengen-Elementen          */
   int     *set_elem;       /* Liste der Handles der Mengen-Elemente         */
   int     set_sel_elem;    /* Handle des zuletzt ausgewählten Elementes     */
}
   Input_set;
```

In Abhängigkeit von den aktuellen Werten reagiert THESEUS auf die Benutzeraktionen:

***set_name**

Der Name bezeichnet die Objekt-Menge. Der Name wird vom Anwendungsprogramm bei der Erzeugung der Eingabe-Menge als logische Bezeichnung der Menge vergeben. Dieser Eintrag hat keinen Effekt an der Benutzungsoberfläche. Die Namens-Länge ist begrenzt auf UI_STRING_LEN_MAX.

set_class

Dieser Eintrag definiert die Abbildung Eingabe-Klasse --> Eingabe-Menge. Die Eingabe-Klasse der Menge ist hier CL_OBJECTS. THESEUS weiß damit, daß er diese Struktur als Objekt-Menge zu behandeln hat.

set_window

Eine Objekt-Menge muß einem Window zugeordnet sein. Die Menge enthält ausschließlich Objekte, die in diesem Window ausgegeben wurden. Beim Erzeugen der Objekt-Menge (*create_input_set*) übergibt das Anwendungsprogramm THESEUS den Identifier des zugeordneten Windows. Dieser kann zunächst null sein mit der Bedeutung, daß noch keine Window-Zuordnung vorgenommen wird. Dies ist sinnvoll, wenn das Erzeugen der Eingabe-Menge zeitlich vor dem Öffnen des Windows liegt. Nach dem Offnen des Windows kann die Zuordnung mit *Set Set Window* vorgenommen werden. Solange die Objekt-Menge keinem Window zugeordnet ist, muß die Menge leer bleiben. Die Funktion *Add Object Element To Set* liefert einen Fehler-Code zurück, wenn *set_window == 0* ist. Wenn *set_window != 0*, überprüft die Funktion, ob das Objekt in dem Window liegt, das der Objekt-Menge zugeordnet ist. Nur dann wird das Objekt zur Eingabe-Menge hinzugefügt.

Wenn das Window gelöscht wird, wird automatisch die zugeordnete Objekt-Menge aus dem Eingabe-Mechanismus herausgenommen. Der Effekt entspricht exakt dem Effekt der Funktion *Remove Set From Event Handler*, die in diesem Fall nicht mehr explizit aufgerufen werden muß. Es ist allerdings auch möglich, die Gültigkeit einer Objekt-Menge explizit vom Anwendungsprogramm aus zu beenden (*Remove Set From Event Handler*), bevor das Window geschlossen wird. In diesem Fall existieren das Window und die Objekte weiter, die Objekte sind jedoch nicht mehr auswählbar.

Die Zuordnung Objekt-Menge zu Window kann nur dann gesetzt werden (*Connect Set To Window*), wenn set_window == 0 und wenn die Eingabe-Menge keine Elemente enthält. Nachdem die Zuordnung vorgenommen ist, kann sie nicht mehr geändert werden.

set_state

Der Zustand der Objekt-Menge:

DISABLE: Die Objekt-Menge ist gesperrt.
Alle Objekte der Eingabe-Menge sind auf dem Ausgabegerät sichtbar, aber nicht auswählbar.

ENABLE: Die Objekt-Menge ist frei.
Die Objekte der Eingabe-Menge sind auf dem Ausgabegerät sichtbar. Ihre Auswählbarkeit hängt von ihrem Element-Zustand ab.

set_nbr_elem

Die Anzahl der Objekte der Eingabe-Menge, d.h. wieviel Elemente die Menge besitzt.

***set_elem**

Die Liste aller Element-Handles der zur Eingabe-Menge gehörenden Objekte.

set_sel_elem

Der Element-Handle des zuletzt ausgewählten Objektes.
set_sel_elem == 0 : Es wurde bisher kein Objekt ausgewählt.

8.5.2. Die Datenstruktur eines Objekts

THESEUS verwaltet für jedes Element einer Objekt-Menge eine Datenstruktur vom Typ *Object* (siehe auch Kapitel 8.9 *Spezifikation der Eingabe-Datenstrukturen*). Folgende Einträge sind für die Anwendung sichtbar:

```
typedef struct
{
    Ob_id   obj_id;              /* bei der Ausgabe vergebener Bezeichner    */
    int     obj_state;           /* Objekt ist frei / gesperrt               */
    int     (*obj_function)();   /* aufzurufende Applikationsfunktion        */
}
    Object;
```

In Abhängigkeit von den aktuellen Werten reagiert THESEUS auf die Benutzeraktionen:

obj_id

Bei der Ausgabe des Objektes wurde dieser eindeutige Objekt-Identifier vergeben. Dieser Objekt-Identifier ist nicht identisch mit dem beim Erzeugen des Eingabe-Elementes vergebenen Element-Handle.

obj_state

Der Zustand des Objekts dieser Eingabe-Menge:

DISABLE: Das Objekt ist gesperrt.
Das Anklicken des Objekts hat keinen Effekt.

ENABLE: Das Objekt ist auswählbar.
Eine Positionierung der Maus auf dem Objekt und anschließendes Klicken hat den Effekt, daß der Eintrag *set_sel_elem* der zugehörigen Objekt-Menge auf den Element-Handle des Objekts gesetzt wird und die Funktion, auf die der Pointer in Komponente *(*obj_function)()* zeigt, aufgerufen wird.

(*obj_function)()

Der Pointer *(*obj_function)()* zeigt auf die Funktion, die aufgerufen wird, wenn das Objekt ausgewählt wurde.

Die Funktion muß wie folgt definiert sein:

<function name> (window_id, set_handle, element_handle, object_id)

```
Win_id    window_id;
int       set_handle;
int       element_handle;
Ob_id     object_id;
```

Die aufzurufende Funktion enthält als Parameter den Identifier des aktuellen Listener-Windows sowie den Set-Handle und den Element-Handle, die bei der Kreierung der Eingabe-Menge bzw. des Mengen-Elementes vergeben wurden. Zusätzlich wird der Objekt-Identifier des ausgewählten Objektes übergeben. Letzterer wurde bei der Ausgabe des Objektes vergeben.

8.5.3. Die Benutzungsoberfläche von THESEUS/PC für Objekt-Auswahl

Der Benutzer hat die Möglichkeit, ein Objekt zu identifizieren und damit ein Element aus einer Objekt-Menge auszuwählen. Dies geschieht durch folgende physikalische Benutzereingaben:

Der Benutzer positioniert die Maus auf ein Objekt und drückt den Maus-Knopf. Er läßt den Knopf los, ohne die Maus zu bewegen.

Effekt:

Aus der Position der Maus beim Klicken leitet THESEUS ab, daß ein Objekt ausgewählt wurde. Dadurch erfolgt die Zuordnung zur Eingabe-Klasse CL_OBJECTS. Aus der Position leitet THESEUS weiterhin ab, welche Objekt-Menge und welches Element innerhalb der Menge ausgewählt wurde.
Wenn für die Eingabe-Menge gilt: ***set_state*** == *DISABLE*, d.h. die Menge ist nicht auswählbar, erfolgt keine weitere Verarbeitung. Wenn für das Element gilt: ***obj_state*** == *DISABLE*, d.h. das Objekt ist nicht auswählbar, erfolgt ebenfalls keine weitere Verarbeitung.
Wenn sowohl Objekt-Menge als auch Objekt-Element auswählbar sind, ruft THESEUS eine Applikationsfunktion auf. Die Komponente ***(*obj_function)()*** in der Struktur des ausgewählten Objekts verweist auf den Namen der Funktion. Der Eintrag ***set_sel_elem*** wird von THESEUS neu gesetzt mit dem Element-Handle des ausgewählten Objektes.

THESEUS nimmt kein automatisches Echo vor, d.h. das Objekt wird nach der Auswahl nicht besonders hervorgehoben. Wenn ein Echo vorgenommen werden soll, dann ist sowohl Form als auch Dauer in der Regel anwendungsspezifisch und kann durch die aufgerufene Anwendungsfunktion durch Ausnutzung der Ausgabeattribute vorgenommen werden.

8.6. Positionierung

Die Klasse ermöglicht die Eingabe einer Position in Weltkoordinaten. Der Benutzer bewegt die Maus auf einen Punkt innerhalb des aktuellen Eingabe-Windows (*listener window*), drückt den Maus-Knopf und läßt ihn wieder los. THESEUS registriert dieses Ereignis. Er überprüft die Zulässigkeit der Eingabe und ruft gegebenenfalls eine Applikationsfunktion auf, der die Position in Weltkoordinaten übergeben wird.

Darüber hinaus erlaubt diese Eingabe-Klasse, Layout-Regeln festzulegen. In verschiedenen Fällen ist eine Positions-Eingabe nur innerhalb eines gewissen Bereiches zulässig, z.B. innerhalb eines Windows oder innerhalb einer Berandung. Aus diesem Grund werden **Position-Areas** eingeführt. Dies sind Bereiche, innerhalb denen eine Positionierung zulässig (oder unzulässig) ist. Eine Eingabe-Menge der Klasse Positionierung besteht aus einem *set_of_position_areas*. Die Elemente des Eingabe-Menge sind die *Position-Areas*. Der Eingabe-Wert der Klasse Positionierung ist ein (x,y)-Koordinatenwert in Weltkoordinaten.

Ein Eingabe-Menge der Klasse Positionierung ist fest einem Window zugeordnet. Nur wenn dieses Window Listener ist, hat die Eingabe-Menge Gültigkeit. Im folgenden sei angenommen, daß das der Menge zugeordnete Window Listener ist. Einem Window könnten mehrere Eingabe-Mengen zugeordnet sein; es ist jedoch zu empfehlen, für jedes Window genau eine Menge der Klasse CL_POS_AREAS zu definieren, falls Positions-Eingabe erlaubt sein soll.

In Analogie zu den anderen Eingabe-Klassen lassen sich sowohl der Zustand eines Eingabe-Menge als auch die Zustände der Elemente (*Position-Areas*) setzen. Wird der Zustand einer Menge von Position-Areas auf *DISABLE* gesetzt, so ist keine Positionseingabe für diese Menge erlaubt. Wenn für das Listener Window genau eine Eingabe-Menge der Eingabe-Klasse Positionierung definiert ist, so ist folglich keine Positions-Eingabe zulässig, falls der Zustand der Menge auf *DISABLE* gesetzt ist.

Wird dagegen der Zustand der Eingabe-Menge auf *ENABLE* gesetzt, so ist eine Positionierung erlaubt, aber nur innerhalb der definierten Areas der Menge. Zudem muß der Zustand des Bereiches auf *ENABLE* gesetzt sein. Durch die Einführung von *Position-Areas* läßt sich somit die Zulässigkeit der Eingabe auf bestimmte Bereiche beschränken. Mit Hilfe der Zustände der einzelnen Areas kann die Zulässigkeit der Eingabe dynamisch verändert werden. Gewisse Bereiche können zu bestimmten Zeiten zur Eingabe freigegeben werden oder auch zu gewissen Zeiten gesperrt werden. Damit wird die Möglichkeit geschaffen, von der Anwendung definierte Konsistenz-Regeln durch THESEUS überprüfen zu lassen.

Betrachten wir folgendes Beispiel: Die Anwendung möchte definieren, daß Positionierungen nur innerhalb von *Berandungen* zulässig sind. *Berandung* sei ein Bereich, der eine Verfeinerung darstellt, d.h. alle Objekte innerhalb der Berandung gehören zur Verfeinerung. Das Erfassen neuer Objekte soll nur innerhalb der Verfeinerung möglich sein. Daher wird eine Positionierung als Teil einer Eingabe-Sequenz ***Erfasse an Position (x,y).*** nur innerhalb der Berandungen zugelassen. Es werden folglich alle Gebiete, die eine Verfeinerung darstellen, als ***Position-Areas*** definiert. Diese ***Position-Areas*** werden zu einen ***set_of_position_areas*** zusammengefaßt. Wenn eine Positionierung zulässig sein soll, wird die Eingabe-Menge auf *ENABLE* gesetzt. Damit ist eine Positionierung innerhalb der ***Position-Areas*** erlaubt, die zur Eingabe-Menge gehören und deren Zustand auf *ENABLE* gesetzt ist, im Beispiel also alle Verfeinerungsbereiche. Möchte man in einem ausgezeichneten Verfeinerungsbereich keine Eingabe zulassen, setzt man die zugehörige ***Position-Area*** auf *DISABLE*.

Es kann der Fall auftreten, daß zwei ***Position-Areas*** sich überlagern. Die Zuordnung einer Positions-Eingabe zu einer ***Position-Area*** erfolgt durch Vergabe von Prioritäten. Jeder Area wird ein Prioritätsgrad zugeordnet. Die Eingabe wird der Area mit der höchsten Priorität zugeordnet. Die höchste Priorität besitzen die Areas mit Level 0.

Sollten sich zwei Areas mit gleicher Priorität überlagern, so hat die Anwendung keinen Einfluß darauf, wem THESEUS eine Eingabe in der Schnittmenge der Areas zuordnet, d.h. welche Anwendungsroutine aufgerufen wird. Die Anwendung sollte den Fall, daß zwei Areas gleicher Priorität sich überlagern, obwohl die Zuordnung eindeutig sein soll, durch sinnvolle Prioritätenvergabe vermeiden.

Die Möglichkeit der Bereichsdefinitionen und der Prioritätenvergabe können gezielt zur Spezifikation von Layout-Regeln genutzt werden. Man möchte z.B. die Überlagerung von Objekten verhindern. Das Erfassen neuer Objekte ist somit nur in den Bereichen erlaubt, in denen noch kein Objekt liegt. Zu diesem Zweck definiert man sich zunächst eine große Area, die den Bereich angibt, der überhaupt zur Eingabe erlaubt ist (z.B. das gesamte Darstellungsfeld). Dieser Bereich wird auf *ENABLE* gesetzt und erhält minimale Priorität (z.B. 99). Für jedes Objekt, das erfaßt wird, wird eine ***Position-Area*** zur Eingabe-Menge hinzugefügt mit höchster Priorität 0 und dem Zustand *DISABLE*. Damit werden diese Bereiche für eine weitere Positionierung gesperrt. Dies sind die Bereiche, deren Auswahl zu Überlagerungen von Objekten führen würde.

THESEUS verwaltet die Informationen über ein ***Position-Area-Set*** in einer Datenstruktur vom Datentyp ***Input_set***. Für jede einzelne ***Position-Area*** wird zusätzlich ein Eintrag vom Datentyp ***Pos_area*** angelegt.

Zunächst werden die Datentypen für *Position-Area-Sets* und *Position Areas* definiert. Die Anwendung kann die Komponenten dieser Datenstrukturen setzen und erfragen und hat damit die Möglichkeit, den Abbildungsprozeß der physikalischen Benutzereingaben zu beeinflußen. Die Spezifikation der Benutzungsoberfläche und des Ableitungsmechanismus für Positionseingabe erfolgt in Kapitel 8.6.3.

8.6.1. Die Datenstruktur einer Position-Area-Menge

THESEUS verwaltet für jede *Position-Area-Menge* eine Datenstruktur vom Typ *Input_set* (siehe auch Kapitel 8.9 *Spezifikation der Eingabe-Datenstrukturen*). Folgende Einträge sind für die Anwendung sichtbar:

```
typedef struct
{
    char     *set_name;      /* logischer Name der Menge                        */
    int      set_class;      /* Eingabe-Klasse der Menge, hier: CL_POS_AREAS    */
    Win_id   set_window;     /* Identifier des zugeordneten Windows             */
    int      set_state;      /* Menge ist frei / gesperrt                       */
    int      set_nbr_elem;   /* aktuelle Anzahl von Mengen-Elementen            */
    int      *set_elem;      /* Liste der Handles der Mengen-Elemente           */
    int      set_sel_elem;   /* Handle des zuletzt ausgewählten Elementes       */
}
    Input_set;
```

***set_name**

Der Name bezeichnet die *Position-Area-Menge*. Er wird vom Anwendungsprogramm bei der Erzeugung der Eingabe-Menge als logische Bezeichnung der Menge vergeben. Dieser Eintrag hat keinen Effekt an der Benutzungsoberfläche. Die Namens-Länge ist begrenzt auf UI_STRING_LEN_MAX.

set_class

Die Klasse der Eingabe-Menge ist hier CL_POS_AREAS. THESEUS weiß damit, daß er diese Struktur zur Positions-Eingabe verwendet.

set_window

Jedes Menge vom Typ CL_POS_AREAS ist einem Window zugeordnet. Die Menge enthält ausschließlich Eingabe-Bereiche aus diesem Window. Beim Erzeugen der Eingabe-Menge (*Create Input Set*) wird der Handle des zugeordneten Windows übergeben. Der Eintrag kann zunächst null sein mit der Bedeutung, daß noch keine Window-Zuordnung vorgenommen wird. Dies ist sinnvoll, wenn die Erzeugung der Eingabe-Menge zeitlich vor dem Öffnen des Windows liegt. Nach dem Öffnen des Windows kann die Zuordnung mit *Connect Set To Window* vorgenommen werden. Solange dem *Position-Area-Set* kein Window zugeordnet ist, muß die Menge leer bleiben. Die Funktion *Add Position Area Element To Set* liefert einen Fehler-Code zurück, wenn *set_window* == *0* ist.

Es ist möglich, daß ein Window mehreren *Position-Area-Sets* zugeordnet ist. In diesem Fall sollte von der Anwendung darauf geachtet werden, daß für das Window immer nur maximal eine Eingabe-Menge freigegeben ist (*set_state* == *ENABLE*).

Wenn das Window gelöscht wird, wird automatisch die Eingabe-Menge aus der aktuellen Liste des Event Handlers herausgenommen. Der Effekt entspricht exakt dem Effekt der Funktion *Remove Set From Event Handler*. Durch die Zuordnung des *Position-Area-Sets* zum Window ist die Anwendung jedoch entbunden, explizit die Eingabe-Menge herauszunehmen, da der Gültigkeitsbereich auf das Window begrenzt war. Es ist allerdings auch möglich, die Gültigkeit einer Eingabe-Menge vom Typ CL_POS_AREAS explizit vom Anwendungsprogramm aus zu beenden durch *Remove Set From Event Handler*, bevor das Window geschlossen wird. In diesem Fall existiert das Window weiter, es ist jedoch keine Positions-Eingabe in diesem Window mehr möglich.

Die Zuordnung *Position-Area-Set* zu Window kann nur dann gesetzt werden (*Connect Set To Window*), wenn set_window == 0 und wenn die Menge keine Elemente enthält. Nachdem die Zuordnung vorgenommen ist, kann sie nicht mehr geändert werden.

Durch die Zuordnung Eingabe-Menge - Window ist der Menge noch kein Element hinzugefügt worden. Die Menge ist weiterhin leer und daher keine Eingabe-Fläche definiert (auch nicht die Window-Fläche). Will man das gesamte Window als eine *Position-Area* definieren, so fügt man der Eingabe-Menge ein Element hinzu, daß die maximal darstellbare Fläche abdeckt. Da die Window-Größe jederzeit vom Benutzer geändert werden darf, muß diese *Position-Area* genausogroß sein wie der Panning Bereich des Windows, der die maximale Ausdehnung des Windows festlegt (siehe Kapitel 6. *Window-Verwaltung*). Dies ist der Bereich, in dem Ausgabe von Objekten vorgenommen wird. Es ist zu beachten, daß das aktuelle Window nur einen Ausschnitt des gesamten Panning Bereiches anzeigen kann und somit u.U. *Position-Areas* nicht immer im Window liegen.

Durch die Koordinaten-Transformation wird festgelegt, welche Areas im Window liegen und welche außerhalb.

Wenn eine Area mit ***pa_state*** == *ENABLE* außerhalb des zugeordneten Windows liegt (etwa durch Verkleinerung des Windows), dann kann innerhalb dieser Area keine Positions-Eingabe vorgenommen werden.

set_state

Der Zustand der Eingabe-Menge:

DISABLE: Die Menge ist gesperrt.
Eine Positionierung der Maus und anschließendes Klicken innerhalb der ***Position-Areas*** der Eingabe-Menge hat für diese Menge keinen Effekt.

ENABLE: Die Menge ist frei.
Eine Positionierung der Maus una anschließendes Klicken hat den Effekt, daß THESEUS überprüft, ob die Position innerhalb einer der ***Position-Areas*** der Eingabe-Menge liegt.

set_nbr_elem

Die Anzahl der ***Position-Areas*** der Eingabe-Menge, d.h. wieviel Elemente die Menge besitzt.

***set_elem**

Die Liste aller Handles der zur Eingabe-Menge gehörenden ***Position-Areas***.

***set_sel_elem**

Der Handle der zuletzt ausgewählten ***Position-Area***.
set_sel_elem == 0 : Es wurde bisher keine Position eingegeben.

8.6.2. Die Datenstruktur einer *Position-Area*

THESEUS verwaltet für jedes Mengen-Element eine Datenstruktur vom Typ *Pos_area* (siehe auch Kapitel 8.9 *Spezifikation der Eingabe-Datenstrukturen*). Folgende Einträge sind für die Anwendung sichtbar:

```
typedef struct
{
    int      pa_nbr_boundary;    /* Anzahl Umrandungspunkte                    */
    Wd_pos   *pa_boundary;       /* Umrandungspunkte des Bereiches             */
    int      pa_state;           /* Bereich ist frei oder gesperrt             */
    int      pa_priority;        /* Prioritätsgrad des Bereiches               */
    int      (*pa_function)();   /* aufzurufende Applikationsfunktion          */
    Wd_pos   pa_pos;             /* letzte eingegebene Position dieser Area    */
}
    Pos_area;
```

In Abhängigkeit von den aktuellen Werten reagiert THESEUS auf die Benutzeraktionen:

pa_nbr_boundary

Die Anzahl von Umrandungspunkten.

***pa_boundary**

Es werden die Umrandungspunkte des Bereiches in Weltkoordinaten definiert. Der letzte Punkt wird mit dem ersten verbunden. Alle Punkte innerhalb der Umrandung gehören zum Element *Position-Area*. Die Umrandung ist auf dem Bildschirm nicht sichtbar.

pa_state

Der Zustand des Bereiches:

DISABLE: Der Bereich ist gesperrt.
Das Positionieren innerhalb dieser Area hat für dieses Element keinen Effekt.

ENABLE: Der Bereich ist auswählbar.
Eine Positionierung der Maus innerhalb des durch *pa_boundary* definierten Bereiches und anschlieβendes Klicken hat den Effekt, daβ die Funktion, auf die der Pointer in Komponente *(*pa_function)()* zeigt, aufgerufen wird.

pa_priority

Es wird der Prioritätsgrad definiert. Der höchste Prioritätsgrad ist 0. Es wird zunächst überprüft, ob die eingegebene Position innerhalb einer *Position-Area* der Eingabe-Mengen mit Level 0 liegt. Wird ein Element gefunden, so wird in Abhängigkeit des Zustandes des Elementes reagiert. Wenn pa_state == ENABLE, wird die zugeordnete Funktion aufgerufen. Wenn pa_state == DISABLE, wird die Eingabeverarbeitung abgebrochen. Nur für den Fall, daβ die Eingabeposition nicht innerhalb eines der Areas mit Priorität 0 liegen, wird unter den Elementen mit Prioritätsgrad 1 gesucht. Der Zustand der Elemente hat auf den Zuordnungsmechanismus Eingabeposition --> Element keinen Einfluβ, sondern nur auf den Aufruf einer Applikation.
Man wird sich in vielen Fällen zunächst eine Area als Hintergrundbereich definieren. Diese entspricht dem maximalen Darstellungsbereich und hat minimale Priorität. Darüber kann man kleinere Areas mit höherer Priorität legen. Wenn der Benutzer mit seiner Positions-Eingabe keine der kleineren Areas trifft, so landet er im Hintergrundbereich und die AP-Funktion kann entsprechend reagieren.
Es ist schlieβlich zu beachten, daβ Positionseingabe nur im Listener Window möglich ist und die Eingabe am Window geklippt wird (siehe auch die Erläuterungen zum Eintrag *set_window*).

(*pa_function)()

Der Pointer *(*pa_function)()* zeigt auf die Funktion, die aufgerufen wird, wenn die *Position-Area* ausgewählt wurde.

Die Funktion muß wie folgt definiert sein:

<function name> (window_id, set_handle, element_handle, input_pos)

```
Win_id    window_handle;
int       set_handle;
int       element_handle;
Wd_pos    *input_pos;
```

Die aufzurufende Funktion enthält als Parameter den Identifier des aktuellen Listener-Windows, in dem die Eingabe vorgenommen wurde, sowie den Set-Handle und den Element-Handle, die bei der Kreierung der Eingabe-Menge bzw. des Mengen-Elementes vergeben wurden. Zusätzlich wird die eingegebene Position in Weltkoordinaten übergeben.

pa_pos

THESEUS legt hier die Position in Weltkoordinaten, die der Benutzer eingegeben hat, als er das letzte Mal in dieser Area positioniert hat, ab. Dieser Eintrag kann von der Anwendung nicht gesetzt sondern nur erfragt werden.

8.6.3. Die Benutzungsoberfläche von THESEUS/PC für Positions-Eingabe

Die Eingabe einer Position geschieht durch folgende physikalische Benutzeraktionen:

Der Benutzer positioniert die Maus an die gewünschte Stelle, drückt den Maus-Knopf und läßt ihn wieder los, ohne die Maus zu bewegen.

Effekt:

Aus der Position der Maus beim Klicken und aus den Zuständen der existierenden Eingabe-Menge leitet THESEUS ab, daß eine Positionierung vorgenommen wurde. Dadurch erfolgt die Zuordnung zur Eingabe-Klasse Positionierung. Objekt-Auswahl hat höhere Priorität als Positionierung. Sollte also die Position innerhalb des Identifizierungsbereiches eines Objektes liegen, so hängt es von den Zuständen ab, welche Klasse zugeordnet wird. Wenn der Zustand des Objektes unter der Mausposition *ENABLE* ist und das Objekt zu einer Eingabe-Menge mit Zustand *ENABLE* gehört, dann wird die Funktion des Objektes aufgerufen und es handelt sich um eine Objekt-Auswahl. In allen anderen Fällen wird die Eingabe der Klasse Positionierung zugeordnet.

Aus der Position leitet THESEUS ab, welches ***set_of_position_area*** und welches Element innerhalb der Eingabe-Menge ausgewählt wurde. Liegt die Position innerhalb mehrerer Areas, entscheidet die Priorität. Wenn für dieses Element gilt: ***area_state* == *DISABLE***, d.h. der Bereich ist gesperrt, erfolgt keine weitere Verarbeitung.

Wenn für dieses Element gilt: ***area_state* == *ENABLE***, d.h. das Bereich ist frei für Positionierung, ruft THESEUS eine Applikationsfunktion auf. Die Komponente *(*pa_function)()* in der Struktur des *Position-Area* verweist auf den Namen der Funktion. THESEUS setzt den Eintrag ***set_sel_elem*** der zugehörigen Eingabe-Menge mit dem Element-Handle der ausgewählten *Position-Area* und den Eintrag pa_pos mit der eingegebenen Position.

8.7. Tastatur-Eingabe

Der Benutzer drückt eine Taste der Tastatur. THESEUS registriert dieses Ereignis. Er überprüft die Zulässigkeit der Eingabe und ruft gegebenenfalls eine Applikationsfunktion auf.

Eine Eingabe-Menge der Klasse Tastatur-Eingabe besteht aus einer Menge von Tasten-Codes. Die Elemente der Eingabe-Menge sind 8-bit-Kodierungen der Zeichen der Tastatur (siehe Anhang A). Damit lassen sich Gruppen wie Funktionstasten, Ziffern etc. zusammenfassen.

In Analogie zu den anderen Eingabe-Klassen lassen sich sowohl der Zustand eines Menge (set of keys) als auch die Zustände der Elemente (keys) setzen. Wird der Zustand einer Eingabe-Menge von Tasten auf *DISABLE* gesetzt, so ist keine Tastatur-Eingabe für diese Menge erlaubt, z.B. können die Funktionstasten gesperrt werden.

Wird der Zustand der Eingabe-Menge auf *ENABLE* gesetzt, so ist eine Tastatur-Eingabe für diejenigen Keys erlaubt, deren Zustand *ENABLE* ist. Sollte ein Key Element in mehreren Eingabe-Menge vorhanden sein und sowohl die Zustände der Eingabe-Mengen als auch der Keys *ENABLE* sein, hat die Applikation keinen Einfluß darauf, welche der zugehörigen Applikationsfunktionen aufgerufen wird. Die Anwendung sollte dies vermeiden. Der Sinn der Key-Sets ist der, logisch zusammengehörige Keys wie Funktionstasten zu gewissen Zeiten zu sperren oder freizugeben. Darüber hinaus lassen sich die Tasten mit unterschiedlichen Applikationsfunktionen verbinden, so daß in verschiedenen Umgebungen unterschiedlich reagiert werden kann. Ein Key-Set kann einem Window zugeordnet sein.

THESEUS ordnet die Eingabe einem ***set of keys*** und anschließend einem Element ***key*** zu und ruft die Applikationsfunktion auf, mit der das Element ***key*** behaftet ist.

THESEUS verwaltet die Informationen über ein Key-Set in einer Datenstruktur vom Datentyp ***Input_set***. Für jeden einzelnen Key wird zusätzlich ein Eintrag vom Datentyp ***Key*** angelegt.

Zunächst werden die Datentypen für Key-Sets und Keys definiert. Die Anwendung kann die Komponenten dieser Datenstrukturen setzen und erfragen und hat damit die Möglichkeit, den Abbildungsprozeß der physikalischen Benutzereingaben zu beeinflußen. Die Spezifikation der Benutzungsoberfläche und des Ableitungsmechanismus für Keys erfolgt in Kapitel 8.7.3.

8.7.1. Die Datenstruktur einer Key-Menge

THESEUS verwaltet für jede Eingabe-Menge der Klasse CL_KEYS eine Datenstruktur vom Typ *Input_set* (siehe auch Kapitel 8.9 *Spezifikation der Eingabe-Datenstrukturen*). Folgende Einträge sind für die Anwendung sichtbar:

```
typedef struct
{
   char     *set_name;       /* logischer Name der Menge                    */
   int      set_class;       /* Eingabe-Klasse der Menge, hier: CL_KEYS     */
   Win_id   set_window;      /* Identifier des zugeordneten Windows         */
   int      set_state;       /* Menge ist frei / gesperrt                   */
   int      set_nbr_elem;    /* aktuelle Anzahl von Mengen-Elementen        */
   int      *set_elem;       /* Liste der Handles der Mengen-Elemente       */
   int      set_sel_elem;    /* Handle des zuletzt ausgewählten Elementes   */
}
   Input_set;
```

***set_name**

Der Name bezeichnet das Key-Set. Er wird vom Anwendungsprogramm bei der Erzeugung der Eingabe-Menge als logische Bezeichnung der Menge vergeben. Dieser Eintrag hat keinen Effekt an der Benutzungsoberfläche. Die Namens-Länge ist begrenzt auf UI_STRING_LEN_MAX.

set_class

Die Klasse der Eingabe-Menge ist hier CL_KEYS. THESEUS weiß damit, daß er diese Struktur zur Tastatur-Eingabe verwendet.

set_window

Die Gültigkeit eines Key-Sets kann auf ein Window begrenzt werden. Das hat zur Folge, daß die Keys dieser Eingabe-Menge nur auswählbar sind, wenn das zugeordnete Window Listener ist. Die Wirkung an der Benutzungsoberfläche ist für diesen Fall identisch zu set_state == DISABLE. Das Key-Set wird ungültig, sobald das Window geschlossen wird.

Ein window-bezogenes Key-Set wird wie folgt definiert: Die Anwendung öffnet ein Window und erhält einen eindeutigen Window-Identifier. Anschließend wird vom Anwendungsprogramm ein *Input_set* vom Typ CL_KEYS erzeugt und der Window-Identifier in *Input_set.set_window* eingetragen. Damit wurde das Key-Set an das Window geknüpft. Sobald das Key-Set zur Eingabe freigegeben ist (*Start Event Handler* oder *Add Set To Event Handler*), sind die definierten Tasten der Eingabe-Menge freigegeben, allerdings begrenzt auf den Zeitraum, in dem das Window offen ist. Wenn das Window gelöscht wird, wird automatisch das Key-Set gesperrt. Der Effekt entspricht exakt dem Effekt der Funktion *Remove Set From Event Handler*. Durch die Zuordnung des Key-Sets zum Window ist die Anwendung jedoch entbunden, explizit die Eingabe-Menge aus der aktuellen Liste des Event Handlers herauszunehmen, da der Gültigkeitsbereich auf das Window begrenzt war.

Ein Key-Set muß nicht an ein Window gebunden werden. Wenn *Input_set.set_window* == 0, dann ist das Key-Set window-unabhängig und solange gültig, bis es durch einen explizit vom Anwendungsprogramm ausgesprochenen Funktionsaufruf *Remove Set From Event Handler* bzw. durch *Stop Event Handler* gelöscht wird. Die Eingabe-Gültigkeit einer Eingabe-Menge vom Typ CL_KEYS erstreckt sich somit bei window-bezogenen Key-Sets (Input_set.set_window != 0) von *Add Set To Event Handler / Start Event Handler* bis zum Schließen des zugeordneten Windows, bei window-unabhängigen Key-Sets (Input_set.set_window == 0) von *Add Set To Event Handler / Start Event Handler* bis *Remove Set From Event Handler / Stop Event Handler*.

Die Zuordnung eines Windows zu einem Key-Set kann explizit von der Anwendung durch die Funktion *Connect Set To Window (set_handle, window_id)* geändert werden. Das Key-Set wird dann zunächst window-unabhängig erzeugt (set_window = 0). Wenn das Window dann geöffnet wurde, kann die Anwendung mit der o.g. Funktion die Window-Zuordnung vornehmen.

set_state

Der Zustand des Key-Sets:

DISABLE: Die Eingabe-Menge ist gesperrt.
Eine Tastatur-Eingabe hat für diese Menge keinen Effekt.

ENABLE: Die Eingabe-Menge ist frei.
Eine Tastatur-Eingabe hat den Effekt, daß THESEUS überprüft, ob das eingegebene Zeichen Element der Eingabe-Menge ist.

set_nbr_elem

Die Anzahl der Elemente der Menge.

***set_elem**

Die Liste aller Handles der zur Menge gehörenden Key-Elemente.

set_sel_elem

Der Handle des zuletzt zugeordneten Key-Elementes.
set_sel_elem == 0 : Es wurde bisher kein Key eingegeben.

8.7.2. Die Datenstruktur Key

THESEUS verwaltet für jedes Mengen-Element eine Datenstruktur vom Typ *Key* (siehe auch Kapitel 8.9 *Spezifikation der Eingabe-Datenstrukturen*). Folgende Einträge sind für die Anwendung sichtbar:

```
typedef struct
{
   char   key_first_code;      /* erstes Tasten-Zeichen des Bereiches   */
   char   key_last_code;       /* letztes Tasten-Zeichen des Bereiches  */
   int    key_state;           /* Taste ist frei oder gesperrt          */
   int    (*key_function)();   /* aufzurufende Applikationsfunktion     */
}
   Key;
```

In Abhängigkeit von den aktuellen Werten reagiert THESEUS auf die Benutzeraktionen:

key_first_code

Der Eintrag enthält eine 8-bit Kodierung eines Tastaturzeichens, die im Anhang A zu finden ist. Es können mehrere Zeichen gleichzeitig definiert werden. Dazu wird das erste (key_first_code) und das letzte Zeichen (key_last_code) eines Bereiches festgelegt. Alle Zeichen, deren Key-Code zwischen dem des ersten Zeichens und dem des letzten Zeichens liegen, gehören zu diesem Element. key_first_code definiert den ersten Key des Bereiches.

key_last_code

Der Eintrag enthält eine 8-bit Kodierung eines Tastaturzeichens, die im Anhang A zu finden ist. key_last_code definiert den letzten Key des Bereiches. Falls key_first_code == key_last_code, wird für dieses Element nur ein Key definiert.

key_state

Der Zustand der Zeichen dieses Elementes:

DISABLE: Die Zeichen des Elementes sind gesperrt.
Das Drücken einer zugehörigen Taste hat für dieses Element keinen Effekt.

ENABLE: Die Zeichen des Elementes sind auswählbar.
Das Drücken einer zugehörigen Taste hat den Effekt, daß die Funktion, auf die der Pointer in Komponente *(*key_function)()* zeigt, aufgerufen wird.

(*key_function)()

Der Pointer *(*key_function)()* zeigt auf die Funktion, die aufgerufen wird, wenn ein Zeichen dieses Elementes ausgewählt wurde.

Die Funktion muß wie folgt definiert sein:

<function name> (window_id, set_handle, element_handle, key_code)

```
Win_id   window_id;
int      set_handle;
int      element_handle;
char     key_code;
```

Die aufzurufende Funktion enthält als Parameter den Window-Identifier des aktuellen Listener-Windows sowie den Set-Handle und den Element-Handle, die bei der Kreiierung der Eingabe-Menge bzw. des Mengen-Elementes vergeben wurden. Zusätzlich wird die 8-Bit-Codierung des eingegebenen Zeichens übergeben.

8.7.3. Die Benutzungsoberfläche von THESEUS/PC für Tastatur-Eingabe

Der Benutzer drückt eine Taste der Tastatur.

Effekt:

THESEUS ordnet die Eingabe der Klasse Tastatur-Eingabe, einem ***set of keys*** und einem ***key*** zu, falls dies möglich ist und ruft die zugehörige Applikationsfunktion auf. Der Eintrag *set_sel_elem* wird durch THESEUS neu gesetzt.

8.8. Dragging

Dragging ist eine Eingabemöglichkeit zum Verschieben von Icons und Objekten. Der Benutzer positioniert die Maus auf ein Icon oder Objekt und drückt den Maus-Knopf nach unten. Dadurch ist das Icon / Objekt identifiziert. Er bewegt die Maus mit gedrücktem Maus-Knopf und zieht dadurch das identifizierte Icon / Objekt mit. Wenn der Maus-Knopf losgelassen wird, hat das Icon / Objekt seine neue Position erreicht.

Dragging ist eine Funktion, die ausschließlich von THESEUS verarbeitet wird. Die Applikation sollte jedoch die Möglichkeit haben, zu erfahren, daß ein Dragging eines Objektes stattgefunden hat und welches Objekt von wo nach wo verschoben wurde, denn die Position eines Objektes kann anwendungsspezifische Bedeutung besitzen. Die Applikation kann dann ggfs. auf das Dragging reagieren. Zum Beispiel könnte der Benutzer ein Objekt auf eine unzulässige Position setzen oder aus einem zulässigen Bereich bewegen. Im Anschluß auf das Dragging ruft THESEUS eine Anwendungsfunktion mit den Parametern alte Position, neue Position und verschobenes Objekt auf. Diese Funktion kann eine Überprüfung vornehmen und ggfs. das Objekt auf seine ursprüngliche Position zurücksetzen oder eine Fehlermeldung veranlassen.

Man beachte, daß Dragging eines Icons ausschließlich Sache von THESEUS ist. Die Anwendung bekommt keine Nachricht, daß ein Icon verschoben wurde, weil die Position eines Icons keine Bedeutung für die Anwendung haben sollte. Dagegen besitzt das Dragging von Objekten eine Schnittstelle zur Anwendung. Diese Schnittstelle ist in Analogie zu den anderen Eingabe-Klassen spezifiziert. Die Applikation definiert ein ***set of drag-objects*** (oder mehrere). Dieses enthält alle Objekte, die zum Dragging zugelassen sind. Es kann durchaus Objekte geben, die nicht gedraggt werden dürfen. Jedes Element der Eingabe-Menge kann mit einer Anwendungsfunktion behaftet werden, die von THESEUS aufgerufen wird, nachdem das Objekt verschoben wurde. Diese Funktion kann z.B. die Zulässigkeit der Verschiebeoperation überprüfen oder weitere notwendige Operationen veranlassen.

THESEUS verwaltet die Informationen über eine Eingabe-Menge von verschiebbaren Objekten in einer Datenstruktur vom Datentyp ***Input_set***. Für jedes einzelne verschiebbare Objekt wird zusätzlich ein Eintrag vom Datentyp ***Dragging*** angelegt.

Zunächst werden die Datentypen für Dragging-Sets und Dragging-Objekte definiert. Die Anwendung kann die Komponenten dieser Datenstrukturen setzen und erfragen und hat damit die Möglichkeit, den Abbildungsprozeß der physikalischen Benutzereingaben zu beeinflußen. Die Spezifikation der Benutzungsoberfläche und des Ableitungsmechanismus für Objekt-Dragging erfolgt in Kapitel 8.8.3.

8.8.1. Die Datenstruktur einer Dragging-Menge

THESEUS verwaltet für jede Eingabe-Menge der Klasse CL_DRAG eine Datenstruktur vom Typ *Input_set* (siehe auch Kapitel 8.9 *Spezifikation der Eingabe-Datenstrukturen*). Folgende Einträge sind für die Anwendung sichtbar:

```
typedef struct
{
   char     *set_name;      /* logischer Name der Menge                    */
   int      set_class;      /* Eingabe-Klasse der Menge, hier: CL_DRAG     */
   Win_id   set_window;     /* Identifier des zugeordneten Windows         */
   int      set_state;      /* Menge ist frei / gesperrt                   */
   int      set_nbr_elem;   /* aktuelle Anzahl von Mengen-Elementen        */
   int      *set_elem;      /* Liste der Handles der Mengen-Elemente       */
   int      set_sel_elem;   /* Handle des zuletzt ausgewählten Elementes   */
}
   Input_set;
```

***set_name**

Der Name bezeichnet das Dragging-Set. Er wird vom Anwendungsprogramm bei der Erzeugung der Eingabe-Menge als logische Bezeichnung der Menge vergeben. Dieser Eintrag hat keinen Effekt an der Benutzungsoberfläche. Die Namens-Länge ist begrenzt auf UI_STRING_LEN_MAX.

set_class

Die Klasse der Eingabe-Menge ist hier CL_DRAG. THESEUS weiß damit, daß er diese Struktur zum Dragging verwendet.

set_window

Ein Dragging-Set muß einem Window zugeordnet sein. Die Menge enthält ausschließlich Objekte, die in diesem Window ausgegeben wurden. Beim Erzeugen der Objekt-Menge (*Create Input Set*) übergibt das Anwendungsprogramm THESEUS den Identifier des zugeordneten Windows. Dieser kann zunächst null sein mit der Bedeutung, daß noch keine Window-Zuordnung vorgenommen wird. Dies ist sinnvoll, wenn das Kreieren der Eingabe-Menge zeitlich vor dem Öffnen des Windows liegt. Nach dem Öffnen des Windows kann die Zuordnung mit *Connect Set To Window* vorgenommen werden. Solange das Dragging-Set keinem Window zugeordnet ist, muß die Eingabe-Menge leer bleiben. Die Funktion *Add Drag Object Element To Set* liefert einen Fehler-Code zurück, wenn *set_window == 0* ist. Wenn *set_window != 0*, überprüft die Funktion, ob das Objekt in dem Window liegt, das dem Dragging-Set zugeordnet ist. Nur dann wird das Objekt zur Eingabe-Menge hinzugefügt.

Wenn das Window gelöscht wird, wird automatisch das zugeordnete Dragging-Set aus dem Eingabe-Mechanismus herausgenommen. Der Effekt entspricht exakt dem Effekt der Funktion *Remove Set From Event Handler*, die in diesem Fall nicht mehr explizit aufgerufen werden muß. Es ist allerdings auch möglich, die Gültigkeit eines Dragging-Sets explizit vom Anwendungsprogramm aus zu beenden (*Remove Set From Event Handler*), bevor das Window geschlossen wird. In diesem Fall existieren das Window und die Objekte weiter, die Objekte können jedoch nicht mehr verschoben werden.

Die Zuordnung Dragging-Set zu Window kann nur dann gesetzt werden (*Connect Set To Window*), wenn set_window == 0 und wenn die Eingabe-Menge keine Elemente enthält. Nachdem die Zuordnung vorgenommen ist, kann sie nicht mehr geändert werden.

set_state

Der Zustand des Dragging-Sets:

DISABLE: Die Eingabe-Menge ist gesperrt.
Dragging der Objekte dieser Menge ist nicht erlaubt.

ENABLE: Die Eingabe-Menge ist frei.
Dragging der Objekte dieser Menge ist erlaubt.

set_nbr_elem

Die Anzahl der Objekte der Eingabe-Menge, d.h. wieviel Elemente die Menge besitzt.

***set_elem**

Die Liste aller Handles der zur Eingabe-Menge gehörenden Objekte.

set_sel_elem

Der Handle des zuletzt gedraggten Objektes.
set_sel_elem == 0 : Es wurde bisher kein Objekt der Menge gedraggt.

8.8.2. Die Datenstruktur Dragging

THESEUS verwaltet für jedes Element der Menge ***set of drag-objects*** eine Datenstruktur vom Typ ***Dragging*** (siehe auch Kapitel 8.9 ***Spezifikation der Eingabe-Datenstrukturen***). Folgende Einträge sind für die Anwendung sichtbar:

```
typedef struct
{
  Ob_id   dg_obj_id;          /* bei der Ausgabe vergebener Bezeichner   */
  int     dg_state;           /* Objekt ist frei / gesperrt               */
  int     (*dg_function)();   /* aufzurufende Applikationsfunktion        */
}
  Dragging;
```

In Abhängigkeit von den aktuellen Werten reagiert THESEUS auf die Benutzeraktionen:

dg_obj_id

Bei der Ausgabe des Objektes wurde dieser eindeutige Objekt-Bezeichner vergeben. Damit wird das Objekt identifiziert.

dg_state

Der Zustand des Objekts dieser Eingabe-Menge:

DISABLE: Das Objekt ist gesperrt für Dragging.
Wenn der Benutzer die Maus auf das Objekt positioniert, den Maus-Knopf nach unten drückt und die Maus mit gedrücktem Knopf bewegt, wird das Objekt nicht nachgeführt.

ENABLE: Das Objekt kann gedraggt werden.
Wenn der Benutzer die Maus auf das Objekt positioniert, den Maus-Knopf nach unten drückt und die Maus mit gedrücktem Knopf bewegt, wird das Objekt mit der Maus-Position mitgeführt, bis der Benutzer den Maus-Knopf nach oben bewegt. Der Eintrag ***set_sel_elem*** des zugehörigen ***set of drag-objects*** wird gesetzt. Die Funktion, auf die der Pointer in Komponente ***(*dg_function)()*** zeigt, wird aufgerufen.

(*dg_function)()

Der Pointer *(*dg_function)()* zeigt auf die Funktion, die aufgerufen wird, wenn das Objekt gedraggt wurde.

Die Funktion muß wie folgt definiert sein:

```
<function name> (window_id, set_handle, element_handle,
                 object_id, pos_down, pos_up)

Win_id    window_id;
int       set_handle;
int       element_handle;
Ob_id     object_id;
Wd_pos    *pos_down;
Wd_pos    *pos_up;
```

Die aufzurufende Funktion enthält als Parameter den Identifier des aktuellen Listener-Windows sowie den Set-Handle und den Element-Handle, die bei der Erzeugung der Eingabe-Menge bzw. des Mengen-Elementes vergeben wurden. Zusätzlich werden der bei der Ausgabe vergebene Identifier des verschobenen Objektes, die Position beim Herunterdrücken der Maus und die Position beim Lösen des Maus-Knopfes in Weltkoordinaten übergeben.

8.8.3. Die Benutzungsoberfläche von THESEUS/PC für Dragging

Der Benutzer hat die Möglichkeit, ein Icon oder Objekt zu identifizieren und auf der Oberfläche zu bewegen. Dies geschieht durch folgende physikalische Benutzereingaben:

Der Benutzer positioniert die Maus auf ein Icon oder Objekt, drückt den Maus-Knopf nach unten, bewegt die Maus mit gedrücktem Maus-Knopf und bewegt anschließend den Maus-Knopf wieder nach oben.

Effekt:
Aus der Position der Maus beim Niederdrücken des Maus-Knopfes leitet THESEUS ab, daß und welches Icon / Objekt identifiziert wurde. Wenn der Benutzer den Maus-Knopf wieder freigibt, ohne die Maus zwischenzeitig zu bewegen, handelt es sich um die Eingabe-Klasse Icon-Auswahl bzw. Objekt-Auswahl. Aufgrund der Bewegung mit gedrückter Maus erfolgt die Zuordnung zur Eingabe-Klasse Dragging. Ausschlaggebend für die Zuordnung zur Eingabe-Klasse ist die Distanz zwischen der Maus-Position beim Herunterdrücken der Maus und beim Lösen der Maus. Falls die Distanz größer als ein Minimum d ist, wird die Eingabe der Klasse Dragging zugeordnet, anderenfalls der Klasse Icon-/Objektauswahl. Dabei ist es unerheblich , wie lange die Maus gedrückt wurde.

Handelt es sich um ein Objekt, wird unter allen ***set of drag-objects*** mit ***set_state == ENABLE*** das identifizierte Objekt gesucht.

Wenn für dieses Objekt ein Element definiert ist mit ***object_state == ENABLE***, d.h. das Objekt ist auswählbar, oder wenn es sich um ein Icon handelt, wird das Icon / Objekt mit der Maus-Position mitgeführt, solange der Maus-Knopf gedrückt bleibt. Sobald der Maus-Knopf nicht mehr gedrückt ist, bleibt das Icon / Objekt an der Position stehen. Das Icon / Objekt erhält die Position, die die Maus innehatte, als der Maus-Knopf losgelassen wurde. Für Icons trägt THESEUS die Position in den Eintrag ***ic_pos*** ein (siehe Kap. 8.4.2). Für Objekte wird die Position in die Ausgabe-Datenstruktur des Objektes eingetragen, der Eintrag ***set_sel_elem*** des ***set of drag objects*** gesetzt und die zugehörige Applikationsfunktion aufgerufen.

8.9. Spezifikation der Eingabe-Datenstrukturen

Die Deklaration der folgenden Datenstrukturen stehen in der Include-Datei *ui.h*.

```
/* Kodierung der Eingabeklassen: */
#define   CL_ALL            0   /* alle Eingabeklassen */
/* zulässige Werte für Input_set.set_class: */
#define   CL_MENU           1   /* Menü-Auswahl */
#define   CL_ICONS          2   /* Icon_Auswahl */
#define   CL_OBJECTS        3   /* Objekt-Auswahl */
#define   CL_POS_AREAS      4   /* Positionierung */
#define   CL_KEYS           5   /* Tastatur-Eingabe */
#define   CL_DRAG           6   /* Dragging */

/* zulässige Werte für ..._state: */
#define   DISABLE   0   /* Menge/Element gesperrt */
#define   ENABLE    1   /* Menge/Element frei */

/* zulässige Werte für mn_check_mark: */
#define   OFF   0   /* ausgeschaltet */
#define   ON    1   /* eingeschaltet */

/* Konstanten zur Icon-Definition: */
#define   UI_IC_HEIGHT   32   /* Höhe des Icon-Symbols in Pixel */
#define   UI_IC_WIDTH    2    /* Breite des Icon-Symbols in Word */
#define   UI_ICTX_LEN    11   /* max. Buchstaben-Anzahl des Icon-Text */


typedef struct
{
  int   pixel[ UI_IC_HEIGHT][ UI_IC_WIDTH];   /* Icon Bitmuster */
}
  Icon_pixel;
```

```
typedef struct
{
    char      *set_name;       /* logischer Name der Menge                    */
    int       set_class;       /* Eingabe-Klasse der Menge                    */
    Win_id    set_window;      /* Identifier des zugeordneten Windows         */
    int       set_state;       /* Menge ist frei / gesperrt                   */
    int       set_nbr_elem;    /* aktuelle Anzahl von Mengen-Elementen        */
    int       *set_elem;       /* Liste der Handles der Mengen-Elemente       */
    int       set_sel_elem;    /* Handle des zuletzt ausgewählten Elementes   */
}
    Input_set;

typedef struct
{
    char     *mi_name;          /* eindeutiger Bezeichner des Elements        */
    int      mi_number;         /* Ordnungsnummer innerhalb des Menüs         */
    int      mi_state;          /* Item ist frei oder gesperrt                */
    int      mi_check_mark;     /* Markierung des Items                       */
    int      (*mi_function)();  /* aufzurufende Applikationsfunktion          */
}
    Menu_item;

typedef struct
{
    char          *ic_name;          /* Beschriftung des Icons                */
    Sc_pos        ic_pos;            /* aktuelle Position des Icons           */
    Icon_pixel    *ic_pxl_ptr;       /* Pointer zur Icon-Definition           */
    int           ic_state;          /* Icon ist frei / gesperrt              */
    int           ic_check_mark;     /* Markierung des Icons                  */
    int           (*ic_function)();  /* aufzurufende Applikationsfunktion     */
}
    Icon;
```

```
typedef struct
{
    Ob_id   obj_id;               /* bei der Ausgabe vergebener Bezeichner   */
    int     obj_state;            /* Objekt ist frei / gesperrt              */
    int     (*obj_function)();    /* aufzurufende Applikationsfunktion       */
}
    Object;

typedef struct
{
    int     pa_nbr_boundary;      /* Anzahl Umrandungspunkte                 */
    Wd_pos  *pa_boundary;         /* Umrandungspunkte des Bereiches          */
    int     pa_state;             /* Bereich ist frei oder gesperrt          */
    int     pa_priority;          /* Prioritätsgrad des Bereiches            */
    int     (*pa_function)();     /* aufzurufende Applikationsfunktion       */
    Wd_pos  pa_pos;               /* letzte eingegebene Position dieser Area */
}
    Pos_area;

typedef struct
{
    char    key_first_code;       /* erstes Tasten-Zeichen des Bereiches     */
    char    key_last_code;        /* letztes Tasten-Zeichen des Bereiches    */
    int     key_state;            /* Taste ist frei oder gesperrt            */
    int     (*key_function)();    /* aufzurufende Applikationsfunktion       */
}
    Key;

typedef struct
{
    Ob_id   dg_obj_id;            /* bei der Ausgabe vergebener Bezeichner   */
    int     dg_state;             /* Objekt ist frei / gesperrt              */
    int     (*dg_function)();     /* aufzurufende Applikationsfunktion       */
}
    Dragging;
```

8.10. Spezifikation der Eingabe-Funktionen

NAME

ui_cris - Create Input Set

SYNOPSIS

```
#include <ui.h>

int      ui_cris (set_name, set_class, set_window, set_state)

char     *set_name

int      set_class

Win_id   set_window

int      set_state
```

EFFECT

Diese Funktion erzeugt eine neue Eingabe-Menge der Eingabe-Klasse ***set_class***. In THESEUS wird eine Datenstruktur vom Typ ***Input_set*** angelegt. Die Datenstruktur wird mit den übergebenen Werten initialisiert. Der ***set_name*** wird von der Anwendung als logischer Name für die Eingabe-Menge vergeben. Für die Eingabe-Klasse CL_MENU wird mit ***set_name*** gleichzeitig der Menü-Titel definiert. Die Eingabe-Menge kann einem Window zugeordnet werden. In diesem Fall enthält der Parameter ***set_window*** den beim Öffnen des Windows vergebenen Window-Identifier. Wenn set_window == 0, dann ist die Eingabe-Menge keinem Window zugeordnet. Der Zustand der Menge wird initialisiert mit dem Wert *ENABLE* oder *DISABLE*. Die weiteren Einträge der Datenstruktur werden von THESEUS automatisch initialisiert mit:

```
Input_set.set_nbr_elem = 0;
Input_set.set_elem = NULL;
Input_set.set_sel_elem = 0;
```

Die Funktion liefert einen ***set_handle*** als eindeutiger Bezeichner der Eingabe-Menge zurück.

Diese Funktion hat noch keinen weiteren Effekt für die Eingabeverarbeitung des Event Handlers, da nur die Datenstruktur angelegt wird, aber noch nicht vom Event Handler interpretiert wird. Die Eingabe-Menge wird erst dann zur Eingabeverarbeitung herangezogen, wenn es einem bereits existierenden Event Handler durch die Funktion ***Add Set To Event Handler*** bekanntgegeben wird bzw. der Event Handler gestartet wird (***Start Event Handler***) mit dem ***set_handle*** als Parameter.

RETURN VALUES

> 0 : set_handle

< 0 : Fehler

Die externe Variable ***ui_errno*** enthält die Fehler-Kodierung:

UI_EINTERN

Interner THESEUS-Fehler

UI_ENMLONG

set_name ist zu lang

UI_ECLASS

set_class ist inkorrekt

UI_EWIN

Window-Identifier existiert nicht

UI_ESTATE

set_state ist inkorrekt

UI_ETMSETS

zu viele Eingabe-Mengen definiert

UI_ENOMEM

kein Speicherplatz mehr frei

NAME

ui_dlis - Delete Input Set

SYNOPSIS

int *ui_dlis (set_handle)*

int *set_handle*

EFFECT

Diese Funktion löscht die Eingabe-Menge mit dem Bezeichner ***set_handle*** und alle seine Elemente. Der Speicherplatz wird freigegeben. Die Eingabe-Menge muß vorher erzeugt worden sein (*Create Input Set*). Die Eingabe-Menge kann nur gelöscht werden, wenn sie nicht zur Liste der Eingabe-Mengen eines Event Handlers gehört. Gegebenenfalls muß sie vorher durch die Funktion *Remove Set From Event Handler* aus der Mengen-Liste des Event Handlers herausgenommen werden.

RETURN VALUES

< 0 : Fehler

Die externe Variable ***ui_errno*** enthält die Fehler-Kodierung.

UI_EINTERN

Interner THESEUS-Fehler

UI_ESHNEXIST

set_handle existiert nicht

UI_ESACTIV

Eingabe-Menge ist noch aktiv, d.h. sie wird vom Event Handler verwendet

NAME

ui_amnu - Add Menu Element To Set

SYNOPSIS

#include <ui.h>

int *ui_amnu (set_handle, element_ptr)*

int *set_handle*

Menu_item **element_ptr*

EFFECT

Es wird ein neues Menü-Item definiert, indem ein neues Element zu einer Eingabe-Menge der Klasse CL_MENU hinzugefügt wird. Die Menge, zu dem das Element hinzugefügt werden soll, wird durch seinen ***set_handle*** bezeichnet. Die Eingabe-Menge muß zuvor erzeugt worden sein. THESEUS legt ein neues Exemplar des Datentypes ***Menu_item*** an und initialisiert es. ***element_ptr*** ist ein Zeiger auf einen Puffer des Anwendungsprogrammes vom Typ ***Menu_item***, der die Initialisierungswerte enthält. Der Aufbau der Struktur ist dem Kapitel 8.9 ***Spezifikation der Eingabe-Datenstrukturen*** zu entnehmen. Die Typdeklaration der Struktur muß durch ein Include-File importiert werden. Die Funktion liefert einen Integerwert als eindeutigen Bezeichner des Elements zurück. Mit diesem Wert ist das Element für die Anwendung eindeutig zugreifbar. Dieser ***element_handle*** wird automatisch in die Datenstruktur der Eingabe-Menge eingetragen.

Falls die zugehörige Eingabe-Menge aktiv ist, d.h. die Menge wird vom Event Handler ausgewertet und das Menü ist am Bildschirm sichtbar, wird das Element als Menü-Item in das Menü aufgenommen und kann vom Benutzer ausgewählt werden.

Falls die zugehörige Eingabe-Menge nicht aktiv ist, wird nur die Menü-Element-Datenstruktur angelegt.

RETURN VALUES

> 0 : element_handle

< 0 : Fehler

Die externe Variable *ui_errno* enthält die Fehler-Kodierung.

UI_EINTERN
: Interner THESEUS-Fehler

UI_ESHNEXIST
: set_handle existiert nicht

UI_ENMLONG
: Element-Name zu lang

UI_ESTATE
: Element-State ist inkorrekt

UI_ECHMARK
: Check Mark ist inkorrekt

UI_ESHCLASS
: set hat falsche Klasse

UI_ETMEL
: zu viele Elemente definiert

UI_ETMMI
: zu viele Menu Items definiert

UI_ENOMEM
: kein Speicherplatz mehr frei

UI_EMEXCEEDS
: Pull Down Box ragt aus dem Bildschirm heraus

UI_EMBOXBIG
: Pull Down Box zu groß

NAME

ui_aico - Add Icon Element To Set

SYNOPSIS

#include <ui.h>

int *ui_aico (set_handle, element_ptr)*

int *set_handle*

Icon **element_ptr*

EFFECT

Es wird ein neues Icon zu einer Eingabe-Menge der Klasse CL_ICONS hinzugefügt. Die Eingabe-Menge, zu der das Element hinzugefügt werden soll, wird durch seinen ***set_handle*** bezeichnet. Die Menge muß zuvor erzeugt worden sein. THESEUS legt ein neues Exemplar des Datentypes *Icon* an und initialisiert es. ***element_ptr*** ist ein Zeiger auf einen Puffer des Anwendungsprogrammes vom Typ ***icon***, der die Initialisierungswerte enthält. Der Aufbau der Struktur ist dem Kapitel 8.9 ***Spezifikation der Eingabe-Datenstrukturen*** zu entnehmen. Die Typdeklaration der Struktur muß durch ein Include-File importiert werden. Die Funktion liefert einen Integerwert als eindeutigen Bezeichner des Elements zurück. Mit diesem Wert ist das Element für die Anwendung eindeutig zugreifbar. Dieser ***element_handle*** wird automatisch in die Datenstruktur der Eingabe-Menge eingetragen.

Falls die zugehörige Menge aktiv ist, d.h. sie wird vom Event Handler ausgewertet und die Icons der Eingabe-Menge sind am Bildschirm sichtbar, wird das Element am Bildschirm dargestellt und kann vom Benutzer ausgewählt werden.
Falls die zugehörige Eingabe-Menge nicht aktiv ist, wird nur die Icon-Datenstruktur angelegt.

RETURN VALUES

> 0 : element_handle

< 0 : Fehler

Die externe Variable *ui_errno* enthält die Fehler-Kodierung.

UI_EINTERN
: Interner THESEUS-Fehler

UI_ESHNEXIST
: set_handle existiert nicht

UI_ENMLONG
: Element-Name zu lang

UI_ESTATE
: Element-State ist inkorrekt

UI_ECHMARK
: Check Mark ist inkorrekt

UI_ESHCLASS
: set hat falsche Klasse

UI_EICPXL
: Icon Pixel ist inkorrekt

UI_ETMEL
: zu viele Elemente definiert

UI_ETMIC
: zu viele Icons definiert

UI_ENOMEM
: kein Speicherplatz mehr frei

NAME

ui_aobj - Add Object Element To Set

SYNOPSIS

#include <ui.h>

int *ui_aobj (set_handle, element_ptr)*

int *set_handle*

Object **element_ptr*

EFFECT

Es wird ein neues Objekt zu einer Eingabe-Menge der Klasse CL_OBJECTS hinzugefügt. Die Eingabe-Menge, zu der das Element hinzugefügt werden soll, wird durch seinen ***set_handle*** bezeichnet. Die Menge muß zuvor erzeugt worden sein. Wenn die Objekt-Menge noch keinem Window zugeordnet ist (*set_window == 0*) kann kein Objekt hinzugefügt werden, d.h. die Menge bleibt leer. Wenn die Objekt-Menge einem Window zugeordnet ist, können nur Objekte hinzugefügt werden, die im zugeordneten Window ausgegeben wurden.
THESEUS legt ein neues Exemplar des Datentypes ***Object*** an und initialisiert es. ***element_ptr*** ist ein Zeiger auf einen Puffer des Anwendungsprogrammes vom Typ ***Object***, der die Initialisierungswerte enthält. Der Aufbau der Struktur ist dem Kapitel 8.9 ***Spezifikation der Eingabe-Datenstrukturen*** zu entnehmen. Die Typdeklaration der Struktur muß durch ein Include-File importiert werden. Die Funktion liefert einen Integerwert als eindeutigen Bezeichner des Elements zurück. Mit diesem Wert ist das Element für die Anwendung eindeutig zugreifbar. Dieser ***element_handle*** wird automatisch in die Datenstruktur der Eingabe-Menge eingetragen.

RETURN VALUES

> 0 : element_handle

< 0 : Fehler

Die externe Variable *ui_errno* enthält die Fehler-Kodierung.

UI_EINTERN

Interner THESEUS-Fehler

UI_ESHNEXIST

set_handle existiert nicht

UI_ESNOWIN

Die Eingabe-Menge ist noch keinem Window zugeordnet

UI_ESTATE

Element-State ist inkorrekt

UI_ESHCLASS

set hat falsche Klasse

UI_EOBJNEXIST

Objekt-Identifier existiert nicht für dieses Window

UI_ETMEL

zu viele Elemente definiert

UI_ETMOBJ

zu viele Objekte definiert

UI_ENOMEM

kein Speicherplatz mehr frei

NAME

ui_apos - Add Position Area Element To Set

SYNOPSIS

#include <ui.h>

int *ui_apos (set_handle, element_ptr)*

int *set_handle*

Pos_area **element_ptr*

EFFECT

Es wird eine neue *Position-Area* zu einer Eingabe-Menge der Klasse CL_POS_AREAS hinzugefügt. Die Eingabe-Menge, zu der das Element hinzugefügt werden soll, wird durch seinen *set_handle* bezeichnet. Die Menge muß zuvor erzeugt worden sein. Wenn sie noch keinem Window zugeordnet ist (*set_window == 0*) kann keine *Position-Area* hinzugefügt werden, d.h. die Menge bleibt leer. THESEUS legt ein neues Exemplar des Datentypes *Pos_area* an und initialisiert es. *element_ptr* ist ein Zeiger auf einen Puffer des Anwendungsprogrammes vom Typ *Pos_area*, der die Initialisierungswerte enthält. Der Aufbau der Struktur ist dem Kapitel 8.9 *Spezifikation der Eingabe-Datenstrukturen* zu entnehmen. Die Typdeklaration der Struktur muß durch ein Include-File importiert werden.
Es ist zu beachten, daß der Eintrag *pa_pos* nicht vom Anwendungsprogramm gesetzt werden kann. Der Wert von *element_ptr->pa_pos* wird nicht übernommen. Diese Komponente enthält die zuletzt eingegebene Position und wird ausschließlich von THESEUS gesetzt. Sie kann lediglich von der Anwendung erfragt werden. Die Funktion liefert einen Integerwert als eindeutigen Bezeichner des Elements zurück. Mit diesem Wert ist das Element für die Anwendung eindeutig zugreifbar. Dieser *element_handle* wird automatisch in die Datenstruktur der Eingabe-Menge eingetragen.

RETURN VALUES

> 0 : element_handle

< 0 : Fehler

Die externe Variable *ui_errno* enthält die Fehler-Kodierung.

UI_EINTERN
: Interner THESEUS-Fehler

UI_ESHNEXIST
: set_handle existiert nicht

UI_ESNOWIN
: Die Eingabe-Menge ist noch keinem Window zugeordnet

UI_ENBRBOUND
: Anzahl Umrandungspunkte inkorrekt

UI_EBOUNDARY
: Boundary-Liste inkorrekt

UI_ESTATE
: Element-State ist inkorrekt

UI_ESHCLASS
: set hat falsche Klasse

UI_EPRIORITY
: Priorität ist inkorrekt

UI_ETMEL
: zu viele Elemente definiert

UI_ETMPOS
: zu viele *Position-Areas* definiert

UI_ENOMEM
: kein Speicherplatz mehr frei

NAME

ui_akey - *Add Key Element To Set*

SYNOPSIS

#include <ui.h>

int *ui_akey (set_handle, element_ptr)*

int *set_handle*

Key **element_ptr*

EFFECT

Es wird ein neuer Key zu einer Eingabe-Menge der Klasse CL_KEYS hinzugefügt. Die Eingabe-Menge, zu der das Element hinzugefügt werden soll, wird durch seinen ***set_handle*** bezeichnet. Die Menge muß zuvor erzeugt worden sein. THESEUS legt ein neues Exemplar des Datentypes ***Key*** an und initialisiert es. ***element_ptr*** ist ein Zeiger auf einen Puffer des Anwendungsprogrammes vom Typ ***Key***, der die Initialisierungswerte enthält. Der Aufbau der Struktur ist dem Kapitel 8.9 ***Spezifikation der Eingabe-Datenstrukturen*** zu entnehmen. Die Typdeklaration der Struktur muß durch ein Include-File importiert werden. Die Funktion liefert einen Integerwert als eindeutigen Bezeichner des Elements zurück. Mit diesem Wert ist das Element für die Anwendung eindeutig zugreifbar. Dieser ***element_handle*** wird automatisch in die Datenstruktur der Eingabe-Menge eingetragen.

RETURN VALUES

> 0 : element_handle

< 0 : Fehler

Die externe Variable *ui_errno* enthält die Fehler-Kodierung.

UI_EINTERN

Interner THESEUS-Fehler

UI_ESHNEXIST

set_handle existiert nicht

UI_ESTATE

Element-State ist inkorrekt

UI_ESHCLASS

set hat falsche Klasse

UI_EKEY

key_last_code < key_first_code

UI_ETMEL

zu viele Elemente definiert

UI_ETMKEY

zu viele Key-Elemente definiert

UI_ENOMEM

kein Speicherplatz mehr frei

NAME

ui_adrg - Add Drag Object Element To Set

SYNOPSIS

#include <ui.h>

int *ui_adrg (set_handle, element_ptr)*

int *set_handle*

Dragging **element_ptr*

EFFECT

Es wird ein neues Objekt zu einer Eingabe-Menge der Klasse CL_DRAG hinzugefügt. Die Eingabe-Menge, zu der das Element hinzugefügt werden soll, wird durch seinen ***set_handle*** bezeichnet. Die Menge muß zuvor erzeugt worden sein. Wenn das Dragging-Set noch keinem Window zugeordnet ist (*set_window == 0*), kann kein Objekt hinzugefügt werden, d.h. die Menge bleibt leer. Wenn das Dragging-Set einem Window zugeordnet ist, können nur Objekte hinzugefügt werden, die im zugeordneten Window ausgegeben wurden.
THESEUS legt ein neues Exemplar des Datentypes *Dragging* an und initialisiert es. ***element_ptr*** ist ein Zeiger auf einen Puffer des Anwendungsprogrammes vom Typ *Dragging*, der die Initialisierungswerte enthält. Der Aufbau der Struktur ist dem Kapitel 8.9 *Spezifikation der Eingabe-Datenstrukturen* zu entnehmen. Die Typdeklaration der Struktur muß durch ein Include-File importiert werden. Die Funktion liefert einen Integerwert als eindeutigen Bezeichner des Elements zurück. Mit diesem Wert ist das Element für die Anwendung eindeutig zugreifbar. Dieser ***element_handle*** wird automatisch in die Datenstruktur der Eingabe-Menge eingetragen.

RETURN VALUES

> 0 : element_handle

< 0 : Fehler

Die externe Variable *ui_errno* enthält die Fehler-Kodierung.

UI_EINTERN

Interner THESEUS-Fehler

UI_ESHNEXIST

set_handle existiert nicht

UI_ESTATE

Element-State ist inkorrekt

UI_ESHCLASS

set hat falsche Klasse

UI_ESNOWIN

Die Eingabe-Menge ist noch keinem Window zugeordnet

UI_EOBJNEXIST

Objekt-Identifier existiert nicht für dieses Window

UI_ETMEL

zu viele Elemente definiert

UI_ETMDRG

zu viele Dragging-Elemente definiert

UI_ENOMEM

kein Speicherplatz mehr frei

NAME

ui_rmel - Remove Element From Set

SYNOPSIS

int *ui_rmel (set_handle, element_handle)*

int *set_handle*

int *element_handle*

EFFECT

Es wird ein Element aus einer Eingabe-Menge gelöscht. ***set_handle*** gibt an, aus welcher Menge gelöscht werden soll. ***element_handle*** gibt an, welches Element gelöscht werden soll. Das Element mu*ß* vorher der Eingabe-Menge hinzugefügt worden sein. Der Speicherplatz und der ***element_handle*** werden freigegeben.
Falls die Eingabe-Menge aktiv ist, ist daraufhin das Element für den Event Handler nicht mehr bekannt. Bei Mengen der Klasse CL_MENU wird das Menü-Item aus dem Menü entfernt, bei Mengen der Klasse CL_ICONS wird das Icon auf dem Bildschirm gelöscht. Falls die Eingabe-Menge nicht aktiv war, werden nur die Daten gelöscht.

RETURN VALUES

< 0 : Fehler

Die externe Variable *ui_errno* enthält die Fehler-Kodierung.

UI_EINTERN

Interner THESEUS-Fehler

UI_ESHNEXIST

set_handle existiert nicht

UI_EEHNEXIST

element_handle existiert nicht

UI_ENOTELEM

Element gehört nicht zur Eingabe-Menge

NAME

ui_ssnm - Set Set Name

SYNOPSIS

int *ui_ssnm (set_handle,set_name)*

int *set_handle*

char **set_name*

EFFECT

Mit dieser Funktion kann die Anwendung den aktuellen Namen einer Eingabe-Menge verändern. ***set_handle*** gibt an, welche Eingabe-Menge geändert werden soll. ***set_name*** ist der neue Name der Menge. Der Name definiert für Menüs den Menü-Titel. Für die anderen Klassen hat dieser Name keinen Effekt an der Benutzungsoberfläche.

RETURN VALUES

< 0 : Fehler

Die externe Variable *ui_errno* enthält die Fehler-Kodierung.

UI_EINTERN
: Interner THESEUS-Fehler

UI_ESHNEXIST
: set_handle existiert nicht

UI_ENMLONG
: set_name zu lang

UI_EMENUBAR
: Menu Bar ragt aus dem Bildschirm heraus

UI_ENOMEM

kein Speicherplatz mehr frei

NAME

ui_cosw - Connect Set To Window

SYNOPSIS

int *ui_cosw (set_handle, window_id)*

int *set_handle*

Win_id *window_id*

EFFECT

Mit dieser Funktion wird einer Eingabe-Menge ein Window zugeordnet. Es kann eine Eingabe-Menge definiert werden, die noch keinem Window zugeordnet ist, z.B. weil das Window noch nicht existiert (set_window == 0). Wenn das Window erzeugt worden ist, kann mit dieser Funktion die Zuordnung vorgenommen werden. Die Eingabe-Menge muß vorher erzeugt worden sein und set_window muß 0 sein. Sobald eine Eingabe-Menge einem Window zugeordnet ist (set_window != 0), kann dieser Eintrag nicht mehr geändert werden, d.h. diese Funktion liefert einen Fehler. ***set_handle*** gibt an, um welche Menge es sich handelt. ***window_handle*** gibt an, welches Window zugeordnet wird. Das Window muß vorher geöffnet worden sein und darf noch nicht gelöscht sein. Es wird der Eintrag ***set_window*** der zugehörigen Datenstruktur der Eingabe-Menge mit dem übergebenen ***window_id*** überschrieben. Für Mengen der Klassen CL_OBJECT, CL_POS_AREAS und CL_DRAG muß die Eingabe-Menge einem Window zugeordnet sein, bevor Elemente eingefügt werden.

RETURN VALUES

< 0 : Fehler

Die externe Variable *ui_errno* enthält die Fehler-Kodierung.

UI_EINTERN

Interner THESEUS-Fehler

UI_ESHNEXIST

set_handle existiert nicht

UI_EWIN

Window-Identifier existiert nicht

UI_ECONWIN

Eingabe-Menge ist bereits einem Window zugeordnet

NAME

ui_ssst - Set Set State

SYNOPSIS

int *ui_ssst (set_handle, set_state)*

int *set_handle*

int *set_state*

EFFECT

Mit dieser Funktion kann die Anwendung den aktuellen Zustand einer Eingabe-Menge setzen. ***set_handle*** gibt an, welche Eingabe-Menge geändert werden soll. ***set_state*** ist der neue Zustand der Menge. Der Zustand kann auf *ENABLE* oder *DISABLE* gesetzt werden. Wenn der Zustand der Eingabe-Menge auf *ENABLE* gesetzt wird, sind diejenigen Elemente der Menge vom Benutzer auswählbar, deren Element-Zustand auf *ENABLE* gesetzt ist. Wenn der Zustand der Menge auf *DISABLE* gesetzt wird, sind die Elemente der Menge vom Benutzer nicht auswählbar (unabhängig vom Zustand der einzelnen Elemente).

RETURN VALUES

< 0 : Fehler

Die externe Variable *ui_errno* enthält die Fehler-Kodierung.

UI_EINTERN

    Interner THESEUS-Fehler

UI_ESHNEXIST

    set_handle existiert nicht

UI_ESTATE

set_state ist inkorrekt

NAME

ui_sass - Set All Set States

SYNOPSIS

int *ui_sass (class,set_state)*

int *class*

int *set_state*

EFFECT

Mit dieser Funktion kann die Anwendung den Zustand mehrerer Eingabe-Mengen einheitlich setzen. Man kann den Zustand aller Mengen, die dem Event Handler bekannt sind, setzen (class == CL_ALL) oder nur die Eingabe-Mengen einer Klasse (z.B. class == CL_MENU). ***set_state*** ist der neue Zustand der angegebenen Mengen. Der Zustand der Eingabe-Mengen kann auf ENABLE oder DISABLE gesetzt werden. Wenn der Zustand aller Eingabe-Menge des Event Handlers auf ENABLE gesetzt wird, sind diejenigen Elemente der Mengen vom Benutzer auswählbar, deren Element-Zustand auf ENABLE gesetzt ist. Wenn der Zustand aller Eingabe-Mengen auf DISABLE gesetzt wird, ist keine Eingabe möglich. Diese Funktion kann insbesondere genutzt werden, um wieder einen Initialisierungszustand herzustellen unabhängig davon, wieviele und welche Eingabe-Mengen es gibt. Anschließend können mit der Funktion *Set Set State* gezielt die Zustände einzelner Eingabe-Mengen gesetzt werden. Es ist zu beachten, daß mindestens ein Set freigegeben sein sollte, nachdem alle Sets gesperrt wurden, da anderenfalls der Event Handler sämtliche Eingaben ablehnt und die Anwendung nie mehr zum Zug kommt.

RETURN VALUES

< 0 : Fehler

Die externe Variable *ui_errno* enthält die Fehler-Kodierung.

UI_EINTERN

Interner THESEUS-Fehler

UI_ECLASS

class ist inkorrekt

UI_ESTATE

set_state ist inkorrekt

NAME

ui_iset - Inquire Set Entries

SYNOPSIS

#include <ui.h>

int	***ui_iset (set_handle, set_ptr)***
int	***set_handle***
Input_set	****set_ptr***

EFFECT

Mit dieser Funktion kann die Anwendung die aktuellen Einträge einer Eingabe-Menge erfragen. ***set_handle*** gibt an, welche Eingabe-Menge erfragt wird. ***set_ptr*** ist ein Zeiger auf einen Puffer vom Typ ***Input_set***, in den die Information von THESEUS geschrieben wird. Dieser Puffer wird vom Anwendungsprogramm angelegt und verwaltet. Für die Zeiger-Komponenten ***set_name*** und ***set_sel_elem*** muß die Anwendung zusätzlich Felder mit der maximal zulässigen Länge (UI_STRING_LEN_MAX bzw. UI_ELEM_LIST_LEN_MAX) bereitstellen. Der Aufbau der Struktur ***Input_set*** ist dem Kapitel 8.9 ***Spezifikation der Eingabe-Datenstrukturen*** zu entnehmen. Die Typdeklaration der Struktur muß durch ein Include-File importiert werden.

RETURN VALUES

< 0 : Fehler

Die externe Variable *ui_errno* enthält die Fehler-Kodierung.

UI_EINTERN

Interner THESEUS-Fehler

UI_ESHNEXIST

set_handle existiert nicht

UI_EBUFFER

Der Übergabe-Puffer ist nicht korrekt

NAME

ui_imnu - Inquire Element Menu Item Entries

SYNOPSIS

#include <ui.h>

int *ui_imnu (element_handle, element_ptr)*

int *element_handle*

Menu_item **element_ptr*

EFFECT

Mit dieser Funktion kann die Anwendung die aktuellen Einträge eines Mengen-Elementes der Eingabe-Klasse CL_MENU erfragen. ***element_handle*** gibt an, welches Mengen-Element erfragt wird. ***element_ptr*** ist ein Zeiger auf einen Puffer des Anwendungsprogrammes vom Datentyp ***Menu_item***. Dieser Puffer wird vom Anwendungsprogramm angelegt und verwaltet. Für die Zeiger-Komponente ***mi_name*** muß die Anwendung zusätzlich ein Feld mit der maximal zulässigen Länge (UI_STRING_LEN_MAX) bereitstellen. In diesen Puffer schreibt THESEUS die aktuellen Werte. Der Aufbau der Struktur ist dem Kapitel 8.9 ***Spezifikation der Eingabe-Datenstrukturen*** zu entnehmen. Die Typdeklaration der Struktur muß durch ein Include-File importiert werden.

RETURN VALUES

< 0 : Fehler

Die externe Variable *ui_errno* enthält die Fehler-Kodierung.

UI_EINTERN

Interner THESEUS-Fehler

UI_EEHNEXIST

element_handle existiert nicht

UI_EBUFFER

Der Übergabe-Puffer ist nicht korrekt

NAME

ui_iico - Inquire Element Icon Entries

SYNOPSIS

#include <ui.h>

int *ui_iico (element_handle, element_ptr)*

int *element_handle*

Icon **element_ptr*

EFFECT

Mit dieser Funktion kann die Anwendung die aktuellen Einträge eines Mengen-Elementes der Eingabe-Klasse CL_ICONS erfragen. ***element_handle*** gibt an, welches Mengen-Element erfragt wird. ***element_ptr*** ist ein Zeiger auf einen Puffer des Anwendungsprogrammes mit dem Datentyp *Icon*. Dieser Puffer wird vom Anwendungsprogramm angelegt und verwaltet. Für die Zeiger-Komponenten ***ic_name*** und ***ic_pxl_ptr*** muß die Anwendung zusätzlich Felder mit der maximal zulässigen Länge (UI_ICTX_LEN bzw. UI_IC_HEIGHT x UI_IC_WIDTH) bereitstellen. In diesen Puffer schreibt THESEUS die aktuellen Werte. Der Aufbau der Struktur ist dem Kapitel 8.9 ***Spezifikation der Eingabe-Datenstrukturen*** zu entnehmen. Die Typdeklaration der Struktur muß durch ein Include-File importiert werden.

RETURN VALUES

< 0 : Fehler

Die externe Variable *ui_errno* enthält die Fehler-Kodierung.

UI_EINTERN

Interner THESEUS-Fehler

UI_EEHNEXIST

element_handle existiert nicht

UI_EBUFFER

Der Übergabe-Puffer ist nicht korrekt

NAME

ui_iobj - Inquire Element Object Entries

SYNOPSIS

#include <ui.h>

int *ui_iobj (element_handle, element_ptr)*

int *element_handle*

Object **element_ptr*

EFFECT

Mit dieser Funktion kann die Anwendung die aktuellen Einträge eines Mengen-Elementes der Eingabe-Klasse CL_OBJECTS erfragen. ***element_handle*** gibt an, welches Mengen-Element erfragt wird. ***element_ptr*** ist ein Zeiger auf einen Puffer des Anwendungsprogrammes mit dem Datentyp *Object*. Dieser Puffer wird vom Anwendungsprogramm angelegt und verwaltet. In diesen Puffer schreibt THESEUS die aktuellen Werte. Der Aufbau der Struktur ist dem Kapitel 8.9 ***Spezifikation der Eingabe-Datenstrukturen*** zu entnehmen. Die Typdeklaration der Struktur muß durch ein Include-File importiert werden.

RETURN VALUES

< 0 : Fehler

Die externe Variable *ui_errno* enthält die Fehler-Kodierung.

UI_EINTERN

Interner THESEUS-Fehler

UI_EEHNEXIST

element_handle existiert nicht

UI_EBUFFER

Der Übergabe-Puffer ist nicht korrekt

NAME

ui_ipos - Inquire Element Position Area Entries

SYNOPSIS

#include <ui.h>

int *ui_ipos (element_handle, element_ptr)*

int *element_handle*

Pos_area **element_ptr*

EFFECT

Mit dieser Funktion kann die Anwendung die aktuellen Einträge eines Mengen-Elementes der Eingabe-Klasse CL_POS_AREAS erfragen. ***element_handle*** gibt an, welches Mengen-Element erfragt wird. ***element_ptr*** ist ein Zeiger auf einen Puffer des Anwendungsprogrammes mit dem Datentyp ***Pos_area***. Dieser Puffer wird vom Anwendungsprogramm angelegt und verwaltet. Für die Zeiger-Komponente ***pa_boundary*** muß die Anwendung zusätzlich ein Feld mit der maximal zulässigen Länge (UI_BOUND_LIST_LEN_MAX) bereitstellen. In diesen Puffer schreibt THESEUS die aktuellen Werte. Der Aufbau der Struktur ist dem Kapitel 8.9 ***Spezifikation der Eingabe-Datenstrukturen*** zu entnehmen. Die Typdeklaration der Struktur muß durch ein Include-File importiert werden.

RETURN VALUES

< 0 : Fehler

Die externe Variable *ui_errno* enthält die Fehler-Kodierung.

UI_EINTERN

Interner THESEUS-Fehler

UI_EEHNEXIST

element_handle existiert nicht

UI_EBUFFER

Der Übergabe-Puffer ist nicht korrekt

NAME

ui_ikey - *Inquire Element Key Entries*

SYNOPSIS

#include <ui.h>

int *ui_ikey (element_handle, element_ptr)*

int *element_handle*

Key **element_ptr*

EFFECT

Mit dieser Funktion kann die Anwendung die aktuellen Einträge eines Mengen-Elementes der Eingabe-Klasse CL_KEYS erfragen. ***element_handle*** gibt an, welches Mengen-Element erfragt wird. ***element_ptr*** ist ein Zeiger auf einen Puffer des Anwendungsprogrammes mit dem Datentyp ***Key***. Dieser Puffer wird vom Anwendungsprogramm angelegt und verwaltet. In diesen Puffer schreibt THESEUS die aktuellen Werte. Der Aufbau der Struktur ist dem Kapitel 8.9 ***Spezifikation der Eingabe-Datenstrukturen*** zu entnehmen. Die Typdeklaration der Struktur muß durch ein Include-File importiert werden.

RETURN VALUES

< 0 : Fehler

Die externe Variable *ui_errno* enthält die Fehler-Kodierung.

UI_EINTERN

Interner THESEUS-Fehler

UI_EEHNEXIST

element_handle existiert nicht

UI_EBUFFER

Der Übergabe-Puffer ist nicht korrekt

NAME

ui_idrg - Inquire Element Dragging Object Entries

SYNOPSIS

#include <ui.h>

int *ui_idrg (element_handle, element_ptr)*

int ***element_handle***

Dragging ****element_ptr***

EFFECT

Mit dieser Funktion kann die Anwendung die aktuellen Einträge eines Mengen-Elementes der Eingabe-Klasse CL_DRAG erfragen. ***element_handle*** gibt an, welches Mengen-Element erfragt wird. ***element_ptr*** ist ein Zeiger auf einen Puffer des Anwendungsprogrammes mit dem Datentyp *Dragging*. Dieser Puffer wird vom Anwendungsprogramm angelegt und verwaltet. In diesen Puffer schreibt THESEUS die aktuellen Werte. Der Aufbau der Struktur ist dem Kapitel 8.9 *Spezifikation der Eingabe-Datenstrukturen* zu entnehmen. Die Typdeklaration der Struktur muß durch ein Include-File importiert werden.

RETURN VALUES

< 0 : Fehler

Die externe Variable ***ui_errno*** enthält die Fehler-Kodierung.

UI_EINTERN

Interner THESEUS-Fehler

UI_EEHNEXIST

element_handle existiert nicht

UI_EBUFFER

Der Übergabe-Puffer ist nicht korrekt

NAME

ui_smnu - Set Element Menu Item Entries

SYNOPSIS

#include <ui.h>

int *ui_smnu (element_handle, element_ptr)*

int *element_handle*

Menu_item **element_ptr*

EFFECT

Mit dieser Funktion kann die Anwendung einen Eintrag eines Mengen-Elementes setzen. ***element_handle*** gibt an, für welches Mengen-Element die Einträge gesetzt werden. Die Applikation schreibt die Werte in den Puffer vom Typ *Menu_item*, der vom Anwendungsprogramm angelegt und verwaltet wird und übergibt einen Zeiger ***element_ptr*** auf diesen Puffer. Damit werden die Daten des Mengen-Elementes mit den Werten aus dem Puffer überschrieben. Der Aufbau der Struktur ist dem Kapitel 8.9 ***Spezifikation der Eingabe-Datenstrukturen*** zu entnehmen. Die Typdeklaration der Struktur muß durch ein Include-File importiert werden. Wenn nur einer oder einige Einträge neu gesetzt werden sollen, alle anderen Komponenten sollen ihren alten Wert behalten, so sollten zunächst die aktuellen Werte erfragt werden und in den Puffer geschrieben werden. Nur die zu ändernden Einträge werden neu gesetzt und der gesamte Puffer wieder übergeben.

RETURN VALUES

< 0 : Fehler

Die externe Variable ***ui_errno*** enthält die Fehler-Kodierung.

UI_EINTERN

Interner THESEUS-Fehler

UI_EEHNEXIST

element_handle existiert nicht

UI_ENMLONG

Element-Name zu lang

UI_ESTATE

Element-State ist inkorrekt

UI_ECHMARK

Check Mark ist inkorrekt

UI_ENOMEM

kein Speicherplatz mehr frei

UI_EMEXCEEDS

Pull Down Box ragt aus dem Bildschirm heraus

UI_EMBOXBIG

Pull Down Box zu groß

NAME

ui_sico - Set Element Icon Entries

SYNOPSIS

#include <ui.h>

int *ui_sico (element_handle, element_ptr)*

int *element_handle*

Icon **element_ptr*

EFFECT

Mit dieser Funktion kann die Anwendung einen Eintrag eines Mengen-Elementes setzen. ***element_handle*** gibt an, für welches Mengen-Element die Einträge gesetzt werden. Die Applikation schreibt die Werte in den Puffer vom Typ *Icon*, der vom Anwendungsprogramm angelegt und verwaltet wird und übergibt einen Zeiger ***element_ptr*** auf diesen Puffer. Damit werden die Daten des Mengen-Elementes mit den Werten aus dem Puffer überschrieben. Der Aufbau der Struktur ist dem Kapitel 8.9 ***Spezifikation der Eingabe-Datenstrukturen*** zu entnehmen. Die Typdeklaration der Struktur muß durch ein Include-File importiert werden. Wenn nur einer oder einige Einträge neu gesetzt werden sollen, alle anderen Komponenten sollen ihren alten Wert behalten, so sollten zunächst die aktuellen Werte erfragt werden und in den Puffer geschrieben werden. Nur die zu ändernden Einträge werden neu gesetzt und der gesamte Puffer wieder übergeben.

RETURN VALUES

< 0 : Fehler

Die externe Variable *ui_errno* enthält die Fehler-Kodierung.

UI_EINTERN

Interner THESEUS-Fehler

UI_EEHNEXIST

element_handle existiert nicht

UI_ENMLONG

Element-Name zu lang

UI_ESTATE

Element-State ist inkorrekt

UI_ECHMARK

Check Mark ist inkorrekt

UI_EICPXL

Icon Pixel ist inkorrekt

NAME

ui_sobj - Set Element Object Entries

SYNOPSIS

#include <ui.h>

int *ui_sobj (element_handle, element_ptr)*

int *element_handle*

Object **element_ptr*

EFFECT

Mit dieser Funktion kann die Anwendung einen Eintrag eines Mengen-Elementes setzen. ***element_handle*** gibt an, für welches Mengen-Element die Einträge gesetzt werden. Die Applikation schreibt die Werte in den Puffer vom Typ ***Object***, der vom Anwendungsprogramm angelegt und verwaltet wird und übergibt einen Zeiger ***element_ptr*** auf diesen Puffer. Damit werden die Daten des Mengen-Elementes mit den Werten aus dem Puffer überschrieben. Der Aufbau der Struktur ist dem Kapitel 8.9 ***Spezifikation der Eingabe-Datenstrukturen*** zu entnehmen. Die Typdeklaration der Struktur *muß* durch ein Include-File importiert werden. Wenn nur einer oder einige Einträge neu gesetzt werden sollen, alle anderen Komponenten sollen ihren alten Wert behalten, so sollten zunächst die aktuellen Werte erfragt werden und in den Puffer geschrieben werden. Nur die zu ändernden Einträge werden neu gesetzt und der gesamte Puffer wieder übergeben.

RETURN VALUES

< 0 : Fehler

Die externe Variable *ui_errno* enthält die Fehler-Kodierung.

UI_EINTERN

Interner THESEUS-Fehler

UI_EEHNEXIST

element_handle existiert nicht

UI_ESTATE

Element-State ist inkorrekt

UI_EOBJNEXIST

Objekt-Identifier existiert nicht für dieses Window

NAME

ui_spos - Set Element Position Area Entries

SYNOPSIS

#include <ui.h>

int *ui_spos (element_handle, element_ptr)*

int *element_handle*

Pos_area **element_ptr*

EFFECT

Mit dieser Funktion kann die Anwendung einen Eintrag eines Mengen-Elementes setzen. ***element_handle*** gibt an, für welches Mengen-Element die Einträge gesetzt werden. Die Applikation schreibt die Werte in den Puffer vom Typ *Pos_area*, der vom Anwendungsprogramm angelegt und verwaltet wird und übergibt einen Zeiger ***element_ptr*** auf diesen Puffer. Damit werden die Daten des Mengen-Elementes mit den Werten aus dem Puffer überschrieben. Der Aufbau der Struktur ist dem Kapitel 8.9 ***Spezifikation der Eingabe-Datenstrukturen*** zu entnehmen. Die Typdeklaration der Struktur muß durch ein Include-File importiert werden. Wenn nur einer oder einige Einträge neu gesetzt werden sollen, alle anderen Komponenten sollen ihren alten Wert behalten, so sollten zunächst die aktuellen Werte erfragt werden und in den Puffer geschrieben werden. Nur die zu ändernden Einträge werden neu gesetzt und der gesamte Puffer wieder übergeben. Es ist zu beachten, daß der Eintrag ***pa_pos*** nicht von der Anwendung geändert werden darf. Diese Komponente enthält die zuletzt eingegebene Position und wird nur von THESEUS gesetzt. Sie kann lediglich von der Anwendung erfragt werden. Der aktuelle Wert dieser Komponente wird nicht mit dem Eintrag des übergebenene Puffers überschrieben.

RETURN VALUES

< 0 : Fehler

Die externe Variable *ui_errno* enthält die Fehler-Kodierung.

UI_EINTERN

Interner THESEUS-Fehler

UI_EEHNEXIST

element_handle existiert nicht

UI_ENBRBOUND

Anzahl Umrandungspunkte inkorrekt

UI_EBOUNDARY

Boundary-Liste inkorrekt

UI_ESTATE

Element-State ist inkorrekt

UI_EPRIORITY

Priorität ist inkorrekt

NAME

ui_skey - Set Element Key Entries

SYNOPSIS

#include <ui.h>

int *ui_skey (element_handle, element_ptr)*

int *element_handle*

Key **element_ptr*

EFFECT

Mit dieser Funktion kann die Anwendung einen Eintrag eines Mengen-Elementes setzen. ***element_handle*** gibt an, für welches Mengen-Element die Einträge gesetzt werden. Die Applikation schreibt die Werte in den Puffer vom Typ *Key*, der vom Anwendungsprogramm angelegt und verwaltet wird und übergibt einen Zeiger ***element_ptr*** auf diesen Puffer. Damit werden die Daten des Mengen-Elementes mit den Werten aus dem Puffer überschrieben. Der Aufbau der Struktur ist dem Kapitel 8.9 ***Spezifikation der Eingabe-Datenstrukturen*** zu entnehmen. Die Typdeklaration der Struktur muß durch ein Include-File importiert werden. Wenn nur einer oder einige Einträge neu gesetzt werden sollen, alle anderen Komponenten sollen ihren alten Wert behalten, so sollten zunächst die aktuellen Werte erfragt werden und in den Puffer geschrieben werden. Nur die zu ändernden Einträge werden neu gesetzt und der gesamte Puffer wieder übergeben.

RETURN VALUES

< 0 : Fehler

Die externe Variable *ui_errno* enthält die Fehler-Kodierung.

UI_EINTERN

Interner THESEUS-Fehler

UI_EEHNEXIST

element_handle existiert nicht

UI_ESTATE

Element-State ist inkorrekt

UI_EKEY

key_last_code < key_first_code

NAME

ui_sdrg - Set Element Dragging Object Entries

SYNOPSIS

#include <ui.h>

int *ui_sdrg (element_handle, element_ptr)*

int *element_handle*

Dragging **element_ptr*

EFFECT

Mit dieser Funktion kann die Anwendung einen Eintrag eines Mengen-Elementes setzen. ***element_handle*** gibt an, für welches Mengen-Element die Einträge gesetzt werden. Die Applikation schreibt die Werte in den Puffer vom Typ *Dragging*, der vom Anwendungsprogramm angelegt und verwaltet wird und übergibt einen Zeiger ***element_ptr*** auf diesen Puffer. Damit werden die Daten des Mengen-Elementes mit den Werten aus dem Puffer überschrieben. Der Aufbau der Struktur ist dem Kapitel 8.9 ***Spezifikation der Eingabe-Datenstrukturen*** zu entnehmen. Die Typdeklaration der Struktur muß durch ein Include-File importiert werden. Wenn nur einer oder einige Einträge neu gesetzt werden sollen, alle anderen Komponenten sollen ihren alten Wert behalten, so sollten zunächst die aktuellen Werte erfragt werden und in den Puffer geschrieben werden. Nur die zu ändernden Einträge werden neu gesetzt und der gesamte Puffer wieder übergeben.

RETURN VALUES

< 0 : Fehler

Die externe Variable ***ui_errno*** enthält die Fehler-Kodierung.

UI_EINTERN

Interner THESEUS-Fehler

UI_EEHNEXIST

element_handle existiert nicht

UI_ESTATE

Element-State ist inkorrekt

UI_EOBJNEXIST

Objekt-Identifier existiert nicht für dieses Window

NAME

ui_evhl - Start Event Handler

SYNOPSIS

int *ui_evhl (number_of_sets,list_of_set_handles)*

int *number_of_sets*

int **list_of_set_handles*

EFFECT

Es wird ein Event Handler gestartet. Damit wechselt die Kontrolle zu THESEUS. Sobald diese Funktion aufgerufen worden ist, erwartet THESEUS physikalische Benutzereingaben (Events), ordnet sie Mengen-Elementen zu und ruft die zugehörige Applikationsfunktion auf. ***number_of_sets*** gibt an, wieviele Eingabe-Mengen dem Event Handler ab sofort bekannt sein sollen. ***list_of_set_handles*** zeigt an, welche Eingabe-Mengen dem Event Handler bekannt sein sollen. Diese Mengen müssen vorher erzeugt worden sein (***Create Input Set***). Der Event Handler interpretiert die Eingaben zunächst ausschließlich auf der Grundlage dieser Eingabe-Mengen. Neue Eingabe-Mengen können durch die Funktion ***Add Sets To Event Handler*** der Liste der Mengen, mit denen der Event Handler arbeitet, hinzugefügt werden. Durch die Funktion ***Remove Sets From Event Handler*** können Eingabe-Mengen aus der Liste herausgenommen werden. Der Event Handler vollzieht die Eingabeverarbeitung so lange, bis eine AP-Funktion ihn durch ***Stop Event Handler*** beendet.

RETURN VALUES

< 0 : Fehler

Die externe Variable *ui_errno* enthält die Fehler-Kodierung.

UI_EINTERN

Interner THESEUS-Fehler

UI_EEVHLRUNNING

Event Handler ist bereits gestartet

UI_ESHNEXIST

set_handle existiert nicht

UI_ETMMNU

zu viele Menüs definiert

UI_ETMMI

zu viele Menu Items definiert

UI_EMENUBAR

Menu Bar ragt aus dem Bildschirm heraus

UI_EMEXCEEDS

Pull Down Box ragt aus dem Bildschirm heraus

UI_EMBOXBIG

Pull Down Box zu groß

UI_ETMIC

zu viele Icons definiert

UI_ENOMEM

kein Speicherplatz mehr frei

NAME

ui_speh - Stop Event Handler

SYNOPSIS

int *ui_speh ()*

EFFECT

Diese Funktion beendet einen Event Handler. Sie bewirkt, daß keine weitere Eingabe möglich ist. Die Anwendungsfunktion läuft, nachdem sie diese Funktion aufgerufen hat, normal weiter bis zu ihrem definierten Ende (return). Dann wechselt die Kontrolle wie bei jeder AP-Funktion, die vom Event Handler gestartet wurde, zurück zum Event Handler. Dieser beendet sich jedoch nun als Folge des Aufrufes *Stop Event Handler*. Daraufhin geht die Kontrolle wieder zurück an die Stelle, die den Event Handler gestartet hat.

RETURN VALUES

< 0 : Fehler

Die externe Variable *ui_errno* enthält die Fehler-Kodierung.

UI_EINTERN

Interner THESEUS-Fehler

UI_ENOEVHL

Event Handler ist nicht gestartet

NAME

ui_aseh - Add Sets To Event Handler

SYNOPSIS

int *ui_aseh (number_of_sets,list_of_set_handles)*

int *number_of_sets*

int **list_of_set_handles*

EFFECT

Diese Funktion fügt neue Eingabe-Mengen zur Liste der Mengen, die der Event Handler zur Eingabeverarbeitung heranzieht, hinzu. *number_of_sets* gibt an, wieviele Mengen hinzugefügt werden. *list_of_set_handles* enthält die Handles der Eingabe-Mengen, die hinzugefügt werden. Der Event Handler berücksichtigt nun auch diese neuen Eingabe-Mengen bei der Abbildung der physikalischen Eingabe auf AP-Funktionen. Die Eingabe-Mengen müssen vorher erzeugt worden sein.

RETURN VALUES

< 0 : Fehler

Die externe Variable *ui_errno* enthält die Fehler-Kodierung.

UI_EINTERN

Interner THESEUS-Fehler

UI_ENOEVHL

Event Handler ist nicht gestartet

UI_ESHNEXIST

set_handle existiert nicht

UI_ETMMNU

zu viele Menüs definiert

UI_ETMMI

zu viele Menu Items definiert

UI_EMENUBAR

Menu Bar ragt aus dem Bildschirm heraus

UI_EMEXCEEDS

Pull Down Box ragt aus dem Bildschirm heraus

UI_EMBOXBIG

Pull Down Box zu groß

UI_ETMIC

zu viele Icons definiert

UI_ENOMEM

kein Speicherplatz mehr frei

NAME

ui_rseh - Remove Sets From Event Handler

SYNOPSIS

int *ui_rseh (number_of_sets,list_of_set_handles)*

int *number_of_sets*

int **list_of_set_handles*

EFFECT

Diese Funktion nimmt Eingabe-Mengen aus der Liste der Mengen, mit denen der Event Handler arbeitet, heraus. ***number_of_sets*** gibt an, wieviele Eingabe-Mengen herausgenommen werden. ***list_of_set_handles*** zeigt auf die Handles der Mengen, die herausgenommen werden. Der Event Handler berücksichtigt nun diese Mengen nicht mehr bei der Abbildung der physikalischen Eingabe auf AP-Funktionen. Die Mengen müssen vorher zur Liste der aktiven Eingabe-Mengen des Event Handlers gehört haben.

RETURN VALUES

< 0 : Fehler

Die externe Variable *ui_errno* enthält die Fehler-Kodierung.

UI_EINTERN

Interner THESEUS-Fehler

UI_ENOEVHL

Event Handler ist nicht gestartet

UI_ESHNEXIST

set_handle existiert nicht

UI_ESNACTIV

Eingabe-Menge ist nicht aktiv, d.h. sie wird vom Event Handler nicht verwendet

NAME

ui_ishd - Inquire Set Handles

SYNOPSIS

int ***ui_ishd (class, number_of_sets,list_of_set_handles)***

int ***class***

int ****number_of_sets***

int ****list_of_set_handles***

EFFECT

Mit dieser Funktion kann erfragt werden, welche Eingabe-Mengen momentan vom Event Handler zur Eingabeverarbeitung herangezogen werden. Mit ***class*** kann definiert werden, ob alle Set-Handles (CL_ALL) oder nur die einer bestimmten Klasse zurückgeliefert werden. Das Anwendungsprogramm muß THESEUS ein Integer-Feld der Länge UI_SET_LIST_LEN_MAX bereitstellen, in die THESEUS die Handles der aktiven Eingabe-Mengen schreibt. Die Anzahl aktiver Eingabe-Menge legt THESEUS in ***nbr_of_sets*** ab.

RETURN VALUES

< 0 : Fehler

Die externe Variable *ui_errno* enthält die Fehler-Kodierung.

UI_EINTERN

Interner THESEUS-Fehler

UI_ENOEVHL

Event Handler ist nicht gestartet

UI_ECLASS

class ist inkorrekt

UI_EBUFFER

Der Übergabe-Puffer ist nicht korrekt

9. Anwendungsbeispiel

Im folgenden Beispiel wird ein kleiner Netz-Editor programmiert. Er besteht aus den drei Objekttypen *State*, *Transition*, *Connection*. *States* werden durch Kreise, *Transitions* durch Rechtecke und *Connections* durch Verbindungslinien dargestellt. Der Benutzer kann neue Objekte der Objekttypen *State* und *Transformation* erfassen, Objekte aller drei Objekttypen löschen und zwei Objekte miteinander verbinden, wobei ein Objekt vom Typ *State* und das andere Objekt vom Typ *Transition* sein muß.

Die Benutzungsoberfläche soll folgendes Aussehen haben: Ein Menü gibt die Funktionen an, die möglich sind. Es hat den Titel *FUNCTIONS* und besteht aus den Items *Create*, *Delete*, *Connect* und *End*. Weiterhin sollen zwei Icons sichtbar sein. Das eine symbolisiert den Objekttyp *State*, das andere den Objekttyp *Transition*. Die graphische Repräsentationen der erfaßten Objekte sollen innerhalb eines Windows erscheinen.

Der Benutzer besitzt folgende Eingabemöglichkeiten:

- **Erzeuge State (Transition) an Position (x,y)**

  Hierzu sind drei physikalische Eingaben notwendig:

  (1) Menü-Auswahl *Create*

  (2) Icon-Auswahl *State* (*Transition*)

  (3) Positionierung an (x,y)

- **Lösche Objekt**

  Hierzu sind zwei physikalische Eingaben notwendig:

  (1) Menü-Auswahl *Delete*

  (2) Objekt-Auswahl

- **Verbinde Objekt 1 mit Objekt 2**

  Hierzu sind drei physikalische Eingaben notwendig:

  (1) Menü-Auswahl *Connect*

  (2) Objekt-Auswahl

  (3) Objekt-Auswahl

- **Beenden des Editors**

Hierzu ist eine physikalische Eingabe notwendig:

(1) Menü-Auswahl *End*

Die Eingabe-Aktionen sollen erleichtert werden, indem der Benutzer nicht jedesmal zwei bzw. drei Eingaben vornehmen muß, wenn er die gleiche Eingabe wiederholen will. Er gibt z.B. ein: *Create State an Position (x1,y1)*. Wenn er direkt anschließend ein weiteres Objekt vom Typ *State* erzeugen will, gibt er nur noch eine Position (x2,y2) ein. Solange er Positionen eingibt, werden Objekte des gleichen Typs erzeugt. Wenn der Benutzer direkt anschließend Objekte vom Typ *Transition* erzeugen möchte, braucht er nur durch Icon-Auswahl *Transition* den zu erfassenden Objekttyp ändern, und weitere Positionen eingeben.

Der Benutzer soll außerdem die Möglichkeit haben, eine Eingabesequenz abzubrechen und eine andere zu beginnen. Wenn er z.B. *Erfasse State* eingibt und dann feststellt, daß er eigentlich löschen wollte, so soll er direkt das Menü-Item *Löschen* auswählen können. Das bedeutet, daß er jederzeit die Eingabesequenz verlassen kann.

Der Benutzer soll unter allen zulässigen Eingabemöglichkeiten auswählen können, was er als nächstes macht. Damit liegt die Entscheidungsfreiheit vollständig beim Benutzer, das System macht keine Vorgaben, sondern reagiert nur auf Benutzeraktionen.

Es werden folgende Eingabe-Mengen definiert:

(1) eine Menge der Eingabe-Klasse *menu* mit den festen Elementen *Create*, *Delete*, *Connect* und *End*,

(2) eine Menge der Eingabe-Klasse *set_of_icons* mit den festen Elementen *State-Icon* und *Transition-Icon*,

(3) eine Menge der Eingabe-Klasse *set_of_objects*, bestehend aus allen Objekten des Typs *State*,

(4) eine Menge der Eingabe-Klasse *set_of_objects*, bestehend aus allen Objekten des Typs *Transition*,

(5) eine Menge der Eingabe-Klasse *set_of_objects*, bestehend aus allen Objekten des Typs *Connection*,

(6) eine Menge der Eingabe-Klasse *set_of_position_areas*, die die zur Positions-Eingabe zulässigen Bereiche definiert.

Die Eingabe-Mengen werden im Hauptprogramm erzeugt. Dann wird der Event Handler gestartet, der aufgrund dieser sechs Mengen die Eingaben des Benutzers verarbeitet und Anwendungsroutinen zuordnet.

```
#include <stdio.h>

/* This file contains the data structures of THESEUS */
#include <ui.h>

/* This file contains the function return types of THESEUS */
#include <ui.e>

/* This file contains the bitmap definitions of the icons */
#include <icon_def.h>

int set_menu,set_icon,set_transition_obj,set_state_obj;
int set_connection_obj,set_position;
int el_mi_create,el_mi_delete,el_mi_connect,el_mi_end;
int el_ic_transition,el_ic_state;
int el_pa_background;
Wd_pos rect = {25,25};
int radius = {15};
Gatt_rec att_rec;
int lav[3] = { GA_OLDVALUE , GA_OLDVALUE , GA_OLDVALUE };
int fav[3] = { FS_PATTERN , 6 , GA_OLDVALUE };
int eav[4] = { GA_OLDVALUE , GA_OLDVALUE , GA_OLDVALUE , GA_OLDVALUE };
int tav[7] = { 7 , GA_OLDVALUE , GA_OLDVALUE , GA_OLDVALUE,
               GA_OLDVALUE , GA_OLDVALUE , GA_OLDVALUE };
int vav[3] = { GA_OLDVALUE , GA_OLDVALUE , GA_OLDVALUE };
Ob_id startobj;
int icon;
int error;


VOID ap_cre (wd_id,set_hd,elem_hd)
int wd_id;
int set_hd;
int elem_hd;
{
/* This function is called in case of selecting the */
/* menu item create */
```

```
  /* enable icon set */
  error = ui_ssst (set_icon,ENABLE);

  /* disable set of objects: transition */
  error = ui_ssst (set_transition_obj,DISABLE);

  /* disable set of objects: state */
  error = ui_ssst (set_state_obj,DISABLE);

  /* disable set of objects: connection */
  error = ui_ssst (set_connection_obj,DISABLE);

  /* disable set of position areas: Position */
  error = ui_ssst (set_position,DISABLE);

} /* ap_cre */


VOID ap_del (wd_id,set_hd,elem_hd)
int wd_id;
int set_hd;
int elem_hd;
{
/* This function is called in case of selecting the */
/* menu item delete */

  /* enable set of objects: transition */
  error = ui_ssst (set_transition_obj,ENABLE);

  /* enable set of objects: state */
  error = ui_ssst (set_state_obj,ENABLE);

  /* enable set of objects: connection */
  error = ui_ssst (set_connection_obj,ENABLE);

  /* disable icon set */
  error = ui_ssst (set_icon,DISABLE);
```

```
   /* disable set of position areas: position */
   error = ui_ssst (set_position,DISABLE);

} /* ap_del */


VOID ap_con (wd_id,set_hd,elem_hd)
int wd_id;
int set_hd;
int elem_hd;
{
/* This function is called in case of selecting the */
/* menu item connect */

   /* enable set of objects: transition */
   error = ui_ssst (set_transition_obj,ENABLE);

   /* enable set of objects: state */
   error = ui_ssst (set_state_obj,ENABLE);

   /* disable set of objects: connection */
   error = ui_ssst (set_connection_obj,DISABLE);

   /* disable icon set */
   error = ui_ssst (set_icon,DISABLE);

   /* disable set of position areas: position */
   error = ui_ssst (set_position,DISABLE);

   /* reset startobject of connection */
   startobj = 0;

} /* ap_con */
```

```
VOID ap_end (wd_id,set_hd,elem_hd)
int wd_id;
int set_hd;
int elem_hd;
{
/* This function is called in case of selecting the */
/* menu item end */

  /* stop Event Handler */
  error = ui_speh();

} /* ap_end */



VOID ap_icon (wd_id,set_hd,elem_hd)
int wd_id;
int set_hd;
int elem_hd;
{
/* This function is called in case of selecting an */
/* icon being the second step of the sequence */
/* create state/transition */

  /* disable set of objects transition */
  error = ui_ssst (set_transition_obj,DISABLE);

  /* disable set of objects state */
  error = ui_ssst (set_state_obj,DISABLE);

  /* enable set of position area */
  error = ui_ssst (set_position,ENABLE);

  /* store selected icon */
  icon = elem_hd;

} /* ap_icon */
```

```
VOID ap_obj (wd_id,set_hd,elem_hd,obj_id)
int wd_id;
int set_hd;
int elem_hd;
int obj_id;
{
Input_set set_buf;
int elem_list[UI_ELEM_LIST_LEN_MAX];
char char_list[UI_STRING_LEN_MAX];
Object obj_buf;
Wd_pos con_start,con_end;
Spec_rec data_record;
int dir = {NO_DIR};
int handle;
Ob_id id;

/* This function is called in case of selecting an */
/* object being the second step of the sequence */
/* delete object or */
/* the second or third step of the sequence */
/* connect object 1 with object 2 */

  /* Inquire set entries of menu set */
  set_buf.set_name = char_list;
  set_buf.set_elem = elem_list;
  error = ui_iset(set_menu,&set_buf);

  /* which menu item was selected ? */
  if (set_buf.set_sel_elem == el_mi_delete)
  {
    /* delete object */
    error = ui_dlob (wd_id,obj_id);

    /* remove element from object set */
    error = ui_rmel (set_hd,elem_hd);
  }
  else
```

```
{
  if (set_buf.set_sel_elem == el_mi_connect)
  {
    if (startobj == 0)
    {
      /* first object to be connected */

      /* store identifier of start object */
      startobj = obj_id;

      /* disable set of objects of type <startobj> */
      error = ui_ssst (set_hd,DISABLE);

    }
    else
    {
      /* second object to be connected */

      /* inquire object positions */
      error = ui_iorp(wd_id,startobj,&con_end);
      error = ui_iorp(wd_id,obj_id,&con_start);
      con_end.xi = con_end.xi - con_start.xi;
      con_end.yi = con_end yi - con_start.yi;

      /* set connection attributes */
      data_record.nb_points = 1;
      data_record.point_vec = &(con_end);
      data_record.nb_ints = 1;
      data_record.int_vec = &(dir);
      data_record.nb_strings = 0;
      data_record.stri_vec = NULL;

      /* draw connection */
      id = ui_crbo (wd_id,&con_start,POLYGON,&data_record);

      /*initialize element for object set connection */
      obj_buf.obj_id = id;
```

```
        obj_buf.obj_state = ENABLE;
        obj_buf.obj_function = &ap_obj;

        /* add object element to set connection */
        handle = ui_aobj (set_connection_obj,&obj_buf);

        /* reset startobject for connection */
        startobj = 0;

        /* enable set of objects: transition */
        error = ui_ssst (set_transition_obj,ENABLE);

        /* enable set of objects: state */
        error = ui_ssst (set_state_obj,ENABLE);
      }
    }
  }

} /* ap_obj */


VOID ap_pos (wd_id,set_hd,elem_hd,pos)
int wd_id;
int set_hd;
int elem_hd;
Wd_pos *pos;
{
Object obj_buf;
Dat_rec data_record;
int set_number;
Ob_id obj_id;
int obj_type, handle;

/* This function is called in case of position input */
/* being the third step of the sequence */
/* create state (transition) at position (x,y) */
```

```
if ( icon == el_ic_transition)
{
  /* transition */

  /* set rectangle attributes: */
  att_rec.latt = &(lav[0]);
  att_rec.fatt = &(fav[0]);
  att_rec.eatt = &(eav[0]);
  att_rec.tatt = &(tav[0]);
  att_rec.vatt = &(vav[0]);
  error = ui_scga(RECTANGLE,&(att_rec));

  data_record.nb_points = 1;
  data_record.point_vec = &(rect);
  data_record.nb_ints = 0;
  data_record.int_vec = NULL;
  data_record.nb_strings = 0;
  data_record.stri_vec = NULL;
  obj_type = RECTANGLE;

  set_number = set_transition_obj;
}
else
{
  /* state */

  /* set circle attributes */
  data_record.nb_points = 0;
  data_record.point_vec = NULL;
  data_record.nb_ints = 1;
  data_record.int_vec = &(radius);
  data_record.nb_strings = 0;
  data_record.stri_vec = NULL;
  obj_type = CIRCLE;
```

```
    set_number = set_state_obj;
  }

  /* draw object at position pos */
  obj_id = ui_crbo (wd_id,pos,obj_type,&data_record);

  /* initialize element for set transition or state */
  obj_buf.obj_id = obj_id;
  obj_buf.obj_state = ENABLE;
  obj_buf.obj_function = &ap_obj;

  /* add object element to set transition or state */
  handle = ui_aobj (set_number,&obj_buf);

} /* ap_pos */


VOID  ap_close (window, event)
Win_id    window;
Win_evnt  event;
{
/* This function is called in case of */
/* clicking the close box of the window */

  /* close window */
  ui_wcls (window);

  /* stop event handler */
  error = ui_speh();

} /* ap_close */


main ()
{
Win_ds win_buf;
Menu_item item_buf;
Icon icon_buf;
Object obj_buf;
```

```
Pos_area pos_buf;
Win_id window_id;
Wd_pos boundary[4];
char string [UI_STRING_LEN_MAX];
int list_of_set_handles[6];

/* The main program initializes THESEUS, */
/* opens a window, */
/* creates the sets and the */
/* elements of the sets menu and icon */
/* and finally calls the event handler */

   /* initialization of THESEUS */
   error = ui_init (NULL);

   /* open window */
   win_buf.win_type = WIN_GRAPHICS;
   win_buf.win_rect.xi = 0;
   win_buf.win_rect.yi = 0;
   win_buf.win_rect.wi = 0;
   win_buf.win_rect.hi = 0;
   win_buf.win_wrect.xi = 100;
   win_buf.win_wrect.yi = 50;
   win_buf.win_wrect.wi = 500;
   win_buf.win_wrect.hi = 250;
   win_buf.win_vrect.xi = 0;
   win_buf.win_vrect.yi = 0;
   win_buf.win_vrect.wi = 400;
   win_buf.win_vrect.hi = 200;
   win_buf.win_prect.xi = 0;
   win_buf.win_prect.yi = 0;
   win_buf.win_prect.wi = 800;
   win_buf.win_prect.hi = 400;
   win_buf.win_attr = WIN_BORDER BITOR WIN_CLOSEBOX BITOR WIN_MOVEBOX
             BITOR WIN_SIZEBOX BITOR WIN_HELPBOX BITOR WIN_UNDOBOX
             BITOR WIN_VSCROLL BITOR WIN_HSCROLL;
   win_buf.win_title = " Net - Editor ";
   win_buf.win_efunc [WIN_EVCLOSE] = (Win_func) &ap_close;
   win_buf.win_efunc [WIN_EVMOVE] = NULL;
```

```
win_buf.win_efunc [WIN_EVSIZE] = NULL;
win_buf.win_efunc [WIN_EVHELP] = NULL;
win_buf.win_efunc [WIN_EVUNDO] = NULL;
win_buf.win_efunc [WIN_EVSCROLL] = NULL;

window_id = ui_wopn (&win_buf);

/* create input set of class menu with title functions */
set_menu = ui_cris(" functions ",CL_MENU,window_id,ENABLE);

/* initialize buffer for menu item create */
item_buf.mi_name = "  create  ";
item_buf.mi_number = 1;
item_buf.mi_state = ENABLE;
item_buf.mi_check_mark = OFF;
item_buf.mi_function = &ap_cre;

/* add menu item create to set functions */
el_mi_create = ui_amnu (set_menu,&item_buf);

/* initialize buffer for menu item delete */
item_buf.mi_name = "  delete  ";
item_buf.mi_number = 2;
item_buf.mi_state = ENABLE;
item_buf.mi_check_mark = OFF;
item_buf.mi_function = &ap_del;

/* add menu item delete to set functions */
el_mi_delete = ui_amnu (set_menu,&item_buf);

/* initialize buffer for menu item connect */
item_buf.mi_name = "  connect  ";
item_buf.mi_number = 3;
item_buf.mi_state = ENABLE;
item_buf.mi_check_mark = OFF;
item_buf.mi_function = &ap_con;

/* add menu item connect to set functions */
el_mi_connect = ui_amnu (set_menu,&item_buf);
```

```
/* initialize buffer for menu item end */
item_buf.mi_name = "  end  ";
item_buf.mi_number = 4;
item_buf.mi_state = ENABLE;
item_buf.mi_check_mark = OFF;
item_buf.mi_function = &ap_end;

/* add menu item end to set functions */
el_mi_end = ui_amnu (set_menu,&item_buf);

/* create input set of class set_of_icons with name icons */
set_icon = ui_cris("icons",CL_ICONS,window_id,DISABLE);

/* initialize buffer for icon transition */
icon_buf.ic_name = "transition";
icon_buf.ic_pos.xi = 20;
icon_buf.ic_pos.yi = 50;
icon_buf.ic_pxl_ptr = &pxl_transition;
icon_buf.ic_state = ENABLE;
icon_buf.ic_check_mark = OFF;
icon_buf.ic_function = &ap_icon;

/* add icon transition to set icons */
el_ic_transition = ui_aico (set_icon,&icon_buf);

/* initialize buffer for icon state */
icon_buf.ic_name = "state";
icon_buf.ic_pos.xi = 20;
icon_buf.ic_pos.yi = 100;
icon_buf.ic_pxl_ptr = &pxl_state;
icon_buf.ic_state = ENABLE;
icon_buf.ic_check_mark = OFF;
icon_buf.ic_function = &ap_icon;

/* add icon state to set icons */
el_ic_state = ui_aico (set_icon,&icon_buf);

/* create input set of class set_of_objects with name transition */
set_transition_obj = ui_cris("transition",CL_OBJECTS,window_id,DISABLE);
```

```
/* create input set of class set_of_objects with name state */
set_state_obj = ui_cris("state",CL_OBJECTS,window_id,DISABLE);

/* create input set of class set_of_objects with name connection */
set_connection_obj = ui_cris("connection",CL_OBJECTS,window_id,DISABLE);

/* create input set of class set_of_position_areas with name position */
set_position = ui_cris("position",CL_POS_AREAS,window_id,DISABLE);

/* Initialize background position area */
/* using the windows pan limit */
boundary[0].xi = 0;
boundary[0].yi = 0;
boundary[1].xi = 800;
boundary[1].yi = 0;
boundary[2].xi = 800;
boundary[2].yi = 400;
boundary[3].xi = 0;
boundary[3].yi = 400;

pos_buf.pa_nbr_boundary = 4;
pos_buf.pa_boundary = &boundary[0];
pos_buf.pa_state = ENABLE;
pos_buf.pa_priority = 99;
pos_buf.pa_function = &ap_pos;

/* add background position area to set of position area */
el_pa_background = ui_apos (set_position,&pos_buf);

/* start event handler with 6 created sets: */
list_of_set_handles[0] = set_menu;
list_of_set_handles[1] = set_icon;
list_of_set_handles[2] = set_transition_obj;
list_of_set_handles[3] = set_state_obj;
list_of_set_handles[4] = set_connection_obj;
list_of_set_handles[5] = set_position;
error = ui_evhl(6,&list_of_set_handles);

} /* main */
```

10. Einbettung von GKS

Eine gute Softwareentwicklungsumgebung zeichnet sich u.a. dadurch aus, daß der Satz integrierter Werkzeuge erweiterbar ist und einzelne Werkzeuge durch andere ersetzt werden können. Insbesondere muß die Möglichkeit bestehen, bereits existierende oder in einem anderen Kontext entstandene Werkzeuge einzubetten. Solche Werkzeuge werden sich in der Regel nicht an die THESEUS - Programmierschnittstelle gehalten haben.

Aus diesem Grund muß THESEUS zusätzlich eine Schnittstelle anbieten, die weit verbreitet ist, die graphischen Möglichkeiten zur Dialogführung unterstützt und möglichst standardisiert und vereinheitlicht ist. Diese Anforderungen deckt das **Graphische Kernsystem (GKS)** ab.

GKS /ISO-85a/ ist das Resultat eines mehrjährigen Prozesses zur Entwicklung eines internationalen Standards für die Programmierung graphischer Anwendungen. GKS hat einen weiten Verbreitungsgrad erreicht und bietet sich daher als Programmierschnittstelle der Benutzungsoberfläche an, um die Offenheit einer Softwareentwicklungsumgebung sicherzustellen.

Die wesentlichen Entwurfsziele bei der Einführung dieser Graphik-Norm waren:

- Portabilität, d.h. graphische Anwendungen können problemlos auf andere Anlagen übertragen werden,
- Geräteunabhängigkeit, d.h. ein Anwendungsprogramm kann ohne Änderungen mit verschiedenen Ein-/Ausgabegeräten laufen,
- Einführung einer einheitlichen Methodik und Terminologie im Bereich Computer Graphik,
- Definition eines Referenzsystems zur Beurteilung neuer Entwicklungen,
- Richtschnur für der Entwicklung neuer Hardware-Fähigkeiten.

GKS definiert einen Funktionensatz zur

- Erzeugung, Darstellung und Attributierung von Bildern,
- Generierung von Teilbildern in verschiedenen anwendungsorientierten Koordinatensystemen und Plazierung auf einer normalisierten Gerätedarstellungsfläche,
- Kontrolle des/der graphischen Arbeitsplatz/plätze,
- Gliederung in unabhängige Teilbilder (Segmente),
- Verwaltung graphischer Eingabe,

- Möglichkeit der Langzeitspeicherung auf Bilddateien.

Eine detaillierte Einführung in GKS geben u.a. Enderle, Kansy, Pfaff in *Computer Graphics Programming* /EKP-84/.

Sicherlich kann ein **anwendungsunabhängiges System** wie GKS nicht sämtlichen Anforderungen und Wünschen eines speziellen Bereich wie Softwareentwicklungsumgebungen gerecht werden. So sollte es möglich sein, parallel in unterschiedlichen Kontexten mit verschiedenen Windows zu arbeiten. Das Konzept des *Multi-Windowing* und spezielle Interaktionstechniken wie Dragging, Icons etc. gehen über den Standard hinaus.

Auf der anderen Seite ist zu bedenken, daß graphische Anwendungen im Softwareentwicklungsbereich nur einen Teil der durch *GKS* angebotenen Möglichkeiten ausnutzen können. So wird z.B. der geräteunabhängige Segmentspeicher nicht benötigt.

Die Art und der Umfang der GKS-Schnittstelle im Projekt UNIBASE ist daher den erforderlichen Bedürfnissen des Anwendungskontextes angepaßt.

Zum einen wird die Funktionalität beschränkt, um Redundanzen zu vermeiden, ohne die Vorteile von GKS einzubüßen. Da die Qualität einer Benutzungsoberfläche insbesondere auch an ihrer Effizienz im Antwortzeitverhalten gemessen wird, erscheint diese Vorgehensweise sinnvoll.

Zum anderen wurde GKS um ein Multi-Window-Konzept erweitert, damit die Schnittstelle auch zum THESEUS-Windowkonzept hin kompatibel gestaltet ist. Daher weist die in THESEUS integrierte GKS-Version gewisse notwendige Unterschiede zum GKS-Standard hinsichtlich seiner Funktionalität auf und wird aus diesem Grunde im folgenden als "**GKS***" bezeichnet. Die definierten Einschränkungen und an anderen Stellen notwendige Erweiterungen zu den GKS-Konzepten und zusätzliche Funktionen werden in den folgenden Kapiteln erläutert.

Durch diese Vorgehensweise ist die bereits erwähnte Möglichkeit, graphische Applikationen auf dem Gebiet Software-Engineering zu integrieren, nicht eingeschränkt.

Im folgenden werden die Eigenschaften von Multi-Window-Systemen den Fähigkeiten von GKS gegenübergestellt. Anschließend werden drei unterschiedliche Integrationsmöglichkeiten vorgestellt und bewertet. Als Ergebnis wird der Funktionsumfang von GKS* zusammengestellt, wie er sich aus der gewählten Integrationsalternative ergibt.

10.1. Erweiterung von GKS zu einem Multi-Window-System

Ein Multi-Window-System basiert auf einem Window-Manager, der verschiedene, rechteckige Bereiche auf dem Ein-/Ausgabegerät verwaltet. Diese Rechtecke (Windows), die sich gegenseitig überlagern können, können vom Benutzer verändert werden. Die dazu angebotenen Funktionen wie Verschieben, Vergrößern, Verkleinern, Scrollen etc. werden vom Window-Manager abgefangen und selbständig bearbeitet, ohne daß das Anwendungsprogramm hierzu einbezogen werden muß. Ein Anwendungsprogramm kann Ausgaben in verschiedene Windows auf einem Bildschirm auslösen, wobei jedes Window nur einen Teil der maximalen Bildschirmfläche in Anspruch nimmt (Abb. 10.1).

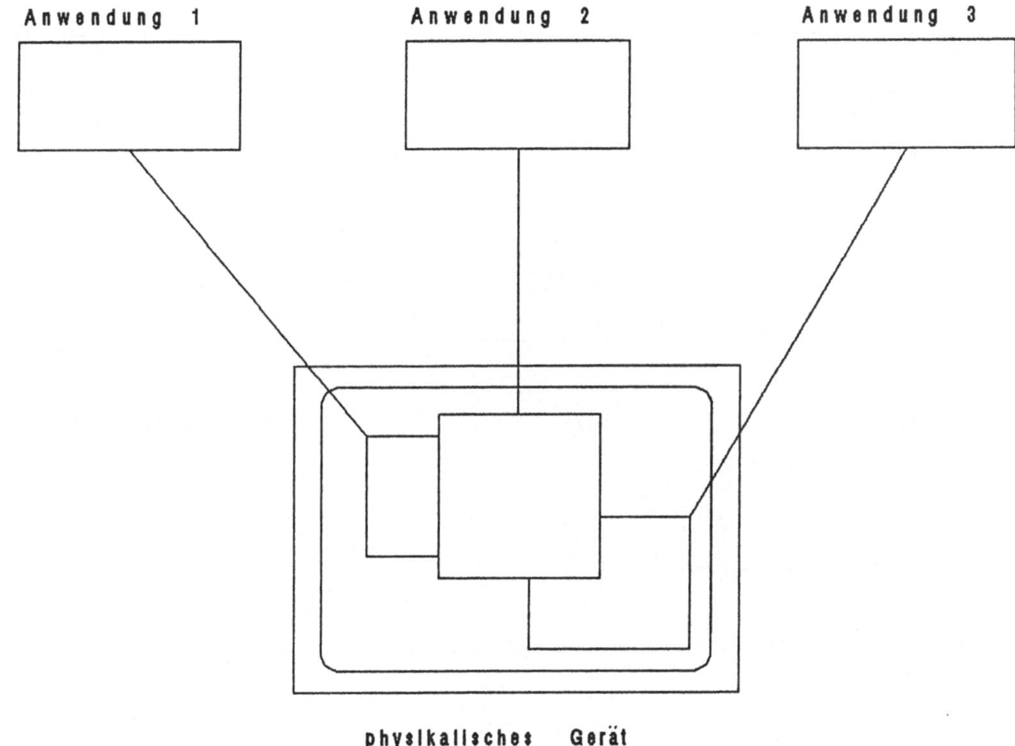

Abb. 10.1: Multi-Window-Konzept

Der Window-Manager klippt an den aktuellen Window-Größen. Dieses Konzept hat zur Folge, daß die Kontrolle des E/A-Gerätes ausschließlich beim Window-Manager liegt.

Folgende GKS-Eigenschaften widersprechen diesen Konzepten:

- GKS beansprucht ebenfalls die alleinige Kontrolle über die physikalischen Eingabe- und Ausgabegeräte. Eine vom Anwendungsprogramm in Weltkoordinaten definierte Ausgabe erscheint gemäß der aktuell gültigen Normalisierungs- und Gerätetransformation auf dem (oder den) Gerät(en) (Abb. 10.2). Es ist jedoch nicht möglich, gleichzeitig mehrere Transformations-Pipelines für ein physikalisches Gerät aktuell zu halten, um in verschiedene Windows auszugeben.

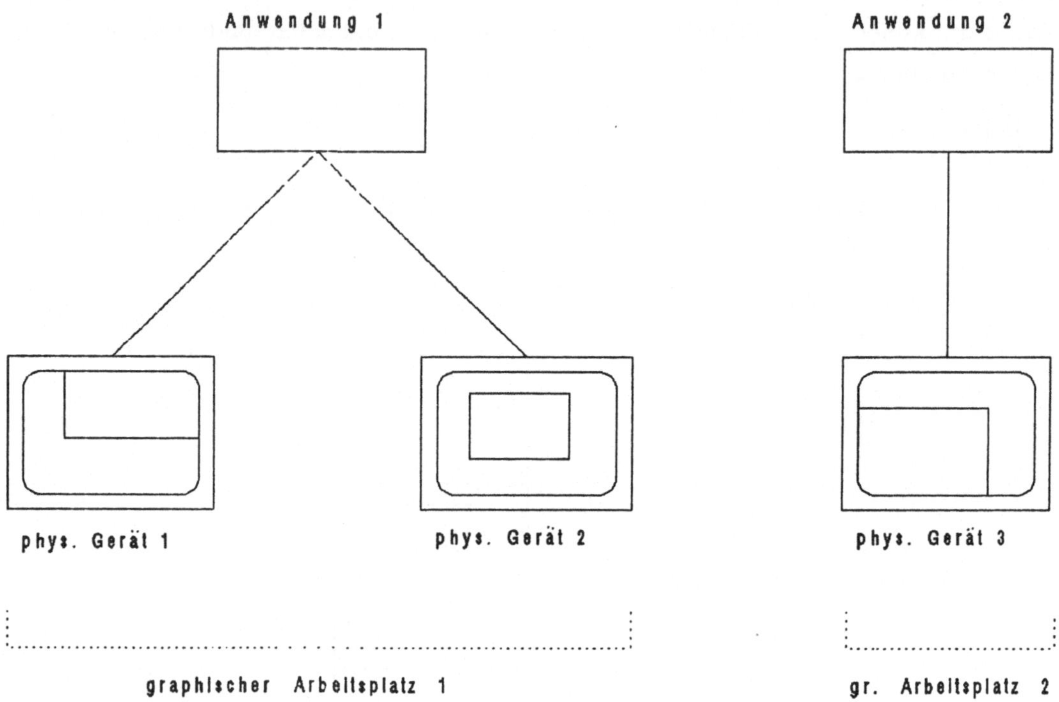

Abb. 10.2: GKS-Konzept der graphischen Arbeitsplätze

- Die Darstellung auf der Ausgabefläche wird ausschließlich vom Anwendungsprogramm bestimmt. Eine durch den Benutzer veranlaßte Veränderung der visuellen Erscheinung auf dem Bildschirm kann nur vorgenommen werden, indem das Anwendungsprogramm informiert wird und die Veränderung vornimmt.
- Die für eine Ausgabe maximale darstellbare Größe ist fest auf die Ausdehnung des Ausgabegerätes festgelegt und ist nicht dynamisch auf die aktuelle Window-Größe änderbar.

Die Konflikte zwischen Window-Management und GKS lassen sich auf verschiedene Arten lösen. Im folgenden werden drei Alternativen aufgezeigt:

1) Die Window-Verwaltung geschieht in einer anwendungs-orientierten Schicht oberhalb von GKS (Abb. 10.3).

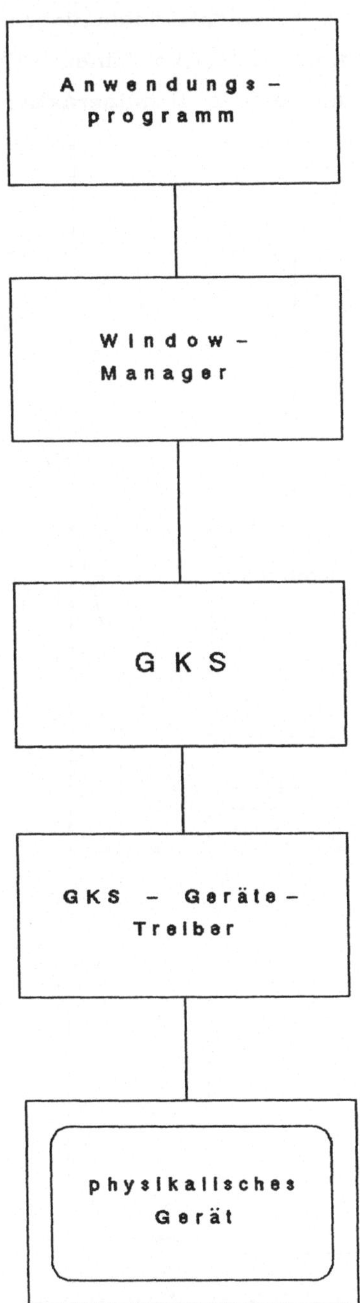

Abb. 10.3: Window-Manager oberhalb von GKS

Durch geeignete Transformationen werden die in verschiedenen Weltkoordinatensystemen definierten Ausgabeobjekte auf den normalisierten Darstellungsbereich abgebildet (Abb. 10.4). Window-bezogene Operationen wie Verschieben (Move) oder Vergrößern/Verkleinern (Size) werden durch das Anwendungsprogramm oberhalb von GKS ausgeführt. Dies geschieht, indem für jedes Window eine eigene **GKS-Normalisierungstransformation** von Weltkoordinaten (WK) auf normalisierte Koordinaten (NK) definiert wird, die bei jeder Benutzeraktion umgesetzt wird.

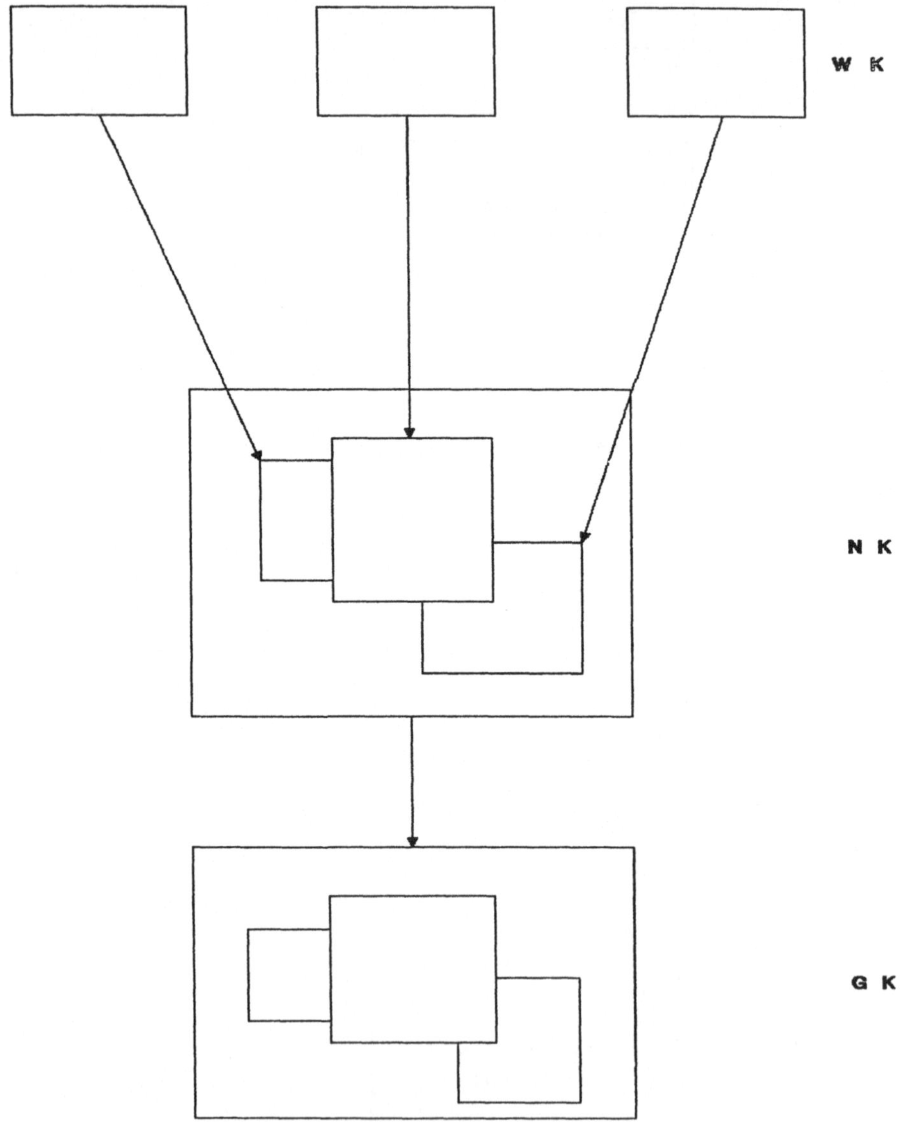

Abb. 10.4: Window-Verwaltung durch GKS-Transformationen

Als Problem tritt auf, daß in einem Windowsystem mehrere Prozesse, also auch mehrere GKS-Prozesse, gleichzeitig den gleichen physikalischen Arbeitsplatz bedienen sollen, im GKS-Konzept jedoch ein Anwendungsprozeß den Arbeitsplatz ausschließlich beansprucht. Die Verwaltung von Resourcen (z.B. Farbtabelle) müßten sich die Prozesse teilen. Dies steht in Gegensatz zur Philosophie des Window-Managers, in dem die Verwaltung des Betriebsmittels bildschirmkonzentriert sein soll.

Ein ebenso unerfreuliches Ergebnis ist, daß die GKS-Philosophie der Ausschnittbildung durch die Gerätetransformation dem Anwendungsprogrammierer nicht mehr zugänglich gemacht werden darf, da sonst außerhalb des Windows geschrieben werden kann.

Darüber hinaus sollte der Window-Manager möglichst hardware-nah ausgerichtet sein und auf Bildschirm-Ebene arbeiten, nicht auf Anwendungsebene. Ein Window-Manager oberhalb von GKS wird sowohl vom Laufzeitverhalten als auch von der Funktionalität wenig Effizienz aufweisen.

Stellt man den Gesichtspunkt, möglichst wenig an GKS zu verändern, in den Vordergrund, so ist dies die einfachste Lösung, weil weder Eingriffe in die GKS-Funktionalität noch in die Implementierung notwendig sind. Allerdings muß zwischen Anwendungsprogramm und GKS eine Software-Schicht eingezogen werden, die die Window-Verwaltung mit Hilfe der GKS-Funktionen ausführt. Die Anwendung kommuniziert dann nicht mehr direkt mit GKS, sondern mit dem aufgesetzten Window-Manager, der die Funktionen an der Schnittstelle Anwendung - Window-Manager auf GKS-Funktionen umsetzt (siehe Abb. 10.3).

2) Das physikalische GKS-Ausgabegerät wird durch ein "virtuelles Gerät" ersetzt. Der GKS-Treiber (die Verbindung zwischen dem GKS-Basissystem und dem Gerät) schreibt in einen internen Bildspeicherbereich, der als Ausgabefläche dient, die vom Window-Manager auf das entsprechende Window abgebildet wird (Abb. 10.5).

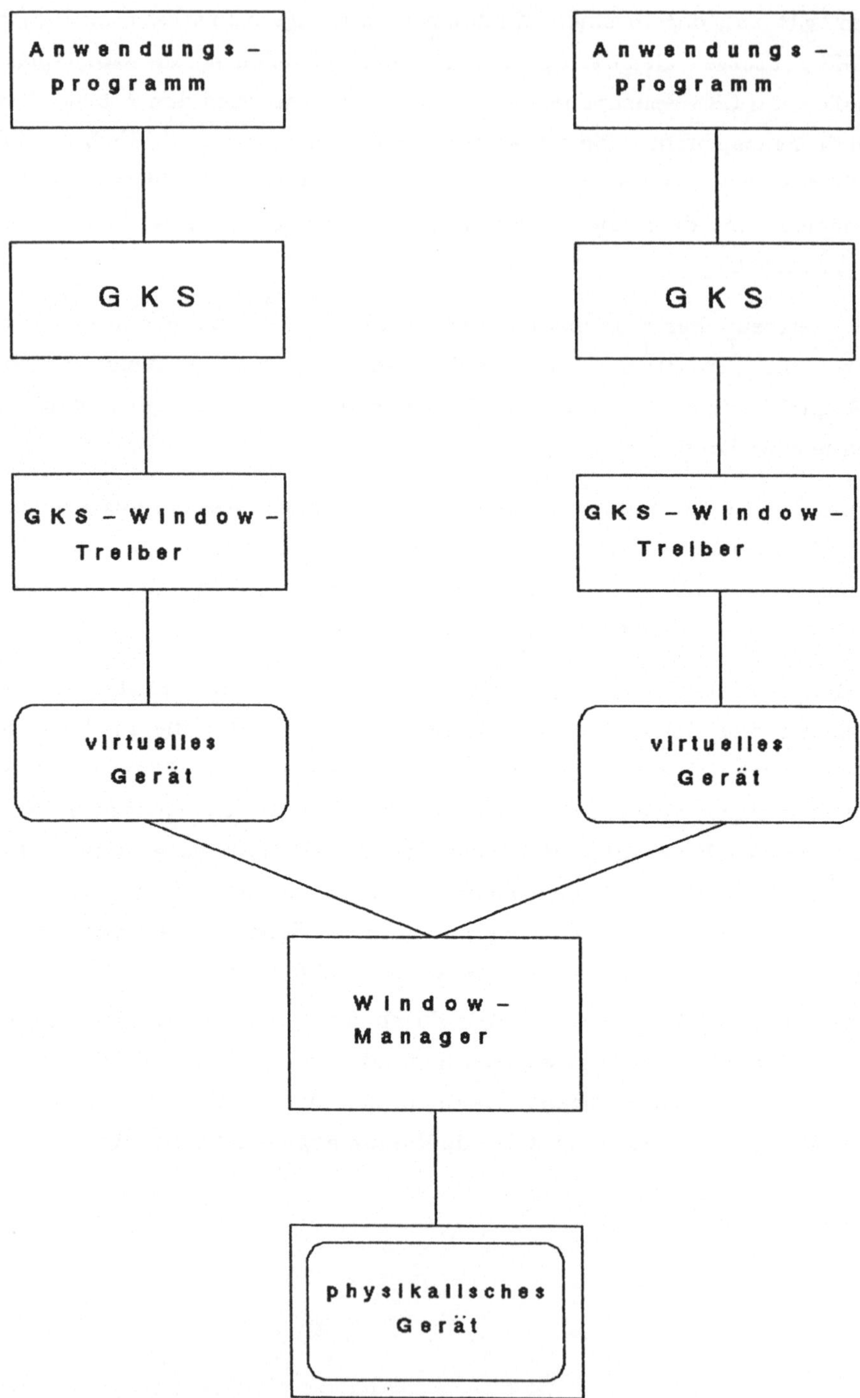

Abb. 10.5: Window-Manager unterhalb von GKS

Es gibt hierzu zwei Realisierungskonzepte:

2.1) Der interne Speicherbereich wird in der Größe des gesamten Bildschirms angelegt (**festes virtuelles Gerät**). Das dargestellte Window zeigt dann nur einen **Ausschnitt** (z. B. die linke obere Ecke) dieses Speicherbereichs, der in das Window paßt.

Die tatsächliche Größe des Windows bzw. des Ausschnitts ist der GKS-Anwendung dann nicht zugänglich. Entsprechend kann die GKS-Anwendung sich nicht dynamisch an eine geänderte Window-Größe anpassen, wie dies eigentlich wünschenswert wäre.

Bei dieser Lösung braucht jedoch keine Erweiterung von GKS-Funktionen stattzufinden.

2.2) Ebenso wie bei der eben vorgestellten Möglichkeit 2.1) findet die Anpassung an die Window-Welt durch den GKS-Treiber statt. Er benutzt jedoch das Gerätekoordinatensystem (GK), welches stets genau so groß ist wie das dargestellte Window (**dynamisches virtuelles Gerät**). Die Umsetzung des Koordinatenursprungs des GKS-GK auf physikalische Bildschirmkoordinaten (BK) übernimmt auch hier der Windowmanager.

Bei einer Move-Operation wird die Abbildung des Gerätekoordinatensystems auf Bildschirmkoordinaten geändert, ohne daß GKS dies bemerken muß. Bei einer Size-Operation wird das Klipp-Rechteck des GK verändert. Wenn das Window vergrößert wird, entsteht eine leere Fläche um den bisherigen Ausgabebereich, wird das Window verkleinert, wird der vorhandene Inhalt und zukünftige Ausgabe an den neuen Grenzen geklippt. Von GKS aus ist die Abfrage der Größe des sichtbaren Bereiches der Darstellungsfläche durch die GKS-Funktion *Inquire Maximum Display Surface* möglich. Diese liefert einen nicht änderbaren Eintrag in der Arbeitsplatz-Beschreibungstabelle. Die Bedeutung dieses Eintrages und der zugehörigen Erfragefunktion läßt sich nicht ändern, da dies einen Widerspruch zur Norm darstellen würde. Das Anwendungsprogramm kann die aktuelle Größe eines Windows nur erfahren, wenn eine zusätzliche Funktion *Inquire Actual Display Surface* eingeführt wird. Die Werte liefert der Window-Manager in Bildschirmkoordinaten, während der GKS-Window-Treiber die Umsetzung auf Gerätekoordinaten vornimmt.

Das Eröffnen mehrerer Windows kann durch mehrfache *Open Workstation*-Aufrufe mit verschiedenen *Connection-Identifiern* gelöst werden, bei denen als *Workstation-Type* eine Kennung für den GKS-Window-Treiber übergeben wird. Allerdings muß dem Treiber bei der Eröffnung mitgeteilt werden, wie groß die anfängliche Größe des zu eröffnenden Windows ist. Hierzu kann eine zusätzliche Funktion *Open Virtual Workstation* eingerichtet werden.

Die Möglichkeit, die aktuelle Größe des Windows (bzw. der virtuellen Workstation) durch eine zusätzliche Inquiry-Funktion zu erfragen, wird nicht für alle Anwendungen ausreichen, weil stark dialog-orientierte Programme auf Veränderungen der Window-Größe sofort reagieren wollen, z.B. indem die Window-Inhalte aktualisiert werden. Dies gilt insbesondere bei Vergrößerungen des Windows, wenn das Window weiterhin voll mit Inhalten ausgefüllt sein soll. Eine Möglichkeit, die GKS-Anwendung derart zu dynamisieren, besteht in der Erweiterung des GKS-Event-Konzepts um einen *Size-Event*, der bei der entsprechenden Benutzeraktion ausgelöst wird.

Können die bisher genannten Konzepte durch Erstellung eines passenden GKS-Treibers realisiert werden, führt diese zusätzliche Event-Eingabeklasse zu einem Eingriff in die GKS-Implementierung. Darüber hinaus wird eine 2c-Implementierung vorausgesetzt.

3) Diese Lösung erfolgt nach einer theoretischen Erweiterung der GKS-Konzepte. Die GKS-Transformationenkette WK-NK-GK wird erweitert um die Transformation des (nun virtuellen) GK auf ein **viertes Koordinatensystem** BK (Bildschirmkoordinaten), so daß die Transformationsfolge lautet: WK-NK-GK-BK (Abb.10.6).

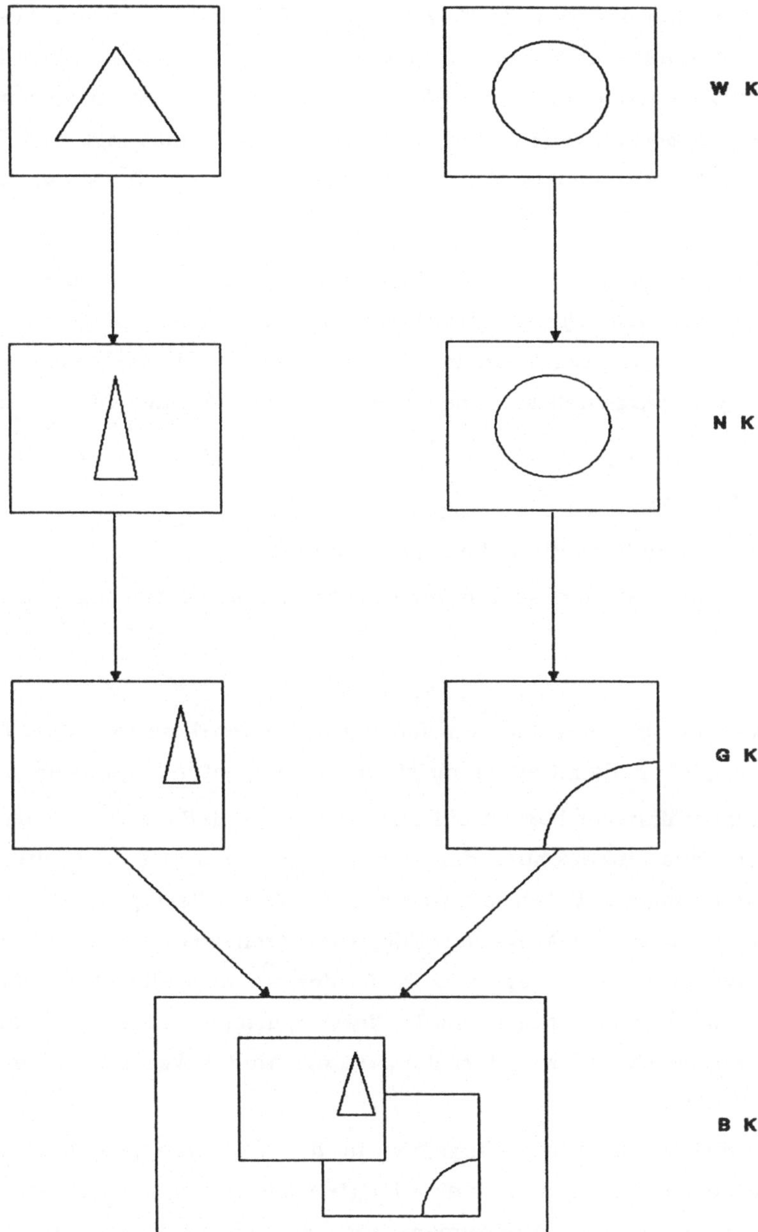

Abb. 10.6: Erweiterte Transformationsfolge

Hierbei wird die GK-BK-Transformation als Umsetzung des ***virtuellen Gerätekoordinatensystems*** auf ein physikalisches Bildschirmkoordinatensystem verstanden. Die Transformation ist in GKS integriert und kann durch entsprechende Funktionen vom Anwendungsprogramm gesetzt werden.

Die Ausschnittbildung im WK (GKS-Terminologie: WK-Fenster) und die Festlegung der Ausgabefläche auf dem Bildschirm (BK-Darstellungsfeld) kann durch Interaktion des Benutzers mit dem Window-Manager stattfinden, der zu diesem Zweck Mechanismen wie Scrollbars o.ä. zur Verfügung stellt. Damit läßt sich Zooming und Panning auf Graphikebene erreichen (transparent für die Anwendung und GKS),

Bei jeder window-bezogenen Operation des Benutzers wird implizit eine Aktualisierung des Arbeitsplatzes (*Update Workstation*) aus dem Segmentspeicher heraus vorgenommen. Dies erfordert ein Durchlaufen der NK-GK-BK-Transformations-Pipeline für alle dargestellten Segmente bei jeder Zoom-, Size- oder Pan-Operation.

Diese Lösung führt zu

- einer sehr hohen Rechen- und Ausgabeleistung,
- dem direkten Zusammenschluß der GKS-Kernimplementierung und des Windowmanagers.

Im folgenden werden die Alternativen mit dem Window-Konzept, das THESEUS zugrunde liegt, verglichen, damit eine konsistente Lösung gefunden werden kann.

Der THESEUS-Window-Manager basiert auf dem Gedanken, daß die window-bezogenen Benutzeraktionen ohne Einbeziehung der Anwendungsprogramme bearbeitet werden können. Aus Anwendungssicht steht ein virtuelles Gerät zur Verfügung, das Teil eines physikalischen Gerätes ist. Die Ausgabe erfolgt auf diesem virtuellen Gerät, ohne daß die Anwendung die tatsächliche Lage und Größe des auf dem Bildschirm als Window sichtbaren Bereiches berücksichtigen muß. Dieses Konzept widerspricht vollständig dem Ansatz der Alternative 1), weil dort die gesamte Window-Verwaltung der Anwendung aufgebürdet wird.

Alternative 3) führt zu massiven Eingriffen in die GKS-Konzepte und zu einem Redesign des Standards und kann nur eine langfristige Lösung sein. Angesichts der erwünschten Modularität des Windowmanagers, dessen Funktionalität möglichst vollständig gekapselt und nach außen verborgen sein soll, bleibt die Alternative 3) weiteren, zukünftigen Forschungsaktivitäten überlassen.

Die angestrebte Lösung ist also Alternative 2). Sie hat den Vorteil, daß sie durch entsprechende Treiberanpassung mit vorhandenen GKS-Implementierungen zu bewerkstelligen ist. Das in Alternative 2.1) vorgestellte Konzept des festen virtuellen Arbeitsplatzes ist als Vorstufe für die Realisierung des dynamischen virtuellen Arbeitsplatzes nach 2.2) zu betrachten und stellt einen ersten Ansatz zur Integration von GKS in die Window-Welt dar.

10.2. Funktionsumfang von GKS*

Die Funktionalität des in THESEUS integrierten GKS*-Systems ist zugeschnitten auf die Anforderungen einer Softwareentwicklungsumgebung an eine Benutzungsoberfläche. Die Funktionalität ist daher reduziert auf eine Untermenge der GKS-Leistungsstufe 1b. Auf der anderen Seite wurden einige über die GKS-Norm hinausgehende Funktionen eingeführt, die die Nutzung eines Multi-Window-Systems ermöglichen. Damit wird die Einheitlichkeit der Benutzerschnittstelle auch für Anwendungen, die GKS verwenden, sichergestellt.

Im folgenden wird die Funktionalität von GKS* im Detail beschrieben.

10.2.1. Einschränkungen von GKS*

Die Anforderungen der Softwareentwicklungswerkzeuge an GKS entspricht ausgabeseitig der GKS-Leistungsstufe 1. Dies bedeutet, daß Segmentbildung unterstützt wird, jedoch kein arbeitsplatzunabhängiger Segmentspeicher WISS (Workstation Independent Segment Storage) angeboten wird. Der WISS dient allein dazu, Segmente in andere Segmente einzufügen oder zwischen unterschiedlichen Arbeitsplätzen zu kopieren. Typische Softwareentwicklungswerkzeuge bauen im allgemeinen auf der Segmentverwaltung ihre eigene (z.B. hierarchische) Objektstrukturierung auf, so daß diese Möglichkeiten nicht benutzt werden.

Auf der Eingabeleistungsstufe wird auf Abfrage- und Ereigniseingabe verzichtet. Dies hat mehrere Gründe. Zum einen wird damit das Laufzeitverhalten verbessert, zum zweiten sind nur wenige GKS-Implementierungen der Eingabeleistungsstufe "c" verfügbar und schließlich ist kein Softwareentwicklungswerkzeug bekannt, das auf Abfrage- und Ereignismodi zurückgreift.

Auf der Eingabeseite werden weiterhin die Initialisierungsfunktionen wie Setzen der Anfangs-Locator-Echo-Position im Kontext des Window-Managers modifiziert. Hier sind z.B. beim Wechsel des Listener-Windows besondere Vorkehrungen zu treffen.

10.2.2. Erweiterungen in GKS*

Die Realisierung von GKS* erfolgt durch Implementierung eines window-fähigen Treibers, der an der Schnittstelle einer vorhandenen GKS-Implementierung zu den Geräte-Treibern ansetzt.

Damit verwirklicht sich das Konzept des ***virtuellen Arbeitsplatzes*** auf folgende Art: Der GKS-Implementierung wird ein virtuelles Gerät vorgespiegelt.

Eine zusätzliche Funktion

Open Virtual Workstation

dient dem Eröffnen eines Windows als GKS-Workstation. Zum Einrichten einer Initialisierungs-Windowgröße bei der Eröffnung werden die Parameter der GKS-Funktion ***Open Workstation*** um den gewünschten Offset-Punkt, Höhe und Breite des Windows in Pixeln sowie um gewünschte Attribute des Windows ergänzt. Die Einbindung dieser Funktion ergänzt die GKS-Funktionalität, ohne sie zu beeinflussen.

Die Abfrage der maximal möglichen Größe einer Workstation erfolgt auch weiterhin durch die GKS-Funktion *Inquire Maximum Display Surface Size*. Zusätzlich wird die Funktion

Inquire Actual Display Surface Size

eingeführt, die sich nicht auf einen *Workstation Type* bezieht, sondern, da es mehrere verschieden große virtuelle Arbeitsplätze vom gleichen Workstation-Typ geben kann, auf den ***Workstation Identifier***. Auch diese Funktion kollidiert nicht mit GKS-Konzepten bis auf die Tatsache, das die aktuelle Größe eigentlich in der ***Workstation State List*** eingetragen sein sollte (die maximale Größe findet sich in der ***Workstation Description Table***). Diese wird vom Treiber verwaltet. Daher muß direkt dort gefragt werden, damit nicht der eigentliche arbeitsplatz-unabhängige Teil von GKS geändert werden muß, was im Widerspruch zur GKS-Norm stehen würde.

Für die Verarbeitung von Benutzerinteraktionen, die sich auf die Window-Größe beziehen, wird eine Funktion

Set Virtual Workstation Update Function

hinzugefügt, die ebenfalls mit dem GKS-Konzept verträglich ist. Ihr wird der ***Workstation Identifier*** einer virtuellen Workstation übergeben sowie der Name einer Anwendungsfunktion. Diese Anwendungsfunktion wird aufgerufen, wenn sich bestimmte Attribute des Windows durch Benutzerinteraktion mit dem Windowmanager verändert haben. Im speziellen sind hier Größenänderungen zu nennen, in Ausbaustufen des Window-Managers u.a. die Position benutzergesteuerter Scrollbars, Zoombereiche etc. Sie bieten dem Anwendungsprogrammierer die Chance, die Ausgabe optimal an die tatsächliche Ausgabefläche und an Benutzerwünsche anzupassen.

Die Anwendungsfunktion sollte mit Hilfe von Inquiry-Funktionen die entsprechenden neuen Ausgabeparameter erfragen.

10.3. Hinweise für die Portabilität

Anwendungsprogramme, die mit den GKS*-Funktionen für *virtuelle Arbeitsplätze* programmiert worden sind, sind auf einfache Art auch auf konventionelle GKS-Umgebungen übertragbar.

Dazu ist es lediglich notwendig, die Funktionsaufrufe an GKS* durch kleine Funktionen nachzubilden, die eine eins-zu-eins Abbildung auf die entsprechenden (oben genannten) GKS-Funktionen für reale Arbeitsplätze leisten.

Die Funktion *Inquire Actual Display Surface Size* erfragt sich durch Inquiry den dem *Workstation Identifier* zugehörigen *Workstation Type* und ruft die GKS-Funktion *Inquire Maximum Display Surface Size* auf.

Die Funktion *Set Virtual Workstation Update Function* ist eine leere Funktion, da nie ein entsprechendes Ereignis auftreten kann.

Natürlich ist es in der konventionellen Umgebung dann nicht mehr möglich, mit nur einem Bildschirm mehrere GKS-Arbeitsplätze zu eröffnen.

Konventionelle GKS-Anwendungen sind ohne Änderungen lauffähig. GKS-Funktionen, die in GKS* nicht mehr verwendet werden, werden auf entspechende GKS*-Funktionen abgebildet. So wird die Funktion *Open Workstation* auf *Open Virtual Workstation* umgesetzt. Konventionelle GKS-Anwendungen besitzen in einer Multi-Window-Umgebung genau ein Window. Die Größe des Windows auf dem physikalischen Gerät entspricht dem durch die Gerätetransformation bestimmten Darstellungsbereich. Solche Anwendungen sind natürlich nicht multi-window-fähig, weil sie für eine traditionelle Umgebung konzipiert und geschrieben worden sind. Da die GKS-Funktionalität nicht angetastet wurde, sondern um einige zusätzliche Funktionen angereichert worden ist, lassen sich konventionelle GKS-Anwendungen mit wenig Aufwand zu Multi-Window-Systemen erweitern.

11. Literatur

/ADV-83/ **ADV/ORGA GmbH**: Hardwareunabhängige IO-Schnittstelle DC. Dokumentation der Programmierschnittstelle, 1983.

/BlRo-86/ **S. A. Bly, J. K. Rosenberg:** A Comparison of Tiled and Overlapping Windows. *Proccedings of CHI'86 Human Factors in Computing Systems*, S. 101-106, 1986

/BKt- 82/ **H.G. Borufka, H.W. Kuhlmann, P.J.W. ten Hagen**: Dialogue cells: A Method for Defining Interactions. *IEEE Computer Graphics and Applications*, Vol.2, No.5, S.25ff, 1982.

/BuBa-86/ **W. Buxton, R. Baecker:** Human-Computer Interaction: Selected Theories, Techniques & Tools. *Tutorial Notes CHI'86 Human Factors in Computing Systems*, 1986.

/CHI-85/ **Proccedings of CHI'85 Human Factors in Computing Systems:** San Francisco, 14.-18. April 1985.

/CHI-86/ **Proccedings of CHI'86 Human Factors in Computing Systems:** Boston, 13.-17. April 1986.

/CSI-85/ **E.S. Cohen, E.T. Smith, L.A. Iverson**: Analogy Considered Harmful. *Proc. 1st International Conference on Computer Workstations*, 1985, S. 2-11.

/CoHu-86/ **B. Cox, B. Hunt**: Objects, Icons, and Software-ICs. *BYTE Magazine*, Vol.11,No.8, S. 161 ff., August 1986.

/DIN-84/ **Deutsches Institut für Normung:** DIN 66 234 Teil 8: Dialoggestaltung. Berlin, 1984.

/DrNo-85/ **S.W. Draper, D.A. Norman:** Software Engineering for User Interfaces. *IEEE Transactions on Software Engineering*, 11(1985)3, S. 252-258.

/End-84/ **G. Enderle:** The Interface of the UIMS to the Application. *Computer Graphics Forum*, 3(1984), S. 175-179.

/EKP-84/ **G. Enderle, K. Kansy, G. Pfaff**: Computer Graphics Programming. Springer Verlag, Berlin, Heidelberg, 1984.

/Geh-83/ **N. Gehani**: ADA, An Advanced Introduction. Prentice-Hall, 1983.

/GEM-84/ **Digital Research**: GEM Programmer's Guide, Beta Release, 1984.

/GII-83/ **Graphical Input Interaction Techniques (GIIT)**: Workshop Summary. James J. Thomas (ed. / workshop chairman). *IComputer Graphics*, 17(1983)1, S. 5-30.

/Goo-85/ **M. J. Goodfellow**: WHIM: The Window Handler and Input Manager. *Proc. 1st International Conference on Computer Workstations*, 1985, S. 12-21.

/Gre-85/ **M. Green**: The University of Alberta User Interface Management System. *Computer Graphics* Vol.19, No.3, 1985, S. 205-214.

/HaMo-82/ **F. Halasz, T. P. Moran**: Analogy Considered Harmful. *Proc. Human Factors in Computer Systems Conf.*, 1982, S. 383-386.

/HLMW-85/ **W. Hübner, G. Lux, M. Muth, H. R. Weber**: Einheitliche Graphische Benutzungsoberflächen. Bericht der Klausurtagung vom 2.7. - 5.7.1985 in Wenschdorf, ZGDV-Bericht 1/85, Darmstadt: Zentrum für Graphische Datenverarbeitung,1985.

/Hop-86/ **F.R.A. Hopgood et al.(Ed.)**: Methodology of Window Management. Springer-Verlag, Berlin, Heidelberg, New York, Tokyo, 1986.

/HSL-85/ **P.J. Hayes, P.A. Szekely, R.A. Lerner**: Design Alternatives for User Interface Managment Systems Based on Experience with COUSIN. *Proc. of CHI'85 Human Factors in Computing Systems* , 1985, S. 169-175.

/Hüb-85/ **W. Hübner**: Zusammenfassung der Diskussion über externe oder gemischte Kontrolle. Zwischenbericht vom 13.11.85 des ZGDV im Verbundprojekt UNIBASE. Darmstadt: Zentrum für Graphische Datenverarbeitung 1985.

/ISO-85a/ **International Standard Organisation (ISO)**: Information Processing - Computer Graphics - Interfacing Techniques Graphical Kernel System (GKS) - Functional Description. New York: ISO, 1985. (Document-No. ISO IS 7942).

/ISO-85b/ **International Standard Organisation (ISO)**: Information Processing Systems - Computer Graphics - Interfacing Techniques for Dialogues with Graphical Devices (Computer Graphics Virtual Device Interface) - Functional Specification. New York: ISO, 1985. (Document-No. ISO/TC 97/SC 21 N 597).

/KeRi-83/ **B. Kernighan, D. Ritchie**: Programmieren in C. Hanser-Verlag, München, Wien, 1983.

/MMS-86a/ **mbp**: MMS Masken Management System, Benutzerhandbuch Masken-Interpreter. Dortmund: mbp 1986.

/MMS-86b/ **mbp**: MMS Masken Management System, Benutzerhandbuch Masken-Editor. Dortmund: mbp 1986.

/MSW-85/ **Microsoft**: MS Windows Programmer's Guide, Beta Release. (1985).

/Myer-84/ **B. A. Myers**: The User Interface for Sapphire. *IEEE Computer Graphics 2 Applications*, 4(1984)12, S.13-23.

/Ols-84/ **Dan R. Olsen**: A Context for User Interface Management. *IEEE Computer Graphics 2 Applications*, 4(1984)12, S. 33-42.

/ODR-85/ **D.R. Olsen, E.P. Dempsey, R. Rogge**: Input/Output Linkage in a User Interface Management System. *Computer Graphics*, Vol.19, No.3, 1985, S. 191-198.

/PCS-84/ **PCS GmbH**: The Curses and Terminfo Package. Dokumentation des Betriebssystems MUNIX, (1984).

/Pfa-85/ **G.E. Pfaff (Ed.)**: User Interface Managment Systems. Springer-Verlag, Berlin, Heidelberg, New York, Tokyo, 1985.

/Ris-84/ **E.L. Rissland**: Ingredients of Intelligent User Interfaces. *Int. Journal of Man-Machine Studies*, 21(1984)4, S. 377-388.

/Shn-82/ **B. Shneiderman**: The Future of Interactive Systems and the Emergency of Direct Manipulation. *Behavior and Inform. Technology*, 1(1982)1, S. 237-256.

/Shn-83/ **B. Shneiderman**: Direct Manipulation: A Step Beyond Programming Languages. *IEEE Computer*, August 1983.

/Smi-82/ **D. C. Smith et al.**: Designing the Star User Interface. *BYTE Magazine*, Vol.7,No.4, April 1982.

/SRH-85/ **A.J. Schubert, G.T. Rogers, J.A. Hamilton**: ADM - A Dialog Manager. *Proc. of CHI'85 Human Factors in Computing Systems*, S. 177-183, 1985.

/StGo-83/ **H. Stoyan, G. Görz**: Was ist objektorientierte Programmierung? *Objektorientierte Software- und Hardwarearchitekturen*, Hrsg.: H. Stoyan/H. Wedekind, Stuttgart: Teubner 1983.

/TOP-84/ **IBM**: TopView - Programmer's ToolKit, First Edition. (1984).

/UNI-85/ **UNIBASE - Softwareentwicklungsumgebung auf UNIX-Basis zur Erstellung von Anwendungssoftware.** Vorhabensbeschreibung, Bonn (1985).

/Wil-84/ **Williams, G.**: The Apple Macintosh Computer. *BYTE Magazine*, Vol.9,No.2, Feb. 1982.

Anhang A: Tasten-Kodierung

Die folgende Tabelle definiert eine 8-bit Kodierung der Tastaturzeichen, die zur geräteunabhängigen Identifizierung der eingegebenen Zeichen an der Programmierschnittstelle von THESEUS dient. Für den Bereich 00 bis 7F handelt es sich um die 7-bit ASCII Kodierung, Der Bereich 80 bis FF ist definiert für solche Zeichen, die nicht im ASCII-Zeichensatz enthalten sind, jedoch von THESEUS angeboten werden wie Funktionstasten, Cursortasten, Umlaute etc. Die jeweilige Kodierung einer speziellen Tastatur wird von THESEUS auf diese Kodierung abgebildet.

00	CNTL 2 (Nul)	10	CNTL P
01	CNTL A	11	CNTL Q
02	CNTL B	12	CNTL R
03	CNTL C	13	CNTL S
04	CNTL D	14	CNTL T
05	CNTL E	15	CNTL U
06	CNTL F	16	CNTL V
07	CNTL G	17	CNTL W
08	CNTL H	18	CNTL X
09	CNTL I	19	CNTL Y
0A	CNTL J	1A	CNTL Z
0B	CNTL K	1B	CNTL [
0C	CNTL L	1C	CNTL \
0D	CNTL M	1D	CNTL]
0E	CNTL N	1E	CNTL 6
0F	CNTL O	1F	CNTL -

20	space	40	@
21	!	41	A
22	"	42	B
23	#	43	C
24	$	44	D
25	%	45	E
26	&	46	F
27	'	47	G
28	(	48	H
29	)	49	I
2A	*	4A	J
2B	+	4B	K
2C	,	4C	L
2D	-	4D	M
2E	.	4E	N
2F	/	4F	O
30	0	50	P
31	1	51	Q
32	2	52	R
33	3	53	S
34	4	54	T
35	5	55	U
36	6	56	V
37	7	57	W
38	8	58	X
39	9	59	Y
3A	:	5A	Z
3B	;	5B	[
3C	<	5C	\
3D	=	5D	]
3E	>	5E	^
3F	?	5F	underscore

60		80	Ä
61	a	81	Ö
62	b	82	Ü
63	c	83	ä
64	d	84	ö
65	e	85	ü
66	f	86	β
67	g	87	
68	h	88	
69	i	89	
6A	j	8A	
6B	k	8B	
6C	l	8C	
6D	m	8D	
6E	n	8E	
6F	o	8F	
70	p	90	F1
71	q	91	F2
72	r	92	F3
73	s	93	F4
74	t	94	F5
75	u	95	F6
76	v	96	F7
77	w	97	F8
78	x	98	F9
79	y	99	F10
7A	z	9A	F11
7B	{	9B	F12
7C	|	9C	F13
7D	}	9D	F14
7E	~	9E	F15
7F	rubout (DEL)	9F	F16

A0	F17	C0	ALT A
A1	F18	C1	ALT B
A2	F19	C2	ALT C
A3	F20	C3	ALT D
A4		C4	ALT E
A5		C5	ALT F
A6		C6	ALT G
A7		C7	ALT H
A8		C8	ALT I
A9		C9	ALT J
AA		CA	ALT K
AB		CB	ALT L
AC		CC	ALT M
AD		CD	ALT N
AE		CE	ALT O
AF		CF	ALT P
B0	ALT 0	D0	ALT Q
B1	ALT 1	D1	ALT R
B2	ALT 2	D2	ALT S
B3	ALT 3	D3	ALT T
B4	ALT 4	D4	ALT U
B5	ALT 5	D5	ALT V
B6	ALT 6	D6	ALT W
B7	ALT 7	D7	ALT X
B8	ALT 8	D8	ALT Y
B9	ALT 9	D9	ALT Z
BA		DA	
BB		DB	
BC		DC	
BD		DD	
BE		DE	
BF		DF	

E0	Cursor Left	F0	Shift Cursor Left
E1	Cursor Right	F1	Shift Cursor Right
E2	Cursor Up	F2	Shift Cursor Up
E3	Cursor Down	F3	Shift Cursor Down
E4	Home	F4	Shift Home
E5	Page Up	F5	Shift Page Up
E6	Page Down	F6	Shift Page Down
E7	Insert	F7	Shift Insert
E8	Delete	F8	Shift Delete
E9	End	F9	Shift End
EA	Backspace	FA	
EB	CR	FB	
EC	Tab	FC	
ED	Backtab	FD	
EE	Escape	FE	
EF	Print Sreen	FF	

Anhang B: Zusammenstellung der Funktionen

ui_adrg - Add Drag Object Element To Set

ui_aico - Add Icon Element To Set

ui_akey - Add Key Element To Set

ui_amnu - Add Menu Element To Set

ui_aobj - Add Object Element To Set

ui_aoco - Add Object to Complex Object

ui_apos - Add Position Area Element To Set

ui_aseh - Add Sets To Event Handler

ui_bbao - Begin Buffering Alpha_Text Output

ui_bbgo - Begin Buffering Graphics Output

ui_cosw - Connect Set To Window

ui_cpob - Copy Object

ui_crbo - Create Base_Object

ui_crco - Create Complex_Object

ui_dlch - Delete Character

ui_dlis - Delete Input Set

ui_dlln - Delete Line

ui_dlob - Delete Object

ui_dlto - Delete To

ui_ebao - End Buffering Alpha_Text Output

ui_ebgo - End Buffering Graphics Output

ui_evhl - Start Event Handler

ui_exit - Exit from THESEUS

ui_ibul - Inquire Buffer Length

ui_icaa - Inquire Current Alpha Attributes

ui_icga - Inquire Current Graphics Attributes

ui_icha - Inquire Character Attributes

ui_icur - Inquire Cursor Position

ui_idrg - Inquire Element Dragging Object Entries

ui_igtx - Inquire Graphics Text Extent

ui_iico - Inquire Element Icon Entries

ui_ikey - Inquire Element Key Entries

ui_ilnl - Inquire Line Length

ui_imnu - Inquire Element Menu Item Entries

ui_inch - Insert Character

ui_init - Initialize THESEUS

ui_inst - Insert String

ui_iobj - Inquire Element Object Entries
ui_iobt - Inquire Object Type
ui_ioga - Inquire Object Graphics Attributes
ui_iorp - Inquire Object Reference Position
ui_iosd - Inquire Object Special Data
ui_ipos - Inquire Element Position Area Entries
ui_irsz - Inquire Raster Size
ui_isco - Inquire Sub Objects of Complex Object
ui_iset - Inquire Set Entries
ui_ishd - Inquire Set Handles
ui_mvca - Move Cursor Absolute
ui_mvcr - Move Cursor Relative
ui_mvob - Move Object
ui_opln - Open Line
ui_rdch - Read Character
ui_rdln - Read Line
ui_rmel - Remove Element From Set
ui_roco - Remove Object from Complex Object
ui_rseh - Remove Sets From Event Handler
ui_sass - Set All Set States
ui_scaa - Set Current Alpha Attributes
ui_scga - Set Current Graphics Attributes
ui_scha - Set Character Attributes
ui_sdrg - Set Element Dragging Object Entries
ui_sico - Set Element Icon Entries
ui_skey - Set Element Key Entries
ui_smnu - Set Element Menu Item Entries
ui_sobj - Set Element Object Entries
ui_soga - Set Object Graphics Attributes
ui_speh - Stop Event Handler
ui_spos - Set Element Position Area Entries
ui_ssnm - Set Set Name
ui_ssst - Set Set State
ui_wcls - Close Window
ui_wdat - Delete Window Attributes
ui_winq - Inquire Window Parameters
ui_wopn - Open Window
ui_wrch - Write Character
ui_wrst - Write String